SYBEX Ratgeber

MS-BASIC
GW-BASIC

SYBEX Ratgeber

MS-BASIC
GW-BASIC

Horst Bodemann

SYBEX

DÜSSELDORF · PARIS · SAN FRANCISCO · LONDON · ARNHEIM

Anmerkungen:

GW-BASIC, MS-BASIC sind eingetragene Warenzeichen der Microsoft Corporation. IBM, IBM PC sind eingetragene Warenzeichen der International Business Machines Corporation.

Fast alle Software- und Hardwarebezeichnungen die in diesem Buch erwähnt werden, sind gleichzeitig auch eingetragene Warenzeichen und sollten als solche betrachtet werden.

Satz: SYBEX-Verlag GmbH, Düsseldorf
Umschlaggestaltung: tgr – typo-grafik-repro gmbh, remscheid
Druck und buchbinderische Verarbeitung: Clausen und Bosse, Leck

ISBN 3-88745-311-5
1. Auflage 1987
2. Auflage 1987
3. Auflage 1988
4. überarbeitete Auflage 1988

Inhaltsverzeichnis

Einleitung

Mit diesem Buch soll Ihnen eine Hilfe in die Hand gegeben werden, mit der Sie sich sowohl als Anfänger in die Programmiersprache BASIC einarbeiten als auch als fortgeschrittener Programmierer Sicherheit über die Schreibweise und Anwendungsregeln der Befehle verschaffen können. In diesem Buch sind keine Lektionen enthalten, mit deren Hilfe Sie die Programmiersprache BASIC grundsätzlich erlernen können. Der Verfasser ist der Meinung, daß man eine Sprache, gleichgültig ob Fremdsprache oder Programmiersprache, sinnvoll nur in Kursen, also unter Anleitung erlernen kann. Allerdings werden zu Beginn des Buches einige Hinweise gegeben, mit denen Sie sich als Anfänger – mit einigen BASIC-Grundkenntnissen – einarbeiten können. Hier gilt selbstverständlich auch die alte pädogische Regel: vom Leichten zum Schweren. Versuchen Sie also nicht, als erstes Programm beispielsweise eine Random-Dateiverwaltung zu erstellen, sondern einfache Programme mit Ein- und Ausgabebefehlen aufzubauen.

Das Buch ist nach der logischen Zuordnung der Befehle gegliedert. Als Beispiel: Es sind alle Befehle in einem Kapitel zusammengefaßt, die mit der Datenausgabe zu tun haben. Dabei tritt die Schwierigkeit auf, daß sich einige Befehle zu verschiedenen Bereichen zuordnen lassen. Hier wurden die Befehle an einer Stelle behandelt und an den anderen ein Hinweis auf den Fundort gegeben. In jedem Kapitel wird zu Beginn dargestellt, welche Aufgabe die in dem betreffenden Kapitel beschriebenen Befehle haben, Sie finden daran anschließend eine alphabetische Zusammenstellung der Befehle mit ihrer Funktion. Im folgenden werden dann die Befehle ausführlich mit Syntax (Schreibweise), Beschreibung, Fehlermöglichkeiten, Beispielen und Querverweisen auf andere damit im Zusammenhang stehende Befehle dargestellt. Die bei der jeweiligen Befehlsbeschreibung angegebenen Fehler sind im Kapitel Fehlermeldungen noch einmal zusammengefaßt dargestellt.

Kapitel 1

Grundsätzliches über die Arbeit mit GW-BASIC und MS-BASIC

BASIC-INTERPRETER AUFRUFEN

Bei allen PC (Personal-Computern) ist das BASIC, im Gegensatz zu Homecomputern nicht in einem festen Speicher untergebracht, sondern muß als Programm von der Diskette oder Festplatte in den Arbeitsspeicher geladen werden. GW-BASIC oder MS-BASIC liegt als Interpreter vor. Er "übersetzt" alle BASIC-Befehle und Anweisungen in Befehle der Maschinensprache, mit denen dann der Mikroprozessor arbeiten kann. BASIC-Befehle werden nicht vom Prozessor verstanden.

Nachdem Sie Ihren Computer gestartet haben, erhalten Sie nach dem Laden des Betriebssystems die Bereitschaftsanzeige A> (Diskettenlaufwerk A). Haben Sie vorher mit einer anderen Software gearbeitet und die Arbeit damit beendet, so kann auch die Bereitschaftsanzeige B> (Diskettenlaufwerk B) oder C> (Festplatte) angezeigt werden. Genaueres dazu siehe Abschnitt "Schreibweise und Eingaberegeln" in diesem Kapitel.

Sie können in diesem Fall entweder auf das Laufwerk A umschalten (Eingabe A: <RETURN>), die BASIC-Diskette in das Laufwerk B einlegen oder, sofern vorhanden, Ihr BASIC von der Festplatte starten. Die Angabe <RETURN>

bezeichnet die Taste mit dem abgewinkelten Pfeil, auch Eingabe-Taste, Carriage Return oder CR genannt (siehe Abschnitt "Schreibweise und Eingaberegeln" in diesem Kapitel).

Der BASIC-Interpreter wird geladen, indem der Name GW-BASIC oder BASIC (für MS-BASIC) hinter dem Promptzeichen eingegeben wird. Die Eingabe wird mit <RETURN> bestätigt. Nach Abschluß des Ladevorgangs werden einige Systemmeldungen auf dem Bildschirm erscheinen und dazu das Promptzeichen des BASIC-Interpreters. Sofern Sie GW-BASIC als Interpreter benutzen, haben Sie zusätzlich in der unteren Bildschirmzeile eine Anzeige: die Belegung der Funktionstasten.

Bei diesem Ladevorgang wurde GW-BASIC bzw. MS-BASIC mit den Voreinstellwerten geladen. An dieser Aussage können Sie schon erkennen, daß offenbar einiges beim Aufruf von BASIC "eingestellt" werden kann. Dazu deshalb die vollständige Beschreibung des BASIC-Aufrufs. Zuerst die Eingabe für GW-BASIC:

```
GWBASIC Pfadname\Dateiname/Option
```

für MS-BASIC:

```
BASIC Pfadname\Dateiname/Option
```

Mit diesem Befehl wird das Ausführungsprogramm GWBASIC.EXE bzw. BASIC.EXE oder BASIC.COM geladen und der BASIC-Interpreter aktiviert. Werden alle weiteren Eingabemöglichkeiten weggelassen, erscheint das BASIC-Promptzeichen. Geben Sie jedoch zusätzlich für "Pfadname\Dateiname" die vollständige Bezeichnung des zu ladenden Programms ein, wird das damit aufgerufene Programm geladen und ausgeführt. Sie müssen den Dateinamen ohne Anführungsstriche eingeben, sonst kommt es zur Fehlermeldung

```
Path not found
```

Nach <RETURN> wird zuerst der Interpreter geladen und anschließend, sofern befohlen, das gewünschte Programm. Haben Sie einen Dateinamen gewählt, der nicht vorhanden ist, erhalten Sie die Fehlermeldung

```
File not found
```

Vergleichen Sie dazu auch die Beschreibung des Befehls LOAD.

Nun können Sie, wie oben schon angesprochen, BASIC mit einigen Optionen aufrufen. Hier deren Beschreibung für GW-BASIC:

<STDin	(Standard-Input) mit einem Buchstabenstring ohne Anführungszeichen die Datei angeben, aus der INPUT-Angaben gelesen werden sollen.
>STDout	(Standard-Output) mit einem Buchstabenstring ohne Anführungszeichen die Datei angeben, in die Daten ausgegeben werden sollen.
/F:n	Maximal-Zahl der gleichzeitig geöffneten Dateien angeben, n = 1 bis 15. Voreinstellwert: n=3.
/S:n	Maximale Datensatzlänge (Record-Länge) für Random-Dateipuffer festlegen. n = Da

	tensatzlänge, Wert bis 32767. Voreinstellung: 128 Bytes.
/C:n	Einen Datenpuffer für die RS232-Schnittstelle in der Größe "n" zur Verfügung stellen. Wird mit n=0 abgeschaltet.
/M:n.m	Maximalen Arbeitsspeicherbereich für GW-BASIC festlegen, n <= 65536. Sollen über den Maximalbereich hinaus Programme geladen werden, müssen dafür Bereiche mit "m" zur Verfügung gestellt werden. Der Wert für "m" (maximale Blocklänge) muß ein Vielfaches von 16 Bytes sein.
/D	Alle Zahlenwerte werden doppeltgenau berechnet und ausgegeben.
/I	Stellt dynamisch Speicherplatz zur Verfügung, /F und /S-Optionen können entfallen.

Für MS-BASIC sind nur die folgenden Optionen möglich:

/F:n /M:n /S:n

Beispiele:

```
GWBASIC BRIEF
```

lädt GW-BASIC, anschließend das Programm BRIEF.BAS und führt dieses aus.

```
GWBASIC KUNDEN/F:8
```

lädt GW-BASIC, anschließend das Programm KUNDEN.BAS, ermöglicht 8 gleichzeitig geöffnete Dateien und startet das geladene Programm.

```
GWBASIC KUNDEN/F:5/S:300
```

lädt GW-BASIC, anschließend das Programm KUNDEN.BAS, ermöglicht fünf gleichzeitig geöffnete Dateien und eine Random-Datensatzlänge von 300 Bytes, startet das geladene Programm.

```
GWBASIC VERKAUF <KUNDEN >>RECHNUNG
```

lädt GW-BASIC, anschließend das Programm VERKAUF.BAS, startet dieses, liest bei INPUT-Anweisungen die betreffenden Daten aus dem Programm KUNDEN.BAS und hängt auszugebende Daten an das Programm RECHNUNG.BAS an.

SCHREIBWEISE UND EINGABEREGELN

Beim Umgang mit dem Computer müssen Sie als Anwender oder Benutzer einige Regeln erlernen, ohne deren Befolgung die Arbeit mit dem Computer nicht erfolgreich sein würde. Die wichtigste Grundregel ist, sich in allem sehr logisch zu verhalten, d.h. alle Befehle und Eingaben müssen logisch richtig sein, sonst werden sie vom Computer "mißverstanden". Der Computer besitzt keine Intelligenz, sondern nur eine logische Rechenfähigkeit und einen sehr großen Speicher. Jede Eingabe wird mit gespeicherten Werten oder Befehlen verglichen. Wird dabei die Eingabe als bekannt und logisch erkannt, kann der Befehl ausgeführt bzw. die Eingabe angenommen werden. Ist das nicht der Fall, kommt es zu einem Fehler. In den meisten Fällen, die vom Programmierer des Interpreters vorhersehbar waren, wird die Fehlerart angezeigt. Allerdings kann der Computer oder Ihr erstelltes Programm nicht in allen Fällen erkennen, ob Eingabewerte für das von Ihnen beabsichtigte Ergebnis richtig sind und ob Befehlsfolgen das bewirken, was von Ihnen gewünscht war. Hier kann es also zu fehlerhaften Reaktionen oder Ergebnissen kommen, deren Ursache in einem falschen Programmablauf oder falschen Eingaben liegt. Achten Sie immer darauf, daß Sie die Anweisungen und Befehle so eingeben, wie sie in der Rubrik "Syntax" und in den Beispielen vorgeschrieben sind.

Hier sollen die allgemeingültigen Regeln für die Eingabe angegeben werden:

- Beachten Sie auf Betriebssystemebene, auf welches Laufwerk zugegriffen wird. Sie können das am Promptzeichen ablesen. Dieses Zeichen ist die Bestätigung des Betriebssystems, daß es bereit ist, Befehle entgegen zu nehmen. Befinden Sie sich zur Zeit im Zugriff auf Laufwerk A, so sehen Sie das Promptzeichen

  ```
  A>
  ```

  Befinden Sie sich jedoch im Zugriff auf Laufwerk B, so erscheint das Promptzeichen

  ```
  B>
  ```

  Festplatten sind meist als Laufwerk C

  ```
  C>
  ```

  installiert.

  In einigen MS-BASIC-Versionen erscheint das Zeichen

  ```
  Ready
  >
  ```

Ihnen wird nicht angezeigt, in welchem Laufwerk Sie sich befinden. Alle BASIC-Interpreter greifen bei Lade- und Speichervorgängen auf das Laufwerk zu, von dem der Interpreter geladen wurde, wenn Sie keine Laufwerksbezeichnung mit dem Lade- oder Speicherbefehl angeben. Sie müssen also im Kopf behalten, von welchem Laufwerk Ihr Interpreter geladen wurde.

- Groß- und Kleinschreibung kann wahlweise verwendet werden, das System setzt alles selbsttätig in Großschreibung um. Lediglich bei einigen MS-BASIC-Versionen muß der Kennbuchstabe für das Laufwerk (A, B oder C) groß geschrieben werden, sonst kommt es zu einer Fehlermeldung.

- Ist der Befehl oder der Name des aufzurufenden Programms richtig geschrieben, ist diese Zeile mit einem <RETURN> abzuschließen. Dazu wird die Taste mit dem nach links unten gebogenen Pfeil betätigt. Diese Taste entspricht der Wagenrücklauftaste der Schreibmaschine, daher auch der Name "Carriage Return", häufig mit "CR" bezeichnet. In diesem Buch wird diese Taste mit dem Kennzeichen <RETURN> angesprochen.

- Erhalten Sie eine Fehlermeldung, sollten Sie zuerst Ihre Eingabe überprüfen und feststellen, ob Sie keinen Schreibfehler produziert haben. Wenn es eine Fehlermeldung während des Programmlaufs gibt, wird Ihnen bei GW-BASIC die fehlerhafte Programmzeile angezeigt, in anderen BASIC-Versionen wird zumindest die Zeilennummer der Programmzeile angezeigt.

Mit Hilfe der angegebenen Fehlermöglichkeiten und ihrer Ursachen können Sie bei den betreffenden Befehlen und im Fehlerkatalog feststellen, was Sie falsch gemacht haben. Hauptursache für Fehlermeldungen:

- Befehlswörter sind falsch geschrieben,
- Leerschritte zwischen den Befehlswörtern und Parametern fehlen,
- Doppelpunkte als Trennung zweier Befehle in einer Programmzeile fehlen.

- Alle Befehlswörter müssen von weiteren Angaben oder der Programmzeilennummer durch Leerzeichen getrennt sein. Ein Leerschritt kann auch entfallen, wenn der nachfolgende Wert in Klammern oder Anführungsstrichen steht oder das nachfolgende Zeichen ein Doppelpunkt, Komma, Semikolon oder Rechenzeichen (+, –, *, /, =) ist. Zulässig ist also

```
20 PRINT "Hallo"
20 PRINT"Hallo"+" Du"
20 PRINT TAB(23);"Hallo"
30 IF X = 1 TO 30
```

Falsch dagegen ist folgende Schreibweise:

```
300PRINTTAB(23);"Hallo"
40FORX=1TO20
```

EDITIERKOMMANDOS

Zur Korrektur von Schreibfehlern in Programmzeilen haben Sie in GW-BASIC umfangreiche Möglichkeiten, mit Hilfe von Tastenkombinationen die Programmzeilen zu verändern. Genauere Angaben finden Sie in der Beschreibung des Befehls EDIT. Dieser Befehl existiert nicht in MS-

BASIC, auch die angegebenen Tastenkombinationen sind nicht in allen BASIC-Versionen anwendbar. Hier eine Zusammenstellung der Editiertasten:

↑	Cursor auf: Pro Tastendruck wird der Cursor eine Zeile höher gesetzt.
↓	Cursor ab: Pro Tastendruck wird der Cursor eine Zeile tiefer gesetzt.
→	Cursor rechts: Pro Tastendruck wird der Cursor ein Zeichen nach rechts gesetzt.
←	Cursor links: Pro Tastendruck wird der Cursor ein Zeichen nach links gesetzt.
CTRL →	Cursor ein Wort nach rechts: Pro Tastendruck wird der Cursor ein Wort nach rechts gesetzt.
CTRL ←	Cursor ein Wort nach links: Pro Tastendruck wird der Cursor ein Wort nach links gesetzt.
HOME	Der Cursor wird in die obere linke Bildschirmecke positioniert, der Bildschirminhalt bleibt erhalten.
CTRL HOME	wie HOME, aber zusätzlich wird der Bildschirm gelöscht.
END	Cursor zum Zeilenende, Text anhängen: Der Cursor wird an das Ende der gerade bearbei-

	teten Zeile bewegt, dabei werden die anschließend eingegebenen Zeichen angehängt.
CTRL END	Cursor zum Zeilenende: Der Cursor wird an das Ende der gerade bearbeiteten Zeile bewegt.
INS	Einfüge-Modus einschalten: Alle nach dem Drücken der INS-Taste eingegebenen Zeichen werden an der aktuellen Cursorposition eingefügt, der schon vorhandene Programmzeilentext wird nach rechts verschoben. *Achtung:* Beachten Sie die maximale Zeilenlänge: 255 Zeichen pro Zeile! Der INS-Modus bleibt bestehen, bis eine Cursortaste oder die Taste <RETURN> betätigt wird.
⇥	TAB-Taste: Im INS-Modus werden pro Tastendruck acht Leerzeichen ab der Cursorposition eingefügt. Ist der Einfügemodus nicht eingeschaltet, wird nur der Cursor um acht Stellen nach rechts bewegt.
DEL	Zeichen löschen: An der Cursorposition wird das Zeichen gelöscht. Alle nachfolgenden Zeichen rücken nach links. *Achtung:* Diese Taste hat wie die Zeichentasten eine Wiederholfunktion: Halten Sie die Taste gedrückt, werden alle nachfolgenden Zeichen ebenfalls gelöscht!

←	BACKSPACE-Taste: Löscht das links vom Cursor stehende Zeichen, alle rechts folgenden Zeichen rücken nach. *Achtung:* Diese Taste hat wie die Zeichentasten eine Wiederholfunktion: Halten Sie die Taste gedrückt, werden alle nachfolgenden Zeichen ebenfalls gelöscht!
ESC	Zeile löschen: Löscht die Zeile, in der sich der Cursor befindet.
CTRL <RETURN>	Zeilenschaltung: Alle ab Cursorposition folgenden Zeichen werden in die nächste Zeile verschoben.

CONTROL-BEFEHLE

Neben den oben beschriebenen Tastenfunktionen gibt es noch eine Reihe weiterer Möglichkeiten. Mit Hilfe der Taste CTRL (ConTRoL) und weiteren Tasten können eine Reihe von Funktionen eingeschaltet werden. Die Taste CTRL wird dabei gedrückt gehalten und zusätzlich die gewünschte Taste betätigt.

Folgende Funktionen sind möglich:

CTRL C	Editieren, Listen und Programmlauf abbrechen: Nach Abbruch kehrt der Interpreter in den Direkteingabemodus zurück. Eine eventuell vorher editierte Zeile wird nicht mit der Änderung, sondern in der vorherigen Form über-

nommen. Die Taste CTRL wird dabei gedrückt gehalten und zusätzlich die Taste C gedrückt. Daraufhin wird die Ausführung des Befehls bzw. der Funktion abgebrochen. Als Meldung für den Abbruch des Programmlaufs erscheint das Bereitschaftszeichen des BASIC (ok oder Ready). Das abgebrochene Programm befindet sich immer noch im Arbeitsspeicher. Sie können es erneut aufrufen, falls Sie Änderungen vorgenommen haben, speichern, ein anderes BASIC-Programm laden oder den BASIC-Interpreter verlassen (siehe Befehl SYSTEM).

CTRL END — Cursor zum Zeilenende: siehe Abschnitt Editierkomandos.

CTRL G — Ein akustisches Signal erzeugen.

CTRL HOME — Bildschirm löschen: siehe Abschnitt Editierkommandos.

CTRL L — Bildschirm löschen.

CTRL NUMLOCK

das Listen eines Programms unterbrechen, Fortsetzen des Listens mit ....

CTRL PRTSC — Bildschirminhalt auf dem Drucker ausgeben, die Ausgabe kann durch erneutes Drücken der Tasten unterbrochen werden.

CTRL <RETURN>
Zeilenschaltung: siehe Abschnitt Editierkommandos.

CTRL T — Anzeige der Funktionstastenbelegung ein- und ausschalten, bei WIDTH 40 auch Wechsel der Anzeige.

CTRL Z — Ein End-of-File (EOF) setzen.

ALT CTRL DEL
Warmstart (Reset) des Computers. Diese Funktion sollten Sie nur ausführen, wenn sich Ihr Programm "aufgehängt" hat, wenn Sie also über die Tastatur nichts mehr eingeben können. Dieser Warmstart entspricht dem Ausschalten und wieder Einschalten des Computers. Leider geht Ihnen dabei alles verloren, was zur Zeit im Arbeitsspeicher steht und nicht auf Diskette oder Festplatte gesichert ist.

BASIC-BEFEHLSWÖRTER MIT ALT-TASTENKOMBINATIONEN EINGEBEN

Eine Reihe von BASIC-Befehlswörtern kann mit einer Kombination aus der Taste ALT und einer Buchstabentaste eingegeben werden.

Die Tastaturbelegung ist nicht in allen BASIC-Versionen gleich, probieren Sie also an Ihrem Computer aus, welche

Belegung programmiert ist. Die ALT-Kombinationen für GW-BASIC ist hier aufgeführt:

Kombination

ALT und	Befehlswort
A	AUTO
B	BSAVE
C	COLOR
D	DELETE
E	ELSE
F	FOR
G	GOTO
H	HEX$
I	INPUT
K	KEY
L	LOCATE
M	MERGE
N	NEXT
O	OPEN
P	PRINT
R	RUN
S	SCREEN
T	THEN
U	USING
V	VAL
W	WIDTH
X	XOR

Die Tastenbelegung ist nicht optimal, weil eine Reihe Funktionen sowohl über die Kombination ALT und Taste, als auch über eine Funktionstaste ausgelöst werden kann, z.B. RUN und SCREEN. Aber trotzdem ist es sicher eine Erleichterung, wenn einige wichtige Befehle mit dem Druck auf zwei Tasten eingegeben werden können. Zumindest die Anzahl der Schreibfehler wird kleiner.

KONSTANTEN, VARIABLEN UND DATENTYPEN

Konstanten und Variablen

Im Programmablauf werden eine Reihe von Daten gebraucht, unabhängig davon, um welche Art von Programm es sich handelt. Dabei müssen Daten nach ihrem Verwendungszweck unterschieden werden. Es gibt Daten, die im gesamten Programm einen festen, konstanten Wert haben sollen, andere müssen, abhängig vom Programmablauf verschiedene Werte annehmen, ihr Wert muß variabel sein. Man unterscheidet also zwischen Konstanten und Variablen.

Alle Werte müssen auf "Platzhalter" zugewiesen werden. Sie kennen diese schon aus der Schulmathematik:

Die Gleichung für das Problem "Fläche = Länge mal Breite" wird im allgemeinen als

A – L x B

dargestellt, wobei für die einzelnen Größen ein Kennbuchstabe, eben der Platzhalter, gesetzt wird. Damit hat diese Gleichung Allgemeingültigkeit, es können für die Buchstaben L und B verschiedene Werte eingesetzt werden. Genau so verfahren Sie mit Variablen und Konstanten. Auch Sie müssen einen Platzhalter haben, auf den Werte zugewiesen werden können. Diese Platzhalter müssen als erstes Kennzeichen einen Buchstaben (keine nationalen Sonderzeichen!) haben und dürfen nicht länger als acht Zeichen sein. Sie müssen selbstverständlich verschiedenen Variablen oder Konstanten auch unterschiedliche Namen geben, sonst kann das Programm sie nicht auseinanderhalten. Bei ähnlichen Variablen- oder Konstantennamen sollten Sie nach Möglichkeit für die ersten zwei Zeichen des jeweiligen Platzhalters unterschiedliche Zeichen verwenden. BASIC unterscheidet Variablen und Konstanten nach den ersten beiden Zeichen und der Anzahl der noch folgenden Zeichen.

Variablen und Konstanten müssen nicht wie in anderen Programmiersprachen vor ihrer ersten Verwendung definiert werden. BASIC führt diese Definition beim ersten Auftreten der Variablen oder Konstanten automatisch durch. Das vereinfacht für den Programmierer die Arbeit, auf den ersten Blick. Der Nachteil dieser Arbeitsweise ist, daß man überall im Programm versteckt neue Variablen und Konstanten einbaut und diese später nicht wiederfindet. Dabei kommt es sehr häufig zu doppelten Variablen- und Konstantennamen und damit zu Programmfehlern. Arbeiten Sie von Anfang an in einem guten Programmierstil, und definieren Sie für Ihre Sicherheit alle verwendeten Variablen und Konstanten am Programmanfang. Beispiele siehe unten.

Funktion und Eingabe von Konstanten und Variablen:

Konstante: Ihr Wert wird im Programm vorgegeben und wird im Programmlauf nicht geändert. Soll beispielweise die Konstante A den Wert 23.56 haben, so ist im Programm, sinnvollerweise am Anfang,

```
20 A = 23.56 : REM A = Anfangswert
```

einzugeben. In einer Zeile können natürlich auch mehrere Konstanten festgelegt werden:

```
20 A = 23.56 : B = 1000 : D$ = "Hallo"
```

Sie sind wie Befehle mit Doppelpunkten zu trennen. Allerdings sei hier noch einmal darauf hingewiesen, daß das kein guter Programmierstil ist, da Sie später nur schwer nachvollziehen können, welche Bedeutung die Konstanten haben. Besser:

```
20 A = 23.56 :          REM A = Anfangswert
30 B = 1000 :           REM B = Basis
40 D$= "Hallo" :        REM Anrede
```

Dazu mehr im Abschnitt "Programmiertechnik".

Variable: Wie sich aus dem Namen bereits ergibt: Dieser Platzhalter hat keinen festen Wert, sondern einen variablen. Der Platzhalter muß im Programm nicht vorher definiert werden, es genügt, ihn an der Stelle anzugeben, an der er zum ersten Mal verwendet wird. Aber auch hier muß gesagt werden, man sollte aus Gründen der Verständlichkeit die Variablen am Anfang des Programms beschreiben:

```
10 REM        A = Anfangswert
20 REM ANREDE$ = Anrede Herr/Frau/Fräulein
30 REM     DA$ = Datum
```

Datentypen

Außer der oben angegebenen Unterscheidung Konstante/Variable ist noch festzustellen, daß Sie numerische Daten

(Zahlenwerte) oder Zeichenketten, z.B. Texte, eingeben und verwenden können. Das Programm muß ein Merkmal erkennen, damit die Eingabewerte richtig verwendet werden. Dieses Merkmal haben Sie als Programmierer anzugeben:

Numerische Variablen:

Sie werden mit mindestens einem Buchstaben gekennzeichnet, z.B.:

A, WERT, BETRAG, SUMME

Alle BASIC-Versionen bieten die Möglichkeit, verschiedene numerische Variablen zu definieren. Sie unterscheiden sich in ihrer Genauigkeit. Drei numerische Datentypen stehen zur Auswahl:

Integer (ganzzahlig)	Wertebereich: –32768 bis +32767 Kennzeichen: % Beispiel: `WERT%`
einfache Genauigkeit	Wertebereich: –1.701412 E 38 bis +1.701412 E 38 Kennzeichen: ! , E für den Exponenten zur Basis 10, das Ausrufungszeichen als Kennzeichen kann entfallen. Beispiel: `SUMME!` `BETRAG` Dieser Datentyp ist Voreinstellwert.
doppelte Genauigkeit	Wertebereich: –1.701411834604692 D 38 bis +1.701411834604692 D 38

Kennzeichen: # , D für den Exponenten zur Basis 10
Beispiel: `MESSWERT#`

Hinweis: In allen numerischen Datentypen muß der Punkt als Dezimalzeichen verwendet werden, nicht das in Deutschland übliche Komma! Sie dürfen auch nicht die Tausender mit Punkt abtrennen, wie es im kaufmännischen Bereich üblich ist.

Stringdaten:

Strings (Zeichenketten) können alle in der ASCII-Codetabelle vorhandenen Zeichen enthalten. Sie sind in Anführungszeichen zu setzen. Diese Daten können Sie weiterverarbeiten, zum Beispiel mit anderen Zeichenketten vergleichen, zusammenfassen, Teile davon herausnehmen und speichern.

Platzhalter für Stringdaten (Stringkonstanten oder Stringvariablen) werden mit mindestens einem Buchstaben und dem Zeichen $ (ASCII-Code 36) markiert, z.B.:

A$, NAME$, ORT$, DATUM$

PROGRAMMIERTECHNIK

Wie schon in der Einleitung erklärt, kann ein solches Buch keinen Kursus über BASIC ersetzen. Trotzdem sollten die wichtigsten Regeln für den Programmaufbau und die Programmiertechnik angesprochen werden.

Programmzeile schreiben

Eine Programmzeile besteht aus der Zeilennummer und mindestens einer Anweisung. Durch Doppelpunkt getrennt, können mehrere Anweisungen in einer Programmzeile stehen. Die Zeile kann maximal 255 Zeichen einschließlich aller Leerzeichen enthalten. Wenn die Bildschirmzeile zu Ende ist und weitere Befehle und Anweisungen in die gleiche Programmzeile geschrieben werden sollen, darf kein <RETURN> eingegeben werden. Die Eingabebestätigung darf erst am Ende der Programmzeile erfolgen.

```
10 PRINT "Hallo"
10 PRINT A$ : INPUT "Wert 1 ",WERT : PRINT WERT
```

Wie schon im Abschnitt "Konstanten und Variablen", in diesem Kapitel an Beispielen gezeigt, ist es jedoch in den meisten Fällen sinnvoller und übersichtlicher, Befehle nur so weit in Programmzeilen zusammenzufassen, wie Sie logisch zusammengehören und verständlich bleiben. Der verbleibende Platz in der Programmzeile sollte besser für Erklärungen (siehe Anweisung REM) genutzt werden. Beispiel:

```
10 PRINT A$              :REM A$ (Anschrift) anzeigen
20 INPUT "Wert 1",WERT :REM Wert eingeben
30 PRINT  WERT           :REM Wert anzeigen
```

Die meisten Befehle können auch im Direktmodus, d.h. außerhalb eines Programms verwendet werden. Der Aufbau der Direktmoduszeile entspricht der Programmzeile, allerdings ohne Zeilennummer. Die Direkteingabe wird nach <RETURN> sofort ausgeführt. Die Zeile kann nicht wiederholt oder erneut angezeigt werden. Aus diesem Grunde sind hier REM-Anweisungen sinnlos.

Programm planen und aufbauen

Alle Programme sollten nach dem sogenannten EVA-Prinzip aufgebaut sein. Diese leicht zu merkende Abkürzung faßt die drei Grundbausteine jedes Programms zusammen:

E ingabe: Werte, mit denen in dem Programm gearbeitet werden soll, sind einzugeben oder festzulegen.

V erarbeitung: Die eingegebenen Werte werden mit dem Programm verarbeitet.

A usgabe: Ergebnisse der Verarbeitung werden ausgegeben.

Bereiten Sie Ihre Programmidee nach diesem Schema als Entwurf auf Papier in einem Programm-Ablauf-Plan (PAP) vor. Darin beschreiben Sie in Stichworten das, was im Programm geschehen soll. Sie werden feststellen, daß die Aufbereitung des Problems zu einem Programm Zeit kostet. Diese werden Sie durch eine Zeit und Fehler sparende Programmeingabe wieder ausgleichen.

Programmierstil

Schon im Kapitel 1, Abschnitt "Konstanten und Variablen", haben Sie Beispiele für guten und schlechten Programmierstil gesehen. Natürlich ist das nicht Vorschrift, und Sie sollen auch nicht bevormundet werden. Sie können selbstverständlich programmieren, wie Sie es für richtig halten, und Ihre Erfahrungen machen. Aber wer häufig programmiert und lange Programme produziert, wird merken, daß man um den hier beschriebenen oder einen ähnlichen Stil nicht herumkommt, will man seine eigenen Programme auch noch nach längerer Pause verstehen. Bemühen Sie sich also, Ihre Programme übersichtlich zu gestalten und mit vielen Anmerkungen zu versehen.

Beispiel:

```
10 DIM A$(150) :REM Feld für A$ dimensionieren
20 DIM B$(150) :' Feld für B$ dimensionieren
30 DIM C$(150) :' Feld für C$ dimensionieren
40 I=I+1 :' Zähler
50 READ A$(I),B$(I),C$(I):' Datensätze lesen
100 REM *********** Datenliste ******************
110 DATA ABC,DEF,GHI
120 DATA JKL,MNO,PQR
130 DATA STU,VWX,YZ
```

Für Programmschleifen ist es zusätzlich sehr sinnvoll, die innerhalb der Schleife auszuführenden Befehle so einzurükken, daß sie deutlich ins Auge fallen. Beispiel:

```
10 FOR I = 1 TO 20 :' Anfang Schleife I
20     INPUT A     :' Eingabe A
30     PRINT A * 5 :' Berechnen
40 NEXT I          :' Ende Schleife I
```

Die Beispiele zu den einzelnen Befehlen sind, soweit es sinnvoll erscheint, nach diesen Grundsätzen angelegt.

Programm laden und speichern

Programme, die Sie mühevoll geschrieben haben, sollen auch für eine Weile benutzt werden können. Leider verliert unser Computer sein "Gedächtnis", wenn wir ihn ausschalten. Der Arbeitsspeicherinhalt wird gelöscht. Wollen Sie also Ihr Programm länger benutzen, müssen Sie Ihren Computer eingeschaltet lassen oder das Programm auf einem Medium speichern, das bei Stromausfall den Speicherinhalt nicht löscht. Dazu sind Magnetbänder, Disketten und Festplatten geeignet. Magnetbänder werden im PC-Bereich außer zur Datensicherung nicht zur Speicherung eingesetzt. Wir müssen also unsere Programme auf der Diskette oder Festplatte speichern.

Ein wichtiger Hinweis: Speichern Sie Ihr Programm bereits vor dem ersten Probelauf! Sollte Ihnen im Programm ein "dicker" Fehler unterlaufen sein und Sie erleben einen Programmabsturz, kann es Ihnen passieren, daß Sie über die Tastatur nichts mehr eingeben können. Dann hilft nur noch ein Warmstart! Dabei geht der gesamte Arbeitsspeicherinhalt verloren! Sie dürfen dann Ihr mühsam eingegebenes Programm noch einmal tippen.

Zum Speichern des Programms: siehe Befehl SAVE.

Wollen Sie ein anderes auf der Diskette oder Festplatte gespeichertes Programm benutzen, so müssen Sie es in den Arbeitsspeicher laden. Sollte bereits ein Programm im Arbeitsseicher stehen, wird es gelöscht.

Zum Laden des Programms: siehe Befehl LOAD.

Programm anzeigen

Zur Überprüfung und Korrektur Ihres soeben geschriebenen Programms müssen Sie es sich vollständig oder, wenn es sehr lang ist, in Teilen auf dem Bildschirm anzeigen lassen. Sie verwenden dazu den Befehl

```
LIST
```

Mit Hilfe der in diesem Kapitel, Abschnitt "Editierkommandos", beschriebenen Editierkommandos können Sie nun

Ihr Programm verändern. Denken Sie aber daran, es anschließend zu speichern. Geben Sie dem Programm dabei keinen neuen Namen, wird es die vorherige Version Ihres Programms mit gleichem Namen überschreiben.

Programm drucken

In allen BASIC-Versionen besteht die Möglichkeit, das Programm mit allen Befehlszeilen zu drucken. Ich setze jetzt natürlich voraus, Sie haben einen Drucker. Mit dem Befehl

```
LLIST
```

können Sie das Programm oder Teile davon drucken lassen.

Programm ausführen

Nachdem Sie Ihr Programm gespeichert haben (SAVE), können Sie es einem ersten Probelauf unterziehen. Das Programm wird mit dem Befehl

```
RUN
```

gestartet. Nun wird das im Arbeitsspeicher stehende Programm abgearbeitet, indem Zeile für Zeile jede Anweisung ausgeführt wird. Treten dabei Fehler auf, werden Ihnen Fehlermeldungen auf dem Bildschirm angezeigt.

Sollten Sie den Probelauf ohne Fehlermeldung überstehen und ein Promptzeichen (ok oder Ready) am Ende sehen, haben Sie sehr ordentlich programmiert. Nun sollten Sie allerdings noch feststellen, ob das von Ihnen gewünschte Ergebnis erzielt wurde. Sollte auch das erreicht sein, können Sie sich beglückwünschen: Sie haben Ihr erstes lauffähiges Programm geschrieben.

Sollten Fehler beim Probelauf auftreten, korrigieren Sie diese, und speichern Sie die korrigierte Version. Sehen Sie dazu auch im Abschnitt "Programm anzeigen" in diesem Kapitel nach.

Programm abbrechen

Sie wollen den Programmlauf abbrechen? Drücken Sie die Tastenkombination <CTRL> <BREAK> (siehe Abschnitt "Control-Befehle" in diesem Kapitel). Auf dem Bildschirm erscheint die Meldung

```
Break in line xxx ( xxx = Zeilennummer )
```

und darunter das Promptzeichen Ihres BASIC-Interpreters. Sollten Sie diese letzte Version Ihres Programms noch nicht gespeichert haben, dann machen Sie es jetzt, bevor Sie ein anderes Programm laden (LOAD) oder BASIC verlassen (SYSTEM). In beiden Fällen wird das im Arbeitsspeicher stehende Programm gelöscht.

Kapitel 2

Direktmodus-Befehle

VORBEMERKUNGEN

Eine Reihe von Befehlen sind dazu gedacht, beim Programmieren und der "Programmverwaltung" eingesetzt zu werden. Diese Befehle werden nicht innerhalb von Programmen eingesetzt.

Die Eingabe der Befehle erfolgt im Direktmodus, d.h. die Programmzeile enthält keine Zeilennummer und wird nach <RETURN> sofort ausgeführt, siehe auch Kapitel 1, Abschnitt "Programmzeile schreiben". Typische Direktmodus-Befehle sind z.B. SAVE (Programm speichern), LOAD (Programm laden) und LIST (Programm anzeigen).

BEFEHLSZUSAMMENSTELLUNG DER DIREKTMODUSBEFEHLE

Die in diesem Kapitel behandelten Befehle sind hier in einer Übersicht zusammengefaßt. Diese zeigt das Befehlswort und eine Kurzerklärung der Befehlsausführung.

Querverweise auf andere, mit dem jeweiligen Befehl im Zusammenhang stehende Anweisungen finden Sie unter der ausführlichen Befehlsbeschreibung.

Befehlswort	Funktion
AUTO	Automatisch Zeilennummern erzeugen.
CHDIR	Ein anderes Inhaltsverzeichnis auf den Bildschirm bringen.
CONT	Den Programmlauf nach einer Unterbrechung fortsetzen.
DELETE	Programmzeilen im Arbeitsspeicher löschen.
EDIT	Eine Programmzeile ändern.
FILES	Inhaltsverzeichnis der Diskette anzeigen.
KEY LIST	Die Funktionstasten-Belegung auf dem Bildschirm anzeigen.
KILL	Datei auf der Diskette löschen.
LCOPY	Siehe Kapitel 8 "Daten ausgeben".
LIST	Die Programmzeilen des in den Speicher geladenen Programms anzeigen.
LLIST	Die Programmzeilen des in den Speicher geladenen Programms auf dem Drucker ausgeben.
LOAD	Ein Programm oder eine Datei von der Diskette in den Arbeitsspeicher laden.

Befehlswort	Funktion
MERGE	Ein Programm oder einen Programmteil mit einem im Arbeitsspeicher stehenden Programm oder Programmteil verbinden.
MKDIR	Ein neues Unterinhaltsverzeichnis erstellen.
NAME	Dateinamen ändern oder Datei in ein anderes Unterinhaltsverzeichnis oder auf ein anderes Laufwerk übertragen.
NEW	Arbeitsspeicherinhalt löschen.
RENUM	Zeilen eines im Arbeitsspeicher stehenden Programms umnumerieren.
RMDIR	Ein bestehendes Unterinhaltsverzeichnis löschen.
RUN	Programmlauf starten.
SAVE	Ein BASIC-Programm oder eine Textdatei mit Zeilennummern als ASCII-Datei auf eine Diskette speichern.
TROFF	Den Befehl TRON aufheben.
TRON	Alle Zeilennummern während des Programmlaufes ausgeben.

AUTO

Befehl ■
Funktion □
Operator □
Systemvariable □

Funktion:

Automatisch Zeilennummern erzeugen.

Syntax:

```
AUTO <erste Zeilennummer>, <Schrittweite>
```

Beschreibung:

Mit dem Befehl AUTO werden automatisch Programmzeilennummern erzeugt. Die Verwendung des Befehlswortes ohne weitere Parameter erzeugt "10" als erste Zeilennummer, alle weiteren haben eine Schrittweite von ebenfalls "10". Die kleinste generierbare Zeilennummer ist für GW-BASIC 0, die höchste 65529. Das Programm setzt hinter die ausgegebene Zeilennummer einen Leerschritt und wartet auf die Eingabe von Zeichen. Nach Abschluß der Programmzeile mit <RETURN> wird die nächste Zeilennummer generiert und ausgegeben. Will man die Numerierung mit einem bestimmten Anfangswert beginnen, ist dieser als "erste Zeilennummer" einzugeben (AUTO 200). Eine andere Schrittweite als "10" ist nach dem Komma einzugeben (AUTO ,20).

Die Parameter können kombiniert verwendet werden:

```
AUTO 100,50
```

In diesem Fall wird als erste Programmzeile die Zeile 100 ausgegeben, alle weiteren Zeilen haben den Abstand 50. Wollen Sie an ein bestehendes Programm weitere Programmzeilen anhängen, so verwenden Sie den Befehl

```
AUTO .
```

Der Punkt nach dem notwendigen Leerschritt zeigt an, daß Sie an die letzte vorhandene Programmzeile weitere anfügen wollen. Da Sie keine Schrittweite angeordnet haben, wird diese auf "10" festgesetzt. War die letzte vorhandene Zeilennummer des Programms zum Beispiel 5130, wird die erste neue Zeilennummer 5140 sein. GW-BASIC zeigt daraufhin die letzte Zeilennummer des Programms mit einem Stern (*) , hier also 5130* an. Wird mit <RETURN> bestätigt, bleibt der alte Zeileninhalt erhalten. Wird jedoch mindestens ein neues Zeichen eingegeben, so wird der alte Zeileninhalt gelöscht.

MS-BASIC zeigt die letzte Zeile nicht an, sondern bringt die Zeilennummer der ersten neuen Zeile auf den Bildschirm.

Wollen Sie an das Programmende neue Zeilen mit der Schrittweite anhängen, die das vorhandene Programm hat, verwenden Sie den Befehl

`AUTO .,` oder `AUTO .`

Die vorhandene Schrittweite wird übernommen. Eine geänderte Schrittweite der an das Programmende angehängten Zeilen wird beispielsweise erreicht mit:

```
AUTO .,50
```

Achtung: Werden mit der Funktion AUTO Programmzeilen erzeugt, die im Programm bereits – vor einer Änderung – vorhanden waren, so werden diese von einigen BASIC-Versionen überschrieben. Sollen jedoch an dieser Stelle neue Programmzeilen eingefügt werden, ohne alte zu überschreiben, sollten Sie mit dem Befehl RENUM das Programm ab dieser Stelle umnumerieren, um Platz zu schaffen.

Bei GW-BASIC erscheint neben der generierten Programm-Zeilennummer ein "*" als Anzeige dafür, daß im Programm diese Zeile bereits vorhanden ist. Verfahren Sie, wie oben bereits beschrieben.

Der Befehl AUTO kann durch die Tastenkombination CTRL BREAK oder bei einigen MS-DOS-Computern nur durch die BREAK-Taste abgebrochen werden.

Fehler:

```
Syntax error
```

Sie haben zwischen dem Befehlswort AUTO und der ersten Zeilennummer oder zwischen AUTO und dem nachfolgenden Punkt oder Komma keinen Leerschritt eingefügt.

GW-BASIC:

```
Undefined line number
```

Mit dem Befehl AUTO sollte eine Zeilennummer größer als 65529 generiert werden.

MS-BASIC:

```
Overflow
```

Sie haben mit dem Befehlswort AUTO eine Zeilennummer größer als 65535 eingegeben. Da dieses die höchste generierbare Zeilennummer ist, kann der gegebene Befehl nicht ausgeführt werden.

```
Illegal function call
```

Sie haben mit dem Befehlswort AUTO eine Zeilennummer oder Schrittweite eingegeben, die keine ganze Zahl oder eine 0 ist. Abbruch der Befehlsausführung ohne Fehlermeldung. Bei der Ausführung des Befehls AUTO wurde die Zeilennummer 65535 überschritten.

Beispiel:

```
auto
10
20
30
40
Ok

auto 100
100
110
120
Ok

auto 230, 30
230
260
290
320
Ok
```

Verweis:

Befehl	Seite	Befehl	Seite
RENUM	84		

CHDIR

Befehl ■
Funktion □
Operator □
Systemvariable □

Funktion:

Ein anderes Inhaltsverzeichnis (Unterinhaltsverzeichnis) anwählen.

Syntax:

```
CHDIR "Pfadname"
```

Beschreibung:

Um in BASIC auf eine Datei zuzugreifen, kann es nötig sein, auf ein anderes Subdirectory (Unterinhaltsverzeichnisse) umzuschalten. Dazu wird die Anweisung CHDIR (CHange DIRectory) mit dem Pfadnamen eingegeben. Der Pfadname ist in Anführungsstriche zu setzen, die Anführungsstriche hinter dem Pfadnamen können entfallen. An Stelle des Pfadnamens kann auch eine Stringvariable stehen, allerdings dürfen keine String-Bearbeitungen wie LEFT$, RIGHT$ usw. innerhalb des Befehls CHDIR vorgenommen werden.

Achtung: In einigen MS-BASIC-Versionen ist der Befehl CHDIR nicht verfügbar. Bei Eingabe erhalten Sie die Fehlermeldung Syntax error.

Fehler:

```
Syntax error
```

Der Befehl wurde ohne Anführungsstriche vor dem Pfadnamen und ohne Leerschritt zwischen Befehlswort und Pfadnamen eingegeben.

```
Type mismatch
```

Sie haben vergessen, denen Pfadnamen in Anführungsstriche zu setzen.

```
Missing operand
```

Das Befehlswort CHDIR wurde ohne Pfadnamen eingegeben.

```
Path not found
```

Sie haben einen nicht vorhandenen Pfadnamen verwendet.

Beispiel:

```
CHDIR "BASIC"
```

Verweise:

Befehl	Seite	Befehl	Seite
MKDIR	75	RMDIR	87

CONT

Befehl ■
Funktion □
Operator □
Systemvariable □

Funktion:

Den Programmlauf nach einer Unterbrechung fortsetzen.

Syntax:

```
CONT
```

Beschreibung:

Wurde ein Programmlauf unterbrochen, so wird durch den Befehl CONT (CONTinue) das Programm ab der auf die Unterbrechung folgenden Zeile fortgesetzt.

Die Fortsetzung des Programmlaufs kann nur erfolgen, wenn das Programm durch eine STOP-Anweisung, END-Anweisung oder Betätigen der Tasten CTRL und C unterbrochen wurde.

Wird der Programmlauf durch eine Fehlermeldung unterbrochen, kann er mit CONT nicht fortgesetzt werden. Wurde zwischen der Programmunterbrechung und der CONT-Anweisung das Programm geändert, so ist CONT nicht anwendbar (Fehlermeldung: "Can't continue"). Allerdings darf das Programm vor der Ausführung des Befehls CONT gelistet werden. Das unterbrochene Programm kann statt mit CONT auch mit dem Direktbefehl GOTO (Zeilennummer) fortgesetzt werden. Wurde das Programm zwischenzeitlich geändert, so sind alle Feld-Dimensionierungen aufgehoben und alle Variablen auf 0 bzw. Leerstring gesetzt.

Fehler:

```
Can't continue
```

MS-BASIC: Das Programm wurde durch eine Fehlermeldung unterbrochen, der Fehler beseitigt, und es wurde versucht, das Programm mit CONT fortzusetzen. Diese Fehlermeldung wird auch ausgegeben, wenn das Programm bereits vollständig ausgeführt wurde.

GW-BASIC: Diese Meldung wird ausgegeben, wenn nach einer Fehlermeldung der Fehler beseitigt wurde und mit CONT das Programm fortgesetzt werden sollte, das Programm bereits vollständig ausgeführt oder keines geladen wurde. Haben Sie den Fehler nicht beseitigt und geben den Befehl CONT, wird die vorhergehende Fehlermeldung wiederholt.

MS-BASIC:

```
Syntax error in ...
```

Das Programm wurde wegen eines Syntax-Fehlers abgebrochen und sollte ohne Fehlerbeseitigung mit CONT fortgesetzt werden. Die vorherige Syntax-Meldung wird wiederholt und das Programm nicht fortgesetzt.

Beispiel:

```
10 INPUT A,B
20 X=A*B
30 PRINT X
40 STOP
50 Y=X*100
60 PRINT Y
70 END
```

Verweise:

Befehl	Seite	Befehl	Seite
END	126	STOP	173

- ■ Befehl
- □ Funktion
- □ Operator
- □ Systemvariable

DELETE

Funktion:

Programmzeilen im Arbeitsspeicher löschen.

Syntax:

```
DELETE Zeilennummer1 - Zeilennummer2
```

Beschreibung:

Der Befehl DELETE mit den folgenden Zeilennummern löscht die angegebenen Zeilen oder Programmteile im Arbeitsspeicher. Dieser Befehl wird im Direktmodus eingegeben. Nach der Ausführung kehrt das System in den Direktmodus zurück.

Achtung: Der Befehl DELETE ohne Parameter löscht das gesamte im Arbeitsspeicher stehende Programm!

Vor der Ausführung des Befehls DELETE sollte mit dem Befehl LIST das Programm auf dem Bildschirm dargestellt werden, um sicherzugehen, daß die zu löschenden Zeilen auch wirklich die angenommenen Zeilennummern haben. Nach dem Löschvorgang sollte mit LIST die richtige Ausführung des Befehls DELETE überprüft werden.

Soll nur eine Zeile des Programms gelöscht werden, entfällt der Bindestrich und die Angabe der Zeilennummer2 (DELETE 560). Ist ein Programmabschnitt zu löschen, muß die erste (Zeilennummer1) und die letzte zu löschende Zeile (Zeilennummer2) eingegeben werden.

Alle Zeilen einschließlich der angegebenen Anfangszeile und Endzeile werden gelöscht. Soll ein Abschnitt des Programm beginnend mit der ersten Programmzeile gelöscht werden, so kann die Angabe der ersten Zeilennummer entfallen:

`DELETE -300` löscht alle Zeilen von der ersten Programmzeile bis einschließlich Zeile 300.

Ebenso kann die Zeilennummer2 entfallen, wenn bis zum Programmende gelöscht werden soll:

`DELETE 200-` löscht alle Zeilen von Zeile 200 bis zum Programmende.

Wird eine Zeilennummer1 oder Zeilennummer2 eingegeben, die nicht im Programm vorhanden ist, wird ab der ersten nach Zeilennummer1 bzw. bis zur letzten vor Zeilennummer2 vorhandenen Zeile gelöscht.

Liegt eine der beiden Zeilennummern außerhalb des Bereichs der Programmzeilennummern, so wird ab der ersten bzw. bis zur letzten vorhandenen Zeile gelöscht.

Achtung: In dem Bereich Zeilenummer1 bis Zeilennummer2 muß mindestens eine Programmzeile vorhanden sein, damit der Befehl DELETE fehlerfrei ausgeführt werden kann.

Fehler:

```
Syntax error
```

Der Befehl DELETE wurde ohne Zeilennummern eingegeben oder der Leerschritt zwischen DELETE und Zeilennummer1 fehlt.

```
Illegal function call
```

Mit dem Befehlswort DELETE wurde ein Zeilenbereich eingegeben, der außerhalb des Programmbereiches liegt oder der keine Programmzeilen enthält. Der Bindestrich zwischen Zeilennummer1 und Zeilennummer2 fehlt.

Beispiele:

```
DELETE 230 - 450
```

löscht Zeile 230 und alle folgenden Zeilen einschließlich Zeile 450.

```
DELETE 80-
```

löscht Zeile 80 und alle folgenden bis einschließlich der letzten Programmzeile.

```
DELETE -170
```

löscht alle Programmzeilen vom Anfang des Programms bis einschließlich Zeile 170.

Verweis:

Befehl	Seite	Befehl	Seite
LIST	63		

EDIT

Befehl ■
Funktion □
Operator □
Systemvariable □

Funktion:

Eine Programmzeile ändern.

Syntax:

```
EDIT Zeilennummer
```

Beschreibung:

Die mit dem Direktmodus-Befehl EDIT Zeilennummer aufgerufene Zeilennummer eines Programms wird angezeigt. Der Cursor steht am Anfang der Zeile, diese kann geändert werden.

Wird anstelle der Zeilennummer ein Punkt (.) eingegeben, so wird die zuletzt bearbeitete Zeile angezeigt. Sollen Programmblöcke geändert werden, können sie mit LIST aufgerufen und direkt editiert werden.

Dabei wird der Cursor mit den Pfeiltasten zeilen- bzw. zeichenweise bewegt. Zusätzlich kann innerhalb einer Zeile wortweise nach links (Taste CTRL und ←) und rechts (Taste CTRL und →) auf den nächsten Wortanfang gesprungen werden, indem die angegebene Taste CTRL gedrückt gehalten und dazu die betreffende Pfeiltaste betätigt wird.

An der Cursorposition können Zeichen gelöscht und eingesetzt werden.

Zeichen einfügen: Zum Einsetzen betätigen Sie zuerst die Taste INS (INSert=einsetzen), und anschließend geben Sie die gewünschten Zeichen ein. Der INSERT-Modus wird durch das Drücken einer Cursortaste oder durch <RETURN> beendet.

Zeichen löschen: Um Zeichen an der Cursorstelle zu löschen, drücken Sie für jedes zu löschende Zeichen die Taste DEL (DELete=löschen).

Zeile löschen: Mit Hilfe der Tasten CTRL (gedrückt halten) und END löschen Sie ab Cursorposition den Rest der Zeile bis zum Ende. ESC (ESCape) löscht die gesamte Zeile, in der der Cursor steht.

Jede geänderte Zeile ist durch die RETURN-Taste zu bestätigen. *Hinweis:* Durch die Anwendung des Befehls EDIT werden alle Variablenwerte gelöscht. Sollen nach einer Fehleranzeige "Syntax error" die Variablenwerte überprüft werden, so muß dies vor dem Aufrufen von Programmzeilen durch EDIT geschehen. Ist ein Programm mit SAVE "Dateiname",P gespeichert worden, können die Zeilen nicht editiert werden.

Fehler:

```
Syntax error
```

Der Befehl EDIT ist in der von Ihnen verwendeten MS-BASIC-Version nicht enthalten.

```
Illegal function call
```

Sie haben versucht eine geschützte Datei (mit Option P des Befehls SAVE gesichert) zu editieren.

```
Undefined line number
```

Sie haben mit dem Befehlswort EDIT keine oder eine nicht vorhandene Zeilennummer eingegeben.

Beispiel:

```
LIST
10 INPUT A,B
20 X=A*B
30 PRINT X
Ok
edit 20
20 X=A*B
```

Verweise:

Befehl	Seite	Befehl	Seite
LIST	63	SAVE	93

- ■ **Befehl**
- □ **Funktion**
- □ **Operator**
- □ **Systemvariable**

FILES

Funktion:

Das Inhaltsverzeichnis (Directory) der Diskette anzeigen.

Syntax:

```
FILES
FILES (Laufwerk\Pfadname)
FILES (Dateiname)
FILES (Dateinamenauswahl)
```

Beschreibung:

FILES bringt das gesamte Inhaltsverzeichnis der Diskette im aktuellen Laufwerk auf den Bildschirm, wenn keine weiteren Parameter eingegeben werden. Mit den Parametern "Laufwerksbezeichnung" und "Pfadname" können bestimmte Teile des Inhaltsverzeichnisses angezeigt werden.

Hinweis: In GW-BASIC kann der Kennbuchstabe für die Laufwerksbezeichnung klein oder groß geschrieben werden. In anderen BASIC-Versionen muß der Kennbuchstabe groß geschrieben sein.

Um nur einen bestimmten Dateinamen oder eine Gruppe von Dateinamen anzuzeigen, ist der Parameter Dateiname oder Dateinamenauswahl zu verwenden. Hier können auch die Wildcards ("Joker"), "*" und "?" verwendet werden. Für ihre Verwendung gelten die Regeln des Betriebssystems MS-DOS. Durch Voranstellen der Laufwerksbezeichnung kann der Inhalt jedes Laufwerks angezeigt werden.

Hat eine Diskette mehrere Subdirectories und sollen Dateien in einem anderen gesucht werden, muß mit dem Befehl CHDIR auf ein anderes Subdirectory umgeschaltet werden. Danach kann der Befehl FILES verwendet werden.

Die Ausgabe auf dem Bildschirm kann nur in sechs Spalten erfolgen; dabei werden nur die Dateinamen mit Zusatz aufgelistet. Eine andere z.B. seitenweise Darstellung ist nicht möglich. Am Ende der sechsspaltigen Auflistung der Dateien wird der noch freie Diskettenplatz angezeigt.

Fehler:

```
Syntax error
```

Der Befehl wurde ohne Anführungsstriche vor der Laufwerksbezeichnung oder dem Dateinamen und ohne Leerschritt zwischen Befehlswort und Laufwerk bzw. Dateiname eingegeben.

```
File not found
```

Die Datei ist nicht vorhanden.

```
Typ mismatch
```

Sie haben vergessen, die Laufwerksbezeichnung oder den Dateinamen in Anführungsstriche zu setzen.

```
Disk not ready
```

Sie haben keine Diskette in das angewählte Laufwerk-gelegt, oder das Laufwerk ist nicht verriegelt.

Beispiel:

```
Ok
files"b:"

COMMAND .COM   BAS      .EXE   BASIC .COM   AUTOEXEC.BAT
BUCH    .DAT   START    .BAT   B     .BAT   BUCH .BAS
CONFIG  .SYS   BUCHSORT.BAS    BUCH3 .BAS
```

Verweis:

Befehl	Seite	Befehl	Seite
CHDIR	44		

KEY LIST

Befehl ■
Funktion □
Operator □
Systemvariable □

Funktion:

Die Funktionstasten-Belegung auf dem Bildschirm anzeigen.

Syntax:

```
KEY LIST
```

Beschreibung:

Die Anweisung KEY LIST bringt die aktuelle Belegung der Funktionstasten auf den Bildschirm. Die Darstellung erfolgt ab der derzeitigen Cursorposition. Alle bei der Tastenbelegung eingebenen 15 Zeichen des String-Ausdrucks werden angezeigt.

Bei einigen GW-BASIC-Versionen wird die nach dem String-Ausdruck angeordnete RETURN-Funktion in der unteren Bildschirmzeile mit Hilfe eines Pfeils (←) dargestellt, andere geben hinter den String-Ausdruck die Buchstaben CR als Abkürzung für "Carriage Return"(Wagenrücklauf) aus.

Nur GW-BASIC:

Die Tastaturbelegung ist auf dem Bildschirm in Zeile 25 dargestellt. Sie läßt sich mit CONTROL T abschalten. Im Programmlauf kann die Anzeige auch mit KEY OFF ausgeschaltet oder mit KEY ON eingeschaltet werden.

Fehler:

```
Syntax error
```

Der Leerschritt zwischen den beiden Befehlswörtern KEY LIST fehlt.

Verweise:

Befehl	Seite
KEY OFF	138
KEY ON	140
KEY (n) OFF	142
KEY (n) ON	144
KEY (n) STOP	146
ON KEY (n) GOSUB	152

KILL

Befehl ■
Funktion □
Operator □
Systemvariable □

Funktion:

Datei auf der Diskette löschen.

Syntax:

```
KILL "Pfadname\Dateiname"
```

Beschreibung:

Mit Hilfe des Befehls KILL können nicht mehr benötigte Dateien auf der Diskette gelöscht werden. Eigentlich werden nur die ersten Zeichen des Dateinamens im Directory (Inhaltsverzeichnis) gelöscht. Der eigentliche Dateiinhalt bleibt erhalten, kann aber nicht mehr aufgerufen werden, da er ja im Inhaltsverzeichnis nicht mehr vorhanden ist. Da ein Schreibvorgang auf der Diskette stattfinden muß, darf diese nicht schreibgeschützt sein.

Hinweis: Es gibt spezielle Programme (z.B. "Diskettendoktor"), mit deren Hilfe man versehentliche Löschungen wieder rückgängig machen kann, allerdings nur solange die Spuren, in denen die Datei gespeichert war, nicht neu beschrieben wurden.

Mit dem Befehlswort KILL ist – durch Anführungszeichen eingerahmt – der Dateiname einzugeben. Ein eventuell notwendiger Pfadname ist mit einem nachfolgenden Backslash (ASCII-Code 92) voranzustellen. Das Anführungszeichen hinter dem Dateinamen kann entfallen, das vordere jedoch nicht.

Wie beim Befehl FILES können auch hier die Wildcards ("Joker"), "*" und "?" verwendet werden. Bei ihrem Gebrauch ist jedoch Vorsicht geboten, weil sehr leicht unbeabsichtigt eine Datei mitgelöscht werden kann, die eigentlich nicht gelöscht werden sollte, aber deren Name in die Joker-Auswahl gepaßt hat.

Fehler:

```
Type mismatch
```

Sie haben bei der Eingabe des Befehls das erste Anführungszeichen (vor dem Dateinamen) vergessen.

```
File not found
```

Die zu löschende Datei ist nicht vorhanden oder befindet sich in einem anderen Unterinhaltsverzeichnis.

Beispiel:

```
Ok
kill"a:find.exe"
Ok

kill"b:Test.bas"
File not found
Ok
```

Verweis:

Befehl	Seite	Befehl	Seite
FILES	55		

LCOPY

Befehl ■
Funktion □
Operator □
Systemvariable □

Funktion:

Bildschirminhalt auf dem Drucker ausgeben.

Syntax:

```
LCOPY Ausgabeart
```

Beschreibung:

Siehe Kapitel 8 "Daten ausgeben".

- ■ **Befehl**
- □ **Funktion**
- □ **Operator**
- □ **Systemvariable**

LIST

Funktion:

Die Programmzeilen des in den Speicher geladenen Programms anzeigen.

Syntax:

```
LIST Zeilennummer1-Zeilennummer2,
     Device\Dateiname\Pfad
```

Beschreibung:

Der Befehl LIST zeigt auf dem Bildschirm die Programmzeilen des in den Speicher geladenen Programms an. Dazu ist das Befehlswort LIST ohne weitere Zusätze einzugeben. Sollen nur Teile des Programms auf dem Bildschirm aufgelistet werden, so sind die erste (Zeilennummer1) und die letzte (Zeilennummer2) auf dem Bildschirm darzustellende Zeile einzugeben.

Device: Hier kann mit einem String-Ausdruck angegeben werden, wohin ausgegeben werden soll. Der String-Ausdruck muß mit einem Doppelpunkt (":") enden. Soll das Listing in eine Datei ausgegeben werden, so ist der Dateiname anzugeben. Ebenso der dazu notwendige Pfadname.

Wollen Sie das Programm ab einer bestimmten Zeile bis zum Ende des Programms aufgelistet haben, so ist für GW-BASIC einzugeben:

```
LIST Zeilennummer-
```

Für MS-BASIC geben Sie ein:

```
LIST Zeilennummer1-.
```

(Der Punkt gibt an, daß bis zum Programmende ausgegeben werden soll.)

Ist das Listing vom Anfang des Programms bis zu einer bestimmten Zeile anzuzeigen, so geben Sie ein:

```
LIST -Zeilennummer2
```

Um nur die letzte Programmzeile anzeigen zu lassen, verwenden Sie für MS-BASIC:

```
LIST .
```

GW-BASIC zeigt mit dem Befehl

```
LIST .
```

die letzte Zeile an, die mit dem letzten Listing ausgegeben wurde. Außerdem wird nach einem Programmabbruch durch Fehler die zuletzt bearbeitete Zeile angezeigt (wahrscheinlich die fehlerhafte Zeile). Diese kann dann direkt oder mit dem Befehl EDIT geändert werden. Der Befehl EDIT ist jedoch nicht in allen BASIC-Versionen verfügbar.

Die Ausgabe kann durch CTRL BREAK abgebrochen oder durch CTRL NUMLOCK angehalten werden. Das Auflisten kann durch Drücken einer beliebigen Taste fortgesetzt werden. Bei Ausgabe über Device und in Dateien ist Unterbrechen nicht möglich. Durch den Befehl LIST werden alle Befehlswörter in Großbuchstaben dargestellt und "?" am Beginn einer Anweisung durch das Befehlswort PRINT ersetzt.

Hinweis: Durch SAVE "Dateiname",P gespeicherte Programme können nicht gelistet werden.

Mit der Anweisung WIDTH kann vorher festgelegt werden, ob im 40-Zeichen- oder im 80-Zeichen-Modus dargestellt werden soll (siehe WIDTH).

Fehler:

`Syntax error`

Sie haben den Leerschritt zwischen LIST und Zeilennummer vergessen.

`Illegal function call`

Sie haben versucht, ein geschütztes Programm (mit SAVE " Datei",P gespeichert) auf dem Bildschirm zu listen.

Beispiele:

`LIST`	listet das gesamte Programm.
`LIST 100-500`	listet alle Zeilen einschl. 100 bis 500.
`LIST -500`	listet alle Zeilen vom Programmanfang bis 500 einschl.

MS-BASIC:

`LIST 300-.`	listet alle Zeilen von 300 bis zum Programmende.
`LIST .`	listet die letzte Zeile des Programms.

GW-BASIC:

`LIST 300-.` listet alle Zeilen von 300 bis zu der, die beim vorhergegangenen Listing als letzte Zeile angezeigt wurde.

`LIST .` listet die Zeile, die beim vorhergegangenen Listing als letzte Zeile angezeigt wurde. Bei Programmabbruch durch Fehler ist es die letzte bearbeitete Zeile.

```
LIST
10 INPUT A,B
20 X=A*B
30 PRINT X
40 STOP
50 Y=X*100
60 PRINT Y
70 END
Ok
list -40
10 INPUT A,B
20 X=A*B
30 PRINT X
40 STOP
Ok
list 30-
30 PRINT X
40 STOP
50 Y=X*100
60 PRINT Y
70 END
Ok
```

Verweise:

Befehl	Seite	Befehl	Seite
EDIT	52	SAVE	93
LLIST	67		

■ Befehl
□ Funktion
□ Operator
□ Systemvariable

LLIST

Funktion:

Die Programmzeilen des in den Speicher geladenen Programms auf dem Drucker ausgeben.

Syntax:

```
LLIST Zeilennummer1-Zeilennummer2
```

Beschreibung:

Der Befehl LLIST gibt alle Programmzeilen des in den Speicher geladenen Programms auf dem Drucker aus. Dazu ist das Befehlswort LLIST ohne weitere Parameter einzugeben. Sollen nur Teile des Programms ausgedruckt werden, so sind die erste (Zeilennummer1) und die letzte darzustellende Zeile (Zeilennummer2) einzugeben. Wollen Sie das Programm ab einer bestimmten Zeile bis zum Ende des Programms aufgelistet haben, so ist für GW-BASIC einzugeben:

```
LLIST Zeilennummer-
```

Für MS-BASIC kann auch eingegeben werden:

```
LLIST Zeilennummer1-,
```

(Der Punkt gibt an, daß bis zum Programmende ausgegeben werden soll.) Sofern Sie nur die letzte Zeile des Programms gedruckt haben wollen, können Sie für MS-BASIC LLIST . befehlen. GW-BASIC druckt mit dem Befehl LLIST . die letzte Zeile, die mit dem letzten Listing ausgeben wurde. Außerdem wird nach einem Programmabbruch durch Fehler die zuletzt bearbeitete Zeile angezeigt (wahrscheinlich die fehlerhafte Zeile). Mit dem folgenden Befehl wird das Listing vom Anfang des Programms bis zu einer bestimmten Zeile angezeigt:

```
LLIST -Zeilennummer2 .
```

Die Ausgabe kann durch CTRL BREAK abgebrochen werden. Durch den Befehl LLIST werden alle Befehlswörter in Großbuchstaben gedruckt und "?" durch das Befehlswort PRINT ersetzt.

Hinweis: Durch SAVE "Dateiname",P gespeicherte Programme können nicht als Listing gedruckt werden. Die Ausgabe an den Drucker erfolgt immer über die parallele Schnittstelle. Das Listing wird unformatiert, d.h. ohne Seitenumbruch ausgegeben. Sind Zeilen länger als 80 Zeichen, wird der Rest in der folgenden Druckzeile ausgegeben.

Fehler:

```
Syntax error
```

Sie haben den Leerschritt zwischen LLIST und Zeilennummer vergessen.

```
Illegal function call
```

Sie haben versucht, ein geschütztes Programm (mit SAVE " Datei",P gespeichert) auszudrucken.

Beispiele:

`LLIST`	listet das gesamte Programm.

`LLIST 100-500`	listet alle Zeilen einschl. 100 bis 500.
`LLIST -500`	listet alle Zeilen vom Programmanfang bis 500 einschl.

MS-BASIC:

`LLIST 300-.`	listet alle Zeilen von 300 bis zum Programmende.
`LLIST .`	listet die letzte Zeile des Programms.

GW-BASIC:

`LLIST 300-.`	listet alle Zeilen von 300 bis zu der, die beim vorhergegangenen Listing als letzte Zeile angezeigt wurde.
`LLIST .`	listet die Zeile, die beim vorhergegangenen Listing als letzte Zeile angezeigt wurde. Bei Programmabbruch durch Fehler ist es die letzte bearbeitete Zeile.

```
10 INPUT A,B
20 X=A*B
30 PRINT X
40 STOP
50 Y=X*100
60 PRINT Y
70 END
```

```
20 X=A*B
30 PRINT X
40 STOP
50 Y=X*100
```

Verweis:

Befehl	Seite	Befehl	Seite
LIST	63	SAVE	93

LOAD

Befehl ■
Funktion □
Operator □
Systemvariable □

Funktion:

Programm oder Datei von Diskette in den Arbeitsspeicher laden.

Syntax:

```
LOAD "Laufwerk:Pfadname\Dateiname",R
```

Beschreibung:

Der Befehl LOAD lädt ein Programm oder eine Datei von der Diskette in den Arbeitsspeicher. Nach Erscheinen des Promptzeichens (ok) kann das Programm mit RUN gestartet werden.

Bei der Ausführung des Befehls LOAD wird das bisher im Speicher stehende Programm gelöscht. Soll das Programm direkt nach dem Laden selbständig starten, muß die Option R (RUN) eingegeben werden.

Befindet sich das Programm auf der Diskette im aktuellen Laufwerk, kann die Laufwerksbezeichnung entfallen. Ist das Programm/die Datei über einen besonderen Pfad (in einem Unterinhaltsverzeichnis) erreichbar, muß der dafür gespeicherte Name eingegeben werden. Wird der Pfadname nicht angegeben, so wird das Programm/die Datei im aktuellen Directory gesucht. Der Befehl LOAD ohne Option R schließt alle offenen Dateien, mit Option R bleiben alle Dateien geöffnet.

Hinweis: Die Anweisung RUN "Laufwerk:Pfadname \Dateiname" hat die gleiche Wirkung wie LOAD mit Option R.

Fehler:

```
Syntax error
```

Der Befehl wurde ohne Anführungsstriche vor der Laufwerksbezeichnung, dem Pfadnamen oder Dateinamen und ohne Leerschritt zwischen Befehlswort und Laufwerk, Pfadnamen bzw. Dateinamen eingegeben.

```
File not found
```

Die angegebene Datei wurde nicht gefunden.

```
Typ mismatch
```

Sie haben vergessen, den Dateinamen in Anführungsstriche zu setzen.

Beispiel:

```
Ok
LOAD"a:test.prg"
Ok

LOAD"b:buch.bas"
File not found
Ok
```

Verweise:

Befehl	Seite	Befehl	Seite
RUN	90	NEW	82

MERGE

Befehl ■
Funktion □
Operator □
Systemvariable □

Funktion:

Ein Programm oder Programmteil mit einem im Arbeitsspeicher stehenden Programm oder Programmteil verbinden.

Syntax:

```
MERGE "Laufwerk:Pfadname\Dateiname"
```

Beschreibung:

Soll ein im Arbeitsspeicher stehendes Programm mit einem auf einer Diskette gespeicherten zu einem neuen Programm verbunden werden, so wird der Befehl MERGE mit dem Namen des auf der Diskette gespeicherten Programms eingegeben. Das andere Programm muß im Arbeitsspeicher stehen.

Es ist darauf zu achten, daß nicht unbeabsichtigt gleiche Zeilennummern in beiden Programmteilen vorhanden sind. Die Zeile des von der Diskette hinzugeladenen Programms überschreibt die Zeile mit der gleichen Nummer, die im Arbeitsspeicher steht. Wenn solche Überschreibungen nicht beabsichtigt sind, sollte eines der beiden Programm so umnumeriert werden (siehe RENUM), daß es auf keinen Fall zu Überschneidungen der Zeilennummern kommt. Nach Ausführung des MERGE-Befehls kann durch erneutes Umnumerieren eine lückenlose Nummernfolge erreicht werden. Auch innerhalb eines Programms kann der MERGE-Befehl verwendet werden. Hier in der Form

```
CHAIN MERGE
```

Während des Programmlaufs wird das mit CHAIN MERGE aufgerufene Programm hinzugefügt. Nach Ausführung der CHAIN MERGE-Anweisung wird der Programmlauf fortgesetzt. MERGE schließt alle offenen Dateien und löscht alle Variableninhalte.

Hinweis: Das mit MERGE von der Diskette zu ladende Programm muß mit SAVE "Dateiname",A als ASCII-Datei gespeichert worden sein, sonst kann es nicht mit dem im Arbeisspeicher stehenden Programm verbunden werden. Werden beide Programme oder Programmteile von der Diskette geladen, so sind beide vorher im ASCII-Format zu speichern.

Fehler:

```
Syntax error
```

Der Befehl wurde ohne Anführungsstriche vor der Laufwerksbezeichnung, dem Pfadnamen oder Dateinamen und ohne Leerschritt zwischen Befehlswort und Laufwerk, Pfadnamen bzw. Dateinamen eingegeben.

```
Typ mismatch
```

Sie haben vergessen, den Dateinamen in Anführungsstriche zu setzen.

```
Bad file mode
```

Sie haben versucht, mit dem Befehl MERGE ein Programm von der Diskette zu laden, das aber nicht im ASCII-Format vorlag. Laden Sie das betreffende Programm in den Arbeitsspeicher (LOAD "Datei"), und speichern Sie es erneut mit der Option A (SAVE "Datei",A) ab.

Beispiel:

```
Ok
MERGE "A:TEST.PRG"
Ok

MERGE"B:DRUCK.BAS"
File not found
Ok
```

Verweise:

Befehl	Seite	Befehl	Seite
LOAD	70	SAVE	93
RENUM	84		

■ **Befehl**
□ **Funktion**
□ **Operator**
□ **Systemvariable**

MKDIR

Funktion:

Ein neues Unterinhaltsverzeichnis (Subdirectory) erstellen.

Syntax:

```
MKDIR "Pfadname"
```

Beschreibung:

Mit Hilfe des Befehls MKDIR wird ein Unterinhaltsverzeichnis (Subdirectory) angelegt.

Dieser Befehl funktioniert in gleicher Weise wie der MS-DOS-Befehl MKDIR. Das Betriebssystem MS-DOS bietet die Möglichkeit, das Inhaltsverzeichnis der Diskette zu unterteilen, d.h. man kann unterhalb des Hauptinhaltsverzeichnisses, auch Stamminhaltsverzeichnis genannt, andere Verzeichnisse anlegen, die jeweils einen bestimmten, vom Benutzer festgelegten Inhalt haben. Diese Aufteilung des Disketteninhalts auf verschiedene Inhaltsverzeichnisse schafft einen besseren Überblick über die gespeicherten Dateien. Diese Fähigkeit kann auch innerhalb von GW-BASIC oder MS-BASIC genutzt werden.

In jedem neu angelegten Unterinhaltsverzeichnis können wieder andere angelegt werden. Allerdings dürfte irgendwann die Übersichtlichkeit verloren gehen. Die Verzweigungstiefe wird jedoch nur durch die Speichergröße des Computers und der Speichermedien (Diskette oder Festplatte) begrenzt.

Die Laufwerksbezeichnung kann entfallen, wenn das Inhaltsverzeichnis auf dem aktuellen Laufwerk erstellt werden soll. Für "Pfadname" ist der Weg einzugeben, auf dem das neue Inhaltsverzeichnis zu erreichen ist. Als letzte Bezeichnung ist der Name des neuanzulegenden Inhaltsverzeichnisses anzugeben. Die einzelnen Namen sind durch "\" (Backslash) zu trennen. Ist das neue Inhaltsverzeichnis direkt im Stamminhaltsverzeichnis zu finden, so kann der Name direkt hinter dem Befehl MKDIR eingegeben werden. Der Pfadname kann auch durch eine String-Variable dargestellt werden, die aber keine String-Operationen enthalten darf. Beispiel:

Zulässig:

```
10 D$="MATHE" + RIGHT$(X$,1) + ".DAT"
20 MKDIR D$
```

Unzulässig:

```
10 MKDIR "MATHE" + RIGHT$(X$,1) + ".DAT"
```

Im Stamminhaltsverzeichnis sind die Unterinhaltsverzeichnisse durch den Namen und den Zusatz <DIR> oder DIR gekennzeichnet.

Im Unterinhaltsverzeichnis stehen an erster Stelle Einträge mit dem "Namen" . und .. , und dem Zusatz DIR. Die Datei

`. DIR` oder `. <DIR>`

stellt das aktuelle Inhaltsverzeichnis dar, die Datei

`.. DIR` oder `.. <DIR>`

das übergeordnete Inhaltsverzeichnis.

Hinweis: Der Befehl MKDIR legt für das neue Inhaltsverzeichnis nur ein "Blatt" an, auf dem lediglich die Bezeichnung des Inhaltsverzeichnisses steht, aber noch keine Dateieintragungen.

Die Dateien, die unter diesem Subdirectory gespeichert werden sollen, müssen anschließend geladen und mit dem Befehl SAVE "Pfadname\Dateiname" in das neue Unterinhaltsverzeichnis gespeichert werden. Eine andere, einfachere Möglichkeit ist, die Dateien mit dem MS-DOS-Befehl COPY in dieses neue Inhaltsverzeichnis zu kopieren.

Fehler:

`Syntax error`

Der Befehl wurde ohne Anführungsstriche vor der Laufwerksbezeichnung oder dem Pfadnamen und ohne Leerschritt zwischen Befehlswort und Laufwerk oder Pfadnamen eingegeben.

`Typ mismatch`

Sie haben vergessen, den Pfadnamen in Anführungsstriche zu setzen.

`Unable to create directory`

Der Befehl MKDIR ist falsch eingeben.

```
Missing operand
```

Sie haben keinen Pfadnamen eingegeben

```
Path/File Access Error
```

Das anzulegende Inhaltsverzeichnis existiert bereits.

Beispiele:

```
MKDIR BASIC
```

legt ein Subdirectory mit dem Namen BASIC an.

MKDIR \BASIC\MATHE legt unterhalb des Subdirectories BASIC ein weiteres Unterinhaltsverzeichnis mit dem Namen MATHE an. Dieses Unterinhaltsverzeichnis ist vom Stammdirectory über das Verzeichnis BASIC zu erreichen.

Verweise:

Befehl	Seite	Befehl	Seite
CHDIR	44	RMDIR	87

- ■ **Befehl**
- □ **Funktion**
- □ **Operator**
- □ **Systemvariable**

NAME

Funktion:

Dateinamen ändern oder Datei in ein anderes Unterinhaltsverzeichnis übertragen.

Syntax:

```
NAME "LW:Pfadname\Dateiname" AS
     "LW:Pfadname\Dateiname"
```

Beschreibung:

Mit dem Befehl NAME .. AS .. kann ein Dateiname geändert werden oder die Datei in ein anderes Unterinhaltsverzeichnis übertragen werden. Dazu ist jeweils der vollständige Dateiname evtl. mit Laufwerksbezeichnung und Pfadname einzugeben. Soll die Datei auf der gleichen Diskette im gleichen Inhaltsverzeichnis bleiben, kann die Laufwerksbezeichnung und der Pfadname weggelassen werden.

Die Datei muß geschlossen sein, bevor der Befehl NAME ausgeführt werden darf. Der neue Dateiname darf im mit dem neuen Namen angesprochenen Inhaltsverzeichnis nicht vorhanden sein, sonst wird der Befehl NAME nicht ausgeführt. Es wird jedoch nicht geprüft, ob der neue Dateiname eventuell schon in anderen Unterinhaltsverzeichnissen vorhanden ist. Es kann also leicht zu einem doppelt vorhandenen Datei namen kommen. Überprüfen Sie deshalb vor dem Aufrufen des Befehls NAME in allen Inhaltsverzeichnissen, ob der gewünschte Dateiname noch frei ist, wenn Sie keine doppelten Namen haben möchten.

Um den Befehl NAME ausführen zu können, müssen Sie sich in dem Unterinhaltsverzeichnis befinden, in dem die umzubenennende Datei steht. Der Vollständigkeit halber soll erwähnt sein, daß ein Programm auch durch Laden (LOAD) und erneutes Speichern (SAVE) mit anderem Namen einen neuen Namen erhalten kann. Allerdings ist es dann zweimal vorhanden, mit altem und neuem Namen.

Fehler:

```
Syntax error
```

Der Befehl wurde ohne Anführungsstriche vor der Laufwerksbezeichnung, dem Pfadnamen oder Dateinamen und ohne Leerschritt zwischen Befehlswort und Laufwerk, Pfadnamen bzw. Dateinamen eingegeben.

```
Typ mismatch
```

Sie haben vergessen, den Dateinamen in Anführungsstriche zu setzen. Die Anführungsstriche nach dem Dateinamen können entfallen.

```
Disk write protected
```

Die Diskette ist schreibgeschützt. Entfernen Sie den Schreibschutz und, wiederholen Sie den Befehl.

```
File already exists
```

Sie haben einen bereits vorhandenen Dateinamen gewählt. Wiederholen Sie den Befehl mit einem anderen Dateinamen, oder benennen Sie die bereits vorhandene Datei um.

```
RENAME across disks
```

Sie haben versucht, eine Datei von einem Laufwerk auf ein anderes Laufwerk umzubenennen. Dieser Befehl ist unzulässig.

```
File not found
```

Der Name der umzubenennenden Datei ist falsch eingegeben worden, oder die Datei ist nicht vorhanden.

```
Path/Access Error
```

Sie suchen im falschen Unterinhaltsverzeichnis nach der Datei.

Beispiele:

```
NAME "Test"AS"Kapitel1"
NAME "a:Test" AS "a:Kapitel1"
NAME "BASIC\Test" AS "Buch\Kapitel1"
```

Verweise:

Befehl	Seite	Befehl	Seite
LOAD	70	SAVE	93

NEW

Befehl ■
Funktion □
Operator □
Systemvariable □

Funktion:

Arbeitsspeicherinhalt löschen.

Syntax:

```
NEW
```

Beschreibung:

Der Befehl NEW löscht den von GW-BASIC bzw. MS-BASIC verwalteten Arbeitsspeicherbereich. Damit sind alle bisher darin gespeicherten Programme, Variableninhalte usw. gelöscht. Dieser Befehl sollte immer eingegeben werden, bevor ein neues Programm geschrieben wird. Es besteht sonst die Gefahr, daß Teile des vorher im Speicher stehenden Programms unbeabsichtigt in das neu zu schreibende geraten. Sofern das vorherige Programm noch benötigt wird und noch nicht gespeichert wurde, muß es vor der Eingabe des Befehls NEW gespeichert werden.

Wurde mit dem Befehl TRON gearbeitet, wird dieser bei Eingabe von NEW aufgehoben.

Soll ein Programm von der Diskette geladen werden, so ist NEW nicht nötig, da der Arbeitsspeicher bei Ausführung des Befehls LOAD gelöscht wird. Alle Werte für Bildschirmformat und Drucker bleiben nach

NEW nicht erhalten, sie sind neu einzugeben. Wird NEW im Programm verwendet, bewirkt es zusätzlich den Übergang in den Direktmodus.

Verweise:

Befehl	Seite	Befehl	Seite
LOAD	70	TROFF	97
SAVE	93	TRON	98

RENUM

Befehl ■
Funktion □
Operator □
Systemvariable □

Funktion:

Zeilen eines im Arbeitsspeicher stehenden Programms umnumerieren.

Syntax:

```
RENUM neue Zeilennummer,
      alte Zeilennummer,Schrittweite
```

Beschreibung:

Der Befehl RENUM ändert die Numerierung des im Arbeitspeicher stehenden Programms. Die alte Zeilennummer wird in die neue Zeilennummer geändert und ab hier mit der angegebenen Schrittweite neu numeriert. Denken Sie daran, daß die höchste generierbare Zeilennummer für GW-BASIC 65529 und für MS-BASIC 65535 ist. Für die Zeilennummern und Schrittweite sind positive ganze Zahlen einzugeben.

Grundsätzlich kann nur ab "alte Zeilennummer" bis zum Programmende umnumeriert werden, es können also keine Abschnitte im Programm umnumeriert werden. Alle innerhalb der Programmzeilen vorkommenden Hinweise auf Zeilennummern werden ebenfalls geändert. Eine Ausnahme bilden die Anweisungen IF Zeilennummer=ERL und der Parameter "Startzeile" der Anweisung CHAIN MERGE, diese werden nicht geändert. Wird der Befehl RENUM ohne weitere Parameter eingegeben, so wird die erste Zeile des Programms die Nummer 10 erhalten und die folgenden Zeilen in der Schrittweite 10 umnumeriert.

Fehler:

```
Syntax error
```

Sie haben vergessen, zwischen dem Befehlswort und der Zeilennummer einen Leerschritt zu setzen. Das Komma darf direkt hinter dem Befehlswort stehen. Sie haben eine Zeilennummer >65529 mit dem Befehl RENUM eingegeben.

```
Illegal function call
```

Die Zeilennummer 65529 wurde bei der Umnumerierung überschritten.

Beispiel:

```
10 INPUT A,B
20 X=A*B
30 PRINT X
40 STOP
50 Y=X*100
60 PRINT Y
70 END

renum 100,,20

100 INPUT A,B
120 X=A*B
140 PRINT X
160 STOP
180 Y=X*100
200 PRINT Y
220 END
```

```
renum 500,140,15

100 INPUT A,B
120 X=A*B
500 PRINT X
515 STOP
530 Y=X*100
545 PRINT Y
560 END
```

Verweise:

Befehl	Seite	Befehl	Seite
ERL	128	LIST	63

- ■ **Befehl**
- □ **Funktion**
- □ **Operator**
- □ **Systemvariable**

RMDIR

Funktion:

Ein bestehendes Unterinhaltsverzeichnis löschen.

Syntax:

```
RMDIR "Pfadname"
```

Beschreibung:

Der Befehl RMDIR löscht ein Unterinhaltsverzeichnis (Sub-Directory) auf der aktuellen Diskette. Dieser Befehl funktioniert in gleicher Weise wie der MS-DOS-Befehl RMDIR. Für "Pfadname" ist der Weg einzugeben, auf dem das Inhaltsverzeichnis zu erreichen ist. Als letzte Bezeichnung ist der Name des zu löschenden Inhaltsverzeichnisses anzugeben. Die einzelnen Namen sind durch "\" (Backslash) zu trennen. Ist es direkt im Stamminhaltsverzeichnis zu finden, kann der Name des zu löschenden Inhaltsverzeichnisses direkt hinter dem Befehl RMDIR eingegeben werden. Der Pfadname kann auch durch eine String-Variable dargestellt werden, die aber keine String-Operationen enthalten darf. Beispiel:

Zulässig:

```
10 D$="MATHE" + RIGHT$(X$,1) + ".DAT"
20 RMDIR D$
```

Unzulässig:

```
10 RMDIR "MATHE" + RIGHT$(X$,1) + ".DAT"
```

Voraussetzung dafür ist, daß keine Dateien mehr im Unterinhaltsverzeichnis stehen dürfen.

Dateien, die noch benötigt werden, also nicht mit dem Befehl KILL gelöscht werden können, müssen mit dem Befehl NAME umbenannt und damit einem anderen Inhaltsverzeichnis zugeordnet werden.

Fehler:

```
Syntax error
```

Der Befehl wurde ohne Anführungsstriche vor der Laufwerksbezeichnung oder dem Pfadnamen und ohne Leerschritt zwischen Befehlswort und Laufwerk oder Pfadnamen eingegeben.

```
Typ mismatch
```

Sie haben vergessen, den Pfadnamen in Anführungsstriche zu setzen.

```
Path not found
```

Sie befinden sich im zu löschenden Inhaltsverzeichnis, der Weg bis zum dem zu löschenden Inhaltsverzeichnis ist zu verschachtelt oder das zu löschende Inhaltsverzeichnis ist nicht leer.

```
Path/File Access Error
```

Der angegebene Pfad wurde nicht gefunden.

Beispiel:

```
10 D$="MATHE" + RIGHT$(X$,1) + ".DAT"
20 RMDIR D$
```

Verweise:

Befehl	Seite	Befehl	Seite
CHDIR	44	MKDIR	75
KILL	60	NAME	79

RUN

Befehl ■
Funktion □
Operator □
Systemvariable □

Funktion:

Programmlauf starten.

Syntax:

```
RUN
RUN Zeilennummer,R
RUN "Laufwerk:Pfadname\Dateiname",R
```

Beschreibung:

Der Befehl RUN startet das Programm, das sich im Arbeitsspeicher befindet (vorher mit LOAD"Dateiname" geladen). Der Programmlauf kann auch ab einer bestimmten Zeile gestartet werden, es ist dann hinter RUN die Zeilennummer der Startzeile einzugeben. Diese Funktion ist wichtig, um während des Programmierens Teilprogramme auf ihre Lauffähigkeit zu überprüfen. Werden dabei Variablen aufgerufen, denen noch keine Werte zugewiesen wurden, so haben sie 0 bzw. einen Leer-String als Inhalt. Sollen die Inhalte der Variablen erhalten bleiben, muß das Teilprogramm mit GOTO Zeilennummer gestartet werden (siehe GOTO).

Befindet sich das zu startende Programm noch nicht im Arbeitsspeicher, so wird es mit RUN "Pfadname\Dateiname" von der Diskette in den Arbeitsspeicher geladen und sofort abgearbeitet. Der nach einem Komma eingegebene Operand R bewirkt, daß alle bereits geöffneten Dateien offen bleiben (siehe auch LOAD). Die Programmausführung wird durch

```
END
```

beendet. Alle Dateien werden geschlossen. Der Inhalt der verwendeten Variablen kann noch angezeigt werden. Außerdem kann ein Programm durch

```
STOP
```

beendet werden. Geöffnete Dateien bleiben offen, Variableninhalte können angezeigt und geändert werden. Der Programmlauf wird mit CONT (siehe CONT) fortgesetzt.

Wurde vor dem Programmstart mit RUN die Funktion TRON benutzt, so wird sie jetzt aufgehoben.

Fehler:

```
Syntax error
```

Der Befehl wurde ohne Anführungsstriche vor der Laufwerksbezeichnung, dem Pfadnamen oder Dateinamen und ohne Leerschritt zwischen Befehlswort und Laufwerk, Pfadnamen bzw. Dateinamen eingegeben.

```
Typ mismatch
```

Sie haben vergessen, den Dateinamen in Anführungsstriche zu setzen.

```
Next without for
Wend without while
Return without gosub
```

Der Programmstart nach dem Befehl RUN Zeilennummer begann innerhalb einer Schleife.

```
File not found
```

Das mit dem Befehl RUN "Dateiname" aufgerufene Programm ist auf der angemeldeten Diskette bzw. in dem angegebenen Inhaltsverzeichnis nicht vorhanden.

Beispiel:

```
10 INPUT A,B
20 X=A+B
30 PRINT X
40 Y=X*100
50 PRINT Y
60 END
run
? 5,7
 35
 3500

run 40
 0

run "b:test2"
 100 50  25        Ende

10 F1=100:D1=50:H1=25:T2$="Ende"
20 PRINT F1,D1,H1,T2$
30 END
```

Verweise:

Befehl	Seite	Befehl	Seite
CONT	46	LOAD	70
END	126	TRON	98
GOTO	235	STOP	173

- ■ **Befehl**
- □ **Funktion**
- □ **Operator**
- □ **Systemvariable**

SAVE

Funktion:

Ein BASIC-Programm oder eine Textdatei mit Zeilennummern (ASCII-Datei) auf Diskette speichern.

Syntax:

```
SAVE"Laufwerk:Pfadname\Dateiname",A
SAVE"Laufwerk:Pfadname\Dateiname",P
```

Beschreibung:

Das im Arbeitsspeicher stehende BASIC-Programm oder die ASCII-Datei werden auf der im angegebenen Laufwerk befindlichen Diskette gespeichert. Ist bereits eine Datei mit dem gleichen Dateinamen auf der Diskette vorhanden, so wird sie mit dem neuen Inhalt überschrieben.

GW-BASIC und MS-BASIC geben keine Meldung, ob eine Datei mit gleichem Namen vorhanden ist, sondern überschreiben ohne Warnung. Deshalb ist es sinnvoll, vor dem Speichern nachzuprüfen, ob eine Datei mit dem gewählten Namen bereits vorhanden ist (siehe FILES).

Soll die Datei auf die Diskette im aktuellen Laufwerk geschrieben werden, so kann "Laufwerk:" weggelassen werden.

Der nach einem Komma eingegebene Operand A bewirkt, daß die Datei als ASCII-Datei gespeichert wird. Wird der Operand A weggelassen, so wird die Datei in gepackter Binärform gespeichert. Dadurch wird Diskettenplatz gespart, das Programm wird beim Wiederaufrufen schneller geladen und abgearbeitet. Allerdings arbeiten einige Anweisungen (MERGE, CHAIN MERGE) nur mit ASCII-Dateien.

Der nach dem Komma einzugebende Operand P muß gesetzt werden, wenn die Datei geschützt gespeichert werden soll. In diesem Fall sind folgende Befehle nach dem Laden dieser Datei unwirksam:

LIST, LLIST, EDIT

Beide Operanden können nicht zusammen verwendet werden.

Der Dateiname kann aus maximal acht Zeichen, einem Punkt und weiteren drei Zeichen bestehen. Wird diese Regel eingehalten, so schreiben GW-BASIC und MS-BASIC den eingegebenen Dateinamen in das entsprechende Directory.

Ist der Dateiname länger als acht Zeichen, werden die weiteren Zeichen ignoriert. Wird kein Punkt und keine weiteren Zeichen eingegeben, so setzen GW-BASIC und MS-BASIC automatisch den Zusatznamen ".BAS" ein.

Ist der nach dem Punkt eingegebene Zusatzname länger als drei Zeichen, werden die überzähligen ignoriert.

Fehler:

```
Syntax error
```

Der Befehl wurde ohne Anführungsstriche vor der Laufwerksbezeichnung, dem Pfadnamen oder Dateinamen und ohne Leerschritt zwischen Befehlswort und Laufwerk, Pfadnamen bzw. Dateinamen eingegeben.

```
Typ mismatch
```

Sie haben vergessen, den Dateinamen in Anführungsstriche zu setzen.

```
Disk write protected
```

Es wurde versucht, eine Datei auf einer schreibgeschützten Diskette zu speichern.

```
Device I/O-Error
```

Während des Speichervorgangs auf die Diskette trat ein Fehler auf. Wiederholen Sie den Befehl SAVE.

```
Disk not ready
```

Sie haben keine Diskette im angemeldeten Laufwerk, oder das Laufwerk ist nicht verriegelt.

Beispiele:

`SAVE"TEXT.BRI"`	wird in Binärform als TEXT.BRI gespeichert.
`SAVE"VERSUCH",A`	wird in ASCII-Format als VERSUCH.BAS gespeichert.

```
SAVE"PRODUKTIONSDATEN",P
```

wird im geschützten Binärformat als PRODUKTI.BAS gespeichert.

```
SAVE"MESSWERTE.VERSUCH1"
```

wird im Binärformat als MESSWERT.VER gespeichert.

Verweise:

Befehl	Seite	Befehl	Seite
CHAIN	105	LIST	63
EDIT	52	LLIST	67
FILES	55	MERGE	72

- ■ **Befehl**
- □ **Funktion**
- □ **Operator**
- □ **Systemvariable**

TROFF

Funktion:

Den Befehl TRON aufheben.

Syntax:

```
TROFF
```

Beschreibung:

Der Befehl TROFF (TROFF: TRace OFF) hebt die Wirkung des Befehls TRON auf. Programmzeilennummern werden nicht mehr während des Programmlaufs angezeigt.

Verweis:

Befehl	Seite	Befehl	Seite
TRON	98		

TRON

Befehl ■
Funktion □
Operator □
Systemvariable □

Funktion:

Alle Zeilennummern während des Programmlaufs ausgeben.

Syntax:

```
TRON
```

Beschreibung:

Der Befehl TRON (TRace ON) bewirkt, daß während des Programmlaufs die jeweils abgearbeiteten Zeilennummern auf dem Bilschirm angezeigt werden. Die Zeilennummern erscheinen in Klammern. Auf diese Weise kann der Programmlauf verfolgt werden, und die Fehlersuche wird erleichtert. Die Wirkung von TRON wird durch TROFF (im Programm- oder Direktmodus) oder durch die Direkt-Befehle NEW und RUN aufgehoben.

Verweise:

Befehl	Seite	Befehl	Seite
NEW	82	TROFF	97
RUN	90		

Kapitel 3

Programme laden

VORBEMERKUNGEN

In diesem Kapitel finden Sie alle Befehle, mit deren Hilfe Sie innerhalb von Programmen andere Programme aufrufen und laden können. So besteht zum einen die Möglichkeit, aus einem Programm heraus ein anderes BASIC-Programm zu laden und auszuführen (CHAIN). Zum anderen kann aus dem BASIC-Programm heraus auch das Betriebssystem aufgerufen und MS-DOS-Befehle können ausgeführt werden. Anschließend wird das BASIC-Programm fortgesetzt.

BEFEHLSZUSAMMENSTELLUNG PROGRAMME LADEN

Die in diesem Kapitel behandelten Befehle sind hier in einer Übersicht zusammengefaßt. Diese zeigt das Befehlswort und eine Kurzerklärung der Befehlsausführung. Querverweise auf andere, mit dem jeweiligen Befehl im Zusammenhang stehende andere Anweisungen finden Sie unter der ausführlichen Befehlsbeschreibung.

Befehlswort	Funktion
BLOAD	Eine Assembler-Datei in den Arbeitsspeicher laden.

Befehlswort	Funktion
CALL	Ein in den Arbeitsspeicher geladenes Assembler-Programm aufrufen.
CHAIN	Ein Programm aufrufen.
DEF USR	Zugang zu einem Assembler-Unterprogramm ermöglichen.
SHELL	Command-Prozessor von MS-DOS aufrufen oder ein anderes MS-DOS-Programm laden und ausführen.
SYSTEM	Zum Betriebssystem MS-DOS zurückkehren.

■ Befehl
□ Funktion
□ Operator
□ Systemvariable

BLOAD

Funktion:

Eine Assembler-Datei laden.

Syntax:

```
BLOAD "Laufwerk.Pfadname\Dateiname",n
```

Beschreibung:

Mit Hilfe des Befehls BLOAD werden Assembler-Dateien in den Arbeitsspeicher geladen, die danach mit dem Befehl CALL aufgerufen werden können. Dateiname und Pfadname sind exakt einzugeben, die Option "n" kennzeichnet die Stelle im Arbeitsspeicher, an der die Datei abgelegt werden soll. "n" ist ein Integer-Ausdruck (0 – 65535). Der Arbeitsspeicherbereich ist vorher durch DEF SEG zu definieren, damit die Option "n" verwendet werden kann. Ohne Option "n" wird der Wert für "n" angenommen, der in der letzten BSAVE-Anweisung angegeben wurde.

Fehler:

```
Syntax error
```

Der Befehl wurde ohne Anführungsstriche vor der Laufwerksbezeichnung, dem Pfadnamen oder Dateinamen und ohne Leerschritt zwischen Befehlswort und Laufwerk, Pfadnamen bzw. Dateinamen eingegeben.

```
Typ mismatch
```

Sie haben vergessen, den Dateinamen in Anführungsstriche zu setzen.

```
File not found
```

Die angegebene Datei ist nicht vorhanden.

Beispiel:

```
10 'Assembler-Programm in Arbeitsspeicher laden
20 'Stelle 60K, entsprechend hex. F000
30 DEF SEG 40 BLOAD "B:TESTPRG",&HF000
```

Verweis:

Befehl	Seite	Befehl	Seite
BSAVE	352	DEF SEG	214

- ■ **Befehl**
- □ **Funktion**
- □ **Operator**
- □ **Systemvariable**

CALL

Funktion:

Eine durch BLOAD geladene Assembler-Datei aufrufen.

Syntax:

```
CALL numerische Variable(Variable1,Variable2 ....)
```

Beschreibung:

Eine Assembler-Routine wird durch den Befehl CALL aufgerufen und ausgeführt. Als numerische Variable ist die Adresse der Assembler-Routine einzugeben, bei der diese Routine beginnt. Variable1,Variable2...: Hier sind in Klammern und durch Komma getrennt die numerischen oder String-Variablen anzugeben, deren aktueller Wert an die Routine übergeben werden soll. Nach der Bearbeitung der Assembler-Routine wird die nächste Anweisung des BASIC-Programms ausgeführt.

Fehler:

```
Syntax error
```

Die mit dem Befehlswort CALL einzugebenden Variablen wurden vergessen.

Beispiel:

```
100 TEST = &HD000
110 CALL TEST(A,B$)
```

Verweis:

Befehl	Seite	Befehl	Seite
BLOAD	101		

- ■ **Befehl**
- □ **Funktion**
- □ **Operator**
- □ **Systemvariable**

CHAIN

Funktion:

Innerhalb eines Programms ein anderes Programm aufrufen.

Syntax:

```
CHAIN MERGE "Pfadname\Dateiname",
            Startzeile,ALL, DELETE Bereich
```

Beschreibung:

Mit dem Befehl CHAIN können aus einem Programm heraus andere Programme zur Abarbeitung aufgerufen werden.

Startzeile: Das aufgerufene Programm beginnt nicht ab der ersten vorhandenen Programmzeile, sondern ab Startzeile (nach einem Komma). Wird das aufzurufende Programm umnumeriert (siehe RENUM), so denken Sie daran, daß hier die Startzeile nicht automatisch geändert wird.

ALL: Alle Variablenwerte des Ursprungprogramms können mit dem durch ein Komma abgetrennten Befehl ALL an das neu aufgerufene Programm übergeben werden.

COMMON: Sollen nur einzelne Variablenwerte an das aufgerufene Programm übergeben werden, so definieren Sie diese vorher mit dem Befehl COMMON.

DELETE: Wollen Sie einen Teil des aufzurufenden Programms nicht mit übernehmen, so können Sie diesen nicht gewünschten Teil mit der Befehlsoption DELETE löschen. Diese Löschung wird ausgeführt, bevor das geladene Programm ausgeführt wird. Beachten Sie, daß nur ein Bereich zum Löschen festgelegt werden kann.

MERGE: Mit Hilfe der Option MERGE kann das neuzuladende Programm an das Ursprungprogramm angehängt werden. Danach wird das Gesamtprogramm gestartet. Der aktuelle Wert von OPTION BASE bleibt bei der Anwendung der Befehlsoption MERGE erhalten. Wird die Option MERGE ohne ALL verwendet, werden alle Variablenwerte gelöscht und die Subroutinen (FOR/NEXT, WHILE/WEND, GOSUB/RETURN) abgeschlossen. Mit der Option DELETE kann auch hier zuvor ein Programmteil gelöscht werden. *Hinweis:* Alle Programme, die mit der CHAIN-Anweisung arbeiten sollen, müssen im ASCII-Format vorliegen, also mit SAVE "Dateiname",A gespeichert worden sein.

Vor dem Laden des mit CHAIN aufgerufenen Programms wird der Befehl RESTORE ausgeführt. Bei Programmen mit DATA ... READ-Anweisungen ist daran zu denken, den Datenzeiger eventuell neu zu positionieren (siehe RESTORE).

Fehler:

```
Syntax error
```

Der Befehl wurde ohne Anführungsstriche vor der Laufwerksbezeichnung, dem Pfadnamen oder Dateinamen und ohne Leerschritt zwischen Befehlswort und Laufwerk, Pfadnamen bzw. Dateinamen eingegeben.

```
Typ mismatch
```

Sie haben vergessen, den Dateinamen in Anführungsstriche zu setzen.

```
File not found in xxx
```

Die mit CHAIN in der Programmzeile xxx aufgerufene Datei wurde nicht gefunden.

Beispiel:

```
10 REM CHAIN-Anweisung Programmteil 20.1
20 '   Hauptprogramm
30 A1$="Hauptprogramm ist geladen und
   ausgeführt."
40 PRINT A1$
50 A2$="Zusatzprogramm 1 wird geladen und mit
   Hauptprogramm verbunden."
60 PRINT A2$
70 CHAIN MERGE "b:20.2",1010,All

RUN
Hauptprogramm ist geladen und ausgeführt.
Zusatzprogramm 1 wird geladen und mit
 Hauptprogramm verbunden.
Zusatzprogramm 1 ist geladen und mit
 Hauptprogramm verbunden.
Break in 1040

10 REM CHAIN-Anweisung Programmteil 20.1
20 '   Hauptprogramm
30 A1$="Hauptprogramm ist geladen und
   ausgeführt."
40 PRINT A1$
50 A2$="Zusatzprogramm 1 wird geladen und mit
   Hauptprogramm verbunden."
```

```
60 PRINT A2$
70 CHAIN MERGE "b:20.2",1010,All
1000 REM CHAIN-Anweisung Programmteil 20.2
1010 '   Zusatzprogramm 1 mit A-Option
         gespeichert
1020 B1$="Zusatzprogramm 1 ist  geladen und mit
          Hauptprogramm verbunden."
1030 B2$="Zusatzprogramm 2 wird geladen und nicht
          mit MERGE verbunden."
1040 PRINT B1$: STOP
1050 PRINT B2$
1060 CHAIN "b:20.3"

Zusatzprogramm 2 wird geladen und nicht mit MERGE
 verbunden.
Zusatzprogramm 2 ist geladen und nicht mit MERGE
 verbunden.

2000 REM CHAIN-Anweisung
2010 '   Zusatzprogramm 2 mit A-Option
         gespeichert
2020 C1$="Zusatzprogramm 2 ist geladen und nicht
          mit Hauptprogramm verbunden."
2030 PRINT C1$
```

Verweise:

Befehl	Seite	Befehl	Seite
COMMON	199	RENUM	84
FOR...NEXT	226	RESTORE	271
GOSUB	232	SAVE	382
OPTION BASE	263	WHILE...WEND	294

■ Befehl
□ Funktion
□ Operator
□ Systemvariable

DEF USR

Funktion:

Zugang zu einem Assembler-Unterprogramm ermöglichen.

Syntax:

```
DEF USR Routinenummer = (Offset)
```

Beschreibung:

Die DEF USR-Anweisung ermöglicht per Startadressen-Eingabe den Zugang zu einem Assembler-Unterprogramm. Das Assembler-Unterprogramm wird anschließend durch die Anweisung USR aufgerufen (siehe USR).

Für "Routinenummer" ist eine ganze Zahl >=0 und <=9 einzugeben. Wird sie weggelassen, setzt BASIC den Wert 0 ein. Im Programm können beliebig viele DEF USR-Anweisungen verwendet werden. Vor dem Aufruf der Anweisung DEF USR ist der Speicherbereich zu definieren (siehe DEF SEG).

Beispiel:

```
10 DEF SEG =&H800
20 DEF USR=0
30 X=5
```

```
40 Y=USRO (X)
50 PRINT Y
```

Verweis:

Befehl	Seite	Befehl	Seite
USR	**288**		

- ■ **Befehl**
- □ **Funktion**
- □ **Operator**
- □ **Systemvariable**

LOAD

Funktion:

Ein Programm von der Diskette in den Arbeitsspeicher laden.

Syntax:

```
LOAD "Laufwerk:Dateiname\Pfadname",R
```

Beschreibung:

Siehe Kapitel 2 "Direktmodusbefehle".

SHELL

Befehl ■
Funktion □
Operator □
Systemvariable □

Funktion:

Command-Prozessor von MS-DOS aufrufen oder andere MS-DOS-Programme laden und ausführen.

Syntax:

```
SHELL String-Ausdruck
```

Beschreibung:

Die Anweisung SHELL ohne Eingabe eines String-Ausdrucks lädt das Programm COMMAND.COM. Wird als String-Ausdruck ein MS-DOS-Programmname eingegeben, so wird dieses Programm geladen und ausgeführt.

Hinter dem Programmnamen mit mindestens einem Leerschritt eingegebene weitere Zeichen werden als Befehlsargumente interpretiert (siehe dazu Aufruf GW-BASIC/MS-BASIC).

Während die hinter SHELL im String-Ausdruck stehende MS-BASIC-Anweisung ausgeführt oder das aufgerufene Programm abgearbeitet wird, bleibt GW-BASIC im Speicher. Nach Beendigung des MS-DOS-Programms können Sie mit dem Befehl EXIT zu GW-BASIC zurückkehren.

Fehler:

```
File not found
```

Diese Fehlermeldung wird nur ausgegeben, wenn die Datei COMMAND.COM nicht gefunden wird. Bei anderen nicht gefundenen Programmen gibt es keine Fehlermeldung.

Beispiel:

```
10 REM Testprogramm für den Befehl SHELL
15 CLS
20 PRINT"Dieses Programm ruft den COPY-Befehl aus
   COMMAND.COM auf."
30 DATEI$="COPY"+" a:test.bas" + " a:test2.bas"
40 SHELL DATEI$
50 PRINT" Der Befehl wurde ausgeführt!"
60 END
```

SYSTEM

Befehl ■
Funktion □
Operator □
Systemvariable □

Funktion:

Zum Betriebssystem MS-DOS zurückkehren.

Syntax:

```
SYSTEM
```

Beschreibung:

Der Befehl SYSTEM schließt alle offenen Dateien, löscht den BASIC-Arbeitsspeicherbereich und den Bildschirm und läßt den Benutzer zum Betriebssystem MS-DOS zurückkehren, erkennbar am Promptzeichen A> oder anderem, je nach Laufwerk. Im Gegensatz zu SHELL muß, um erneut in GW-BASIC oder MS-BASIC zu gelangen, dieses wieder mit dem Programmnamen (BASIC oder GW-BASIC) aufgerufen werden.

Hinweis: Denken Sie daran, Ihr zuletzt benutztes Programm zu speichern, sofern Änderungen vorgenommen wurden (siehe SAVE). Nach Ausführung des Befehls SYSTEM ist der BASIC-Arbeitsspeicherbereich ohne Warnung gelöscht, also auch Ihr Programm!

Verweise:

Befehl	Seite	Befehl	Seite
SAVE	93	SHELL	112

Kapitel 4

Programme gestalten

VORBEMERKUNGEN

Unter dieser Überschrift sind alle Befehle und Anweisungen zusammengefaßt, die nicht zur Verarbeitung eingegebener oder gespeicherter Daten dienen, sondern dazu, das Programm, den Programmlauf und den Bildschirm zu organisieren. Zusätzlich sind hier auch die Befehle beschrieben, mit denen Sie Geräusche und Musik erzeugen können (SOUND, PLAY, BEEP).

BEFEHLSZUSAMMENSTELLUNG PROGRAMME GESTALTEN

Die in diesem Kapitel behandelten Befehle sind hier in einer Übersicht zusammengefaßt. Diese zeigt das Befehlswort und eine Kurzerklärung der Befehlsausführung. Querverweise auf andere, mit dem jeweiligen Befehl im Zusammenhang stehende andere Anweisungen finden Sie unter der ausführlichen Befehlsbeschreibung.

Befehlswort	Funktion
BEEP	Ein akustisches Signal erzeugen.
CLS	Bildschirm löschen.

Befehlswort	Funktion
COLOR (Text)	Vorder- und Hintergrundfarbe im Text-Modus definieren.
COM(n) ON/OFF/STOP	Eine ON COM(n) GOSUB-Verzweigung einschalten, abschalten oder aussetzen.
END	Logisches Programmende festlegen.
ERL	Die Zeilennummer der letzten fehlerhaften Programmzeile speichern.
ERR	Den Fehlercode des zuletzt gefundenen GW-BASIC-Fehlers bzw. den durch eine ERROR-Anweisung zugewiesenen Wert speichern.
ERROR	Einen Fehlercode auf die reservierte Variable ERR zuweisen.
KEY	Eine Funktionstaste belegen.
KEY OFF	Anzeige der Funktionstasten-Belegung in Zeile 25 abschalten.
KEY ON	Anzeige der Funktionstasten-Belegung in Zeile 25 einschalten.
KEY(n) OFF	Einen auf eine Funktionstaste gelegten Tastatur-Interrupt aufheben.
KEY(n) ON	Einen auf eine Funktionstaste gelegten Tastatur-Interrupt freigeben.

Befehlswort	Funktion
KEY(n) STOP	Einen auf eine Funktionstaste gelegten Tastatur-Interrupt unterdrücken.
ON COM(n) GOSUB	
	Abhängig von den Daten an einer seriellen Schnittstelle in ein Unterprogramm verzweigen.
ON ERROR GOTO	
	Sprungadresse der Fehlerbehandlungsroutine festlegen.
ON KEY(n) GOSUB	
	Durch Funktionstastenbetätigung zu einer bestimmten Programmzeile verzweigen.
ON PLAY(n) GOSUB	
	Abhängig vom Musik-Puffer-Inhalt in ein Unterprogramm verzweigen.
ON TIMER(n) GOSUB	
	In bestimmten Zeitabständen in ein Unterprogramm verzweigen.
PLAY	Musik nach einem Noten-String erzeugen.
PLAY ON/OFF/STOP	
	Eine ON PLAY(n) GOSUB Verzweigung aktivieren, abschalten oder aussetzen.

Befehlswort	Funktion
PLAY(n)	Die Anzahl der Noten im Hintergrundpuffer liefern.
REM	Erläuterungen in das Programm einfügen.
SCREEN	Bildschirmmodus festlegen.
SCREEN (Text)	Im Textmodus den ASCII-Code eines Zeichens oder den Farbcode eines Bildschirmpunktes einer bestimmten Position ermitteln.
SOUND	Ton über den eingebauten Lautsprecher erzeugen.
STOP	Den Programmlauf unterbrechen und in den Direktmodus umschalten.

- ■ **Befehl**
- □ **Funktion**
- □ **Operator**
- □ **Systemvariable**

BEEP

Funktion:

Ein akustisches Signal erzeugen.

Syntax:

```
BEEP
```

Beschreibung:

Mit dem Befehl BEEP kann an jeder beliebigen Stelle eines Programmablaufs ein Signalton erzeugt werden, um auf besondere Situationen oder Ausgaben auf dem Bildschirm aufmerksam zu machen. Der Befehl PRINT CHR$(7) hat die gleiche Wirkung wie BEEP, da der Signalton in der ASCII-Codetabelle unter Nummer sieben zu finden ist.

Fehler:

```
Syntax error
```

Beispiel:

```
10 BEEP

20 BEEP:BEEP:BEEP

50 IF Y > 390 THEN BEEP
```

Verweise:

Befehl	Seite	Befehl	Seite
CHR$	389	PRINT	418

CLS

Befehl ■
Funktion □
Operator □
Systemvariable □

Funktion:

Bildschirm löschen.

Syntax:

```
CLS Bildschirm
```

Beschreibung:

Die Anweisung CLS löscht den Bildschirminhalt, nicht jedoch die Anzeige der Funktionstastenbelegung. Mit Hilfe der Option "Bildschirm" kann der entsprechende Bildschirm (eins oder zwei) gelöscht werden. Die aktuelle Hintergrundfarbe wird dann für den gesamten Bildschirm verwendet. Wurde im Programmlauf vor der CLS-Anweisung eine VIEW PRINT-Anweisung ausgeführt, gilt CLS nur für den dadurch definierten Bereich. Nach der Anweisung CLS befindet sich der Cursor im Textmodus auf der Position 1,1 (Zeile1, Spalte1) und im Grafikmodus im Mittelpunkt des aktuellen Windows.

Verweise:

Befehl	Seite	Befehl	Seite
SCREEN	165	VIEW	497
PRINT	418		

■ **Befehl**
□ **Funktion**
□ **Operator**
□ **Systemvariable**

COLOR

Funktion:

Vorder- und Hintergrundfarbe im Text-Modus definieren.

Syntax:

```
COLOR Vordergrund,Hintergrund,Ersatz
```

Beschreibung:

Diese Anweisung ermöglicht farbige Darstellungen im Text-Modus. Für den Vordergrund (die Farbe der Zeichen) sind 16 Farben möglich (siehe Farbtabelle). Für den Parameter "Vordergrund" ist ein numerischer Ausdruck mit dem Wert >=0 und <=15 einzugeben. Das gleiche gilt für "Hintergrund". Die Hintergrundfarbe wird mit MOD 8 ermittelt, so daß die Farbcodes 0 bis 7 verwendet werden können.

Farbtabelle:

0	Schwarz	8	Grau
1	Blau	9	Hellblau
2	Grün	10	Hellgrün
3	Cyan	11	Hellcyan
4	Rot	12	Hellrot
5	Magenta	13	Hellmagenta
6	Gelb	14	Hellgelb
7	Weiß	15	intensives Weiß

Auf dem Monochrom-Monitor können nur folgende "Farben" dargestellt werden:

1. Vordergrund:	0	Schwarz
	1	Weiß mit Unterstreichen der Zeichen
	2 bis 7	Weiß

Werden diese Werte um acht erhöht, dann werden die Zeichen in doppelter Intensität dargestellt. Wird 16 addiert, werden sie blinkend ausgegeben.

2. Hintergrund:	0	Schwarz
	1 bis 6	Grau in Abstufungen
	7	Weiß

Werden für Vorder- und Hintergrund die gleichen Farben gewählt, so wird das Zeichen unsichtbar dargestellt. Werden für die Parameter Werte eingesetzt, die außerhalb des Gültigkeitsbereichs liegen, bricht das Programm ab, und eine Fehlermeldung wird ausgegeben.

Der Parameter "Ersatz" ist nur notwendig, wenn das Programm auch in anderen BASIC-Versionen lauffähig sein muß. Dort wird mit diesem Parameter unter Umständen die Randfarbe eingestellt.

Fehler:

```
Illegal function call
```

Parameter außerhalb des Gültigkeitsbereichs.

```
Missing operand
```

Die Anweisung " COLOR , " bringt diese Fehlermeldung.

Beispiel:

```
color 1,7

color 14,1,3

10 '    Farbeinstellung im Textmodus
20 COLOR 1,14
30 '    mit Ersatz-Parameter für andere BASIC-
35 '     Versionen
40 COLOR 12,0,3
50 END
```

Verweise:

Befehl	Seite
COLOR (hohe Auflösung)	468
COLOR (höchste Auflösung)	471
COLOR (mittlere Auflösung)	465
SCREEN	165

COM(n) ON/OFF/STOP

Befehl ■
Funktion □
Operator □
Systemvariable □

Funktion:

Eine ON COM(n) GOSUB-Verzweigung aktivieren, abschalten oder aussetzen.

Syntax:

```
COM(n) ON
COM(n) OFF
COM(n) STOP
```

Beschreibung:

Nur GW-BASIC:

Mit diesen Anweisungen wird eine ON COM(n) GOSUB-Anweisung aktiviert (ON), ausgeschaltet (OFF) oder ihre Ausführung ausgesetzt (STOP).

Für n können die Werte 1, 2, 3 und 4 eingesetzt werden. Damit wird die gewünschte serielle Schnittstelle angesprochen.

Wenn eine COM(n) ON-Anweisung gesetzt wurde und anschließend ein ON COM(n) GOSUB bearbeitet wird, prüft BASIC zwischen allen Befehlen, ob an der seriellen Schnittstelle Daten ankommen. Wenn Daten anliegen, wird zu der betreffenden Sprungadresse verzweigt.

Die Anweisung COM(n) OFF schaltet die Schnittstelle und den dazugehörenden Datenpuffer ab. Eventuell ankommende Daten werden nicht gespeichert.

Mit COM(n) STOP wird die Verzweigung ins Unterprogramm und die Verarbeitung der Daten ausgesetzt. Die ankommenden Daten werden zwischengespeichert und nach dem nächsten COM(n) ON bearbeitet.

Fehler:

```
Syntax error
```

Sie haben die Leerschritte zwischen den Befehlswörtern vergessen.

Verweis:

Befehl	Seite
ON COM(n) GOSUB	148

END

Befehl ■
Funktion □
Operator □
Systemvariable □

Funktion:

Logisches Programmende festlegen.

Syntax:

```
END
```

Beschreibung:

Mit der Anweisung END wird die Programmausführung beendet, alle Dateien (Files) und Puffer werden geschlossen. Im Anschluß erscheint das "OK"-Zeichen. Das Programm wird auch beendet, wenn keine END-Anweisung vorhanden ist und das Programm abgearbeitet wurde.

Allerdings ist nicht gewährleistet, daß Dateien geschlossen werden. Die Anweisung END kann an jeder Programmstelle stehen. Es können auch mehrere END-Anweisungen verwendet werden. Werden in Programmen GOSUB-Routinen verwendet, so kann mit END vor der Sprungadresse sichergestellt werden, daß das Programm nicht unbeabsichtigt in das Unterprogramm gerät.

Beispiel:

```
10                                  ' Befehl END darstellen
20 A = 10                          :' Wert A
```

```
30 B = 15                        :' Wert B
40 C = A * B                     :' C berechnen
50 PRINT A;" * ";B;" = ";C       :' Werte anzeigen
60 END                           :' Programmende

10 PRINT "Hauptprogramm ausführen"
                                 :' Hauptprogramm
20 GOSUB 50                      :' Verzw. z. Unterpr.
30 PRINT "Hauptprogramm weiter bearbeiten"
                              :' Forts. Hauptprogramm
40 END
50 PRINT "Unterprogramm ausführen"
                              :' )Unterprogramm
60 RETURN                     :' )

RUN
Hauptprogramm ausführen
Unterprogramm ausführen
Hauptprogramm weiter bearbeiten
```

Verweis:

Befehl	Seite	Befehl	Seite
GOSUB	232		

ERL

Befehl ☐
Funktion ☐
Operator ☐
Systemvariable ■

Funktion:

Die Zeilennummer der letzten fehlerhaften Programmzeile speichern.

Syntax:

```
ERL
```

Beschreibung:

ERL ist eine reservierte Variable, also kein Befehl.

Mit ihrer Hilfe kann eine Fehlerbehandlung erreicht werden.

Zum Beispiel:

```
IF ERL = Nummer der Fehlerzeile THEN .....
```

Entspricht die Zeilennummer der Zeile, in der der Fehler aufgetreten ist, dem gespeicherten ganzzahligen Wert von ERL, wird die nach THEN folgende Anweisung ausgeführt.

Üblicherweise führen Fehler im Programmlauf zum Abbruch des Programms. Mit dieser Routine können echte im Programmlauf auftretende Fehler und "künstlich" erzeugte Fehler behandelt werden (siehe

Beispiele), so daß kein Programmabbruch mehr erfolgt, sondern das Programm nach der Fehlerbehandlung fortgesetzt wird.

Der reservierten Variablen ERL können Sie nur über ERROR einen Wert zuweisen, nicht aber mit der Anweisung LET.

Hinweis: Im Gegensatz zur oben angegebenen Formulierung kann auch

```
IF Nummer der Fehlerzeile = ERL THEN ...
```

eingegeben werden. Allerdings wird nun bei einer Renumerierung (siehe RENUM) des Programms der Parameter "Nummer der Fehlerzeile" nicht geändert.

Fehler:

```
Unprintable error in xxx
```

Im Programmlauf trat außerhalb der in ERL abgelegten Zeilennummer ein Fehler auf.

Beispiel:

```
10 ' Fehlerbehandlung mit ERL, ERR, ERROR, ON ERROR GOTO
20 '                            Rechteck berechnen
30 ON ERROR GOTO 80:'           Sprungadresse definieren
40 INPUT"Länge,Breite ",L,B:'   Werte eingeben
50 IF (L<=0) OR (B<=0) THEN ERROR 200:'
                                Fehler definieren
60 PRINT "Länge ",L," * Breite ",B," = Fläche ",L*B:'
                                Ergebnis anzeigen
70 GOTO 40:'                    Programm wiederholen
80 IF ERR=200 AND ERL=50 THEN BEEP:PRINT "L oder B <= 0
   ! ":RESUME 100:' Fehlerbedingungen prüfen und
                       bedingt Befehle ausführen
90 ON ERROR GOTO 0:' Fehlerbehandlung abschalten
```

```
100 PRINT"Fehler!"
110 END

RUN
Länge,Breite 12,5
Länge 12 * Breite 5 = Fläche 60
Länge,Breite 0,7
L oder B <=0 !
Fehler!
```

Verweise:

Befehl	Seite	Befehl	Seite
ERR	131	ON ERROR GOTO	150
ERROR	134	RENUM	84
IF...THEN	237		

☐ Befehl
☐ Funktion
☐ Operator
■ Systemvariable

ERR

Funktion:

Enthält den Fehler-Code des zuletzt gefundenen BASIC-Fehlers bzw. den durch eine ERROR-Anweisung zugewiesenen Wert.

Syntax:

```
ERR
```

Beschreibung:

ERR ist eine reservierte Variable, also kein Befehl. In ihr wird die Codezahl eines auftretenden Fehlers gespeichert. Diese kann abgerufen und zur Fehlerbehandlung genutzt werden.

Zum Beispiel:

```
IF ERR = Codezahl THEN .....
```

Entspricht der durch einen BASIC-Fehler oder eine ERROR-Anweisung zugewiesene Fehler-Code dem in der Zeile angegebenen Wert, so wird die nach THEN folgende Anweisung ausgeführt.

Üblicherweise führen Fehler im Programmlauf zum Abbruch des Programms. Mit dieser Routine können echte im Programmlauf auftretende Fehler und "künstlich" erzeugte Fehler behandelt werden (siehe

Beispiele), so daß kein Programmabbruch mehr erfolgt, sondern das Programm nach der Fehlerbehandlung fortgesetzt wird.

ERR enthält einen ganzzahligen Wert zwischen 0 und 255, d.h. auch in der Programmzeile muß der Fehler-Code als ganzzahliger Wert eingegeben werden. Der Wert 0 kann über die ERROR-Anweisung nicht zugewiesen werden.

Ist die Fehlerbehandlungsroutine abgeschlossen, wird der Variablen ERR mit Hilfe des Befehls RESUME der Wert 0 zugewiesen.

Fehler:

```
Unprintable error
```

Der Code eines aufgetretenen Fehlers entspricht nicht dem mit ERROR auf ERR zugewiesenen Code.

Beispiel:

```
10 '
     Fehlerbehandlung mit ERL, ERR, ERROR, ON ERROR GOTO
20 '                            Rechteck berechnen
30 ON ERROR GOTO 80:'           Sprungadresse definieren
40 INPUT"Länge,Breite ",L,B:'   Werte eingeben
50 IFG (L<=0) OR (B<=0) THEN ERROR 200:'
                                Fehler definieren
60 PRINT "Länge ";L;" * Breite ";B;" = Fläche ";L*B:'
                                Ergebnis anzeigen
70 GOTO 40:'                    Programm wiederholen
80 IF ERR=200 AND ERL=50 THEN BEEP:PRINT "L oder B <= 0
   ! ":RESUME 100:' Fehlerbedingungen prüfen und
                         bedingt Befehle ausführen
90 ON ERROR GOTO 0:'            Fehlerbehandlung
                                abschalten
100 PRINT"Fehler !"
110 END
```

```
RUN
Länge,Breite 12,5
Länge 12 * Breite 5 = Fläche 60
Länge,Breite 0,7
L oder B <=0 !
Fehler !
```

Verweise:

Befehl	Seite	Befehl	Seite
ERROR	134	ON ERROR GOTO	150
ERL	128	RESUME	270
IF...THEN	237		

ERROR

Befehl ■
Funktion □
Operator □
Systemvariable □

Funktion:

Einen Fehler-Code auf die reservierte Variable ERR zuweisen.

Syntax:

```
ERROR (numerischer Ausdruck)
```

Beschreibung:

Der hinter dem Befehl ERROR angegebene numerische Ausdruck wird berechnet und ganzzahlig gerundet.

Der Wert muß größer als 0 und kleiner als 255 sein. Falls der so errechnete Wert einem Fehler-Code der Codetabelle oder einem im Programm zugewiesenen Fehler-Code entspricht, so wird das Programm anhalten oder in die vorhandene Fehlerbehandlungsroutine verzweigen (siehe auch ON ERROR GOTO).

Wird ein Wert errechnet, der keinem Wert in der Codetabelle oder keinem zugewiesenen Wert entspricht, kommt es zu einer Fehlermeldung. Sollen eigene Fehlermeldungen im Programm erzeugt werden, so ist ihnen ein Fehler-Code >76 zuzuweisen, da die Codetabelle als höchsten Wert 76 aufweist.

Fehler:

```
Unprintable error
```

Der Code eines aufgetretenen Fehlers entspricht nicht dem mit ERROR auf ERR zugewiesenen Code.

Beispiel:

```
10 INPUT " Fehlercode :",CODE
20 ERROR CODE
30 END

run
 Fehlercode :55
File already open in 20


10 '
    Fehlerbehandlung mit ERL, ERR, ERROR, ON ERROR GOTO
20 '                           Rechteck berechnen
30 ON ERROR GOTO 80:'          Sprungadresse definieren
40 INPUT"Länge,Breite ",L,B:'  Werte eingeben
50 IFG (L<=0) OR (B<=0) THEN ERROR 200:'
                               Fehler definieren
60 PRINT "Länge ";L;" * Breite ";B;" = Fläche ";L*B:'
                               Ergebnis anzeigen
70 GOTO 40:'                   Programm wiederholen
80 IF ERR=200 AND ERL=50 THEN BEEP:PRINT "L oder B <= 0
   ! ":RESUME 100.' Fehlerbedingungen prüfen und
                        bedingt Befehle ausführen
90 ON ERROR GOTO 0:'           Fehlerbehandlung
                               abschalten
100 PRINT"Fehler !"
110 END

RUN
Länge,Breite 12,5
Länge 12 * Breite 5 = Fläche 60
Länge,Breite 0,7
L oder B <=0 !
Fehler !
```

Verweise:

Befehl	Seite
ERR	131
ON ERROR GOTO	150

KEY

Befehl ■
Funktion □
Operator □
Systemvariable □

Funktion:

Eine Funktionstaste belegen.

Syntax:

```
KEY Funktionstastennummer, "String-Ausdruck"
```

Beschreibung:

Die Anweisung KEY ermöglicht, unabhängig von der durch GW-BASIC oder MS-BASIC vorgegebenen, eine eigene Belegung der Funktionstasten durchzuführen.

Als Funktionstastennummer ist ein Wert >=1 und <=10 einzugeben. Dieser Wert kann auch mit Hilfe eines numerischen Ausdrucks berechnet werden.

Der String-Ausdruck enthält die neue Befehlsfolge, mit der diese Taste belegt werden soll. Der String-Ausdruck darf maximal 15 Zeichen lang sein. Wird ein längerer Ausdruck eingegeben, so werden nur die ersten 15 Zeichen verwendet. Der String-Ausdruck ist in Anführungszeichen zu setzen. Muß der String selbst Anführungszeichen enthalten, z.B. LOAD "TEST.BAS", müssen diese als CHR$(34) eingegeben werden.

Zum Beispiel:

```
KEY 1,"LOAD"+CHR$(34)+"TEST.BAS"+CHR$(13)
```

Soll der über die entsprechende Funktionstaste aufgerufene Befehl sofort ausgeführt werden, muß am Ende des String-Ausdrucks +CHR$(13) (entspricht der Taste RETURN) angegeben sein. Die bisherige Belegung einer Funktionstaste kann gelöscht werden, indem als String-Ausdruck "" (Leerstring) eingegeben wird.

Fehler:

```
Illegal function call
```

Sie haben für Funktionstastennummer einen Wert <=1 oder >=10 verwendet.

```
Type mismatch
```

Bei einer String-Zuweisung auf eine Funktionstaste haben Sie die Anführungsstriche vergessen.

Beispiel:

```
10 '       Funktionstasten-Belegung ändern
20 KEY LIST:'              Belegung anzeigen
30 KEY 1, "CLS"+CHR$(13):' Taste 1 mit Cls <RETURN>
                           belegen
40 KEY 2,"FILES ":'        Taste 2 mit FILES belegen
50 PRINT:PRINT
60 KEY LIST                Neue Belegung anzeigen
70 END
```

Verweise:

Befehl	Seite	Befehl	Seite
KEY LIST	58	KEY OFF	142
KEY ON	140		

KEY OFF

Befehl ■
Funktion □
Operator □
Systemvariable □

Funktion:

Anzeige der Funktionstasten-Belegung in Zeile 25 abschalten.

Syntax:

```
KEY OFF
```

Beschreibung:

Nur GW-BASIC:

Die Anweisung KEY OFF schaltet die Anzeige der Funktionstastenbelegung in Zeile 25 ab. Dadurch kann die Zeile 25 für den Programmablauf genutzt werden, z.B. mit der Anweisung

```
LOCATE 25,1
```

Hinweis: Nur die Anzeige wird ausgeschaltet, die Funktionstastenbelegung bleibt wirksam.

Wird keine besondere Tastenbelegung für ein Programm benötigt, so sollten Sie sinnvollerweise die Anweisung KEY OFF am Anfang des Programms einsetzen, damit während des Programmlaufs die Zeile 25 frei bleibt.

Fehler:

```
Syntax error
```

Sie haben den Leerschritt zwischen den beiden Befehlsworten vergessen.

Verweise:

Befehl	Seite	Befehl	Seite
KEY	136	KEY ON	140
KEY LIST	58		

KEY ON

Befehl ■
Funktion □
Operator □
Systemvariable □

Funktion:

Anzeige der Funktionstasten-Belegung in Zeile 25 einschalten.

Syntax:

```
KEY ON
```

Beschreibung:

Nur GW-BASIC:

Die Anweisung KEY ON schaltet die Anzeige der Funktionstastenbelegung in Zeile 25 ein. Dadurch wird die Zeile 25 mit dieser Anzeige belegt, kann also nicht für das laufende Programm genutzt werden. Befindet man sich im Programmodus, ist diese Anzeige sehr sinnvoll, da man die häufig benutzten Befehle und ihre Zuordnung auf die Funktionstasten angezeigt bekommt.

Die Tastenbelegung kann speziell für ein Programm auch geändert werden (siehe KEY), um damit die für den Programmlauf notwendigen Befehle auf Funktionstasten abrufbereit zu haben. Es ist aber zu bedenken, daß die Zeile 25 nicht für den Programmlauf verwendet werden kann, da hier die Anzeige erfolgt.

Fehler:

```
Syntax error
```

Sie haben den Leerschritt zwischen den beiden Befehlswörtern vergessen.

Verweise:

Befehl	Seite	Befehl	Seite
KEY	136	KEY OFF	142
KEY LIST	58		

KEY(n) OFF

Befehl ■
Funktion □
Operator □
Systemvariable □

Funktion:

Einen auf eine Funktionstaste gelegten Tastatur-Interrupt aufheben.

Syntax:

```
KEY(n) OFF
```

Beschreibung:

Mit Hilfe der Anweisung KEY(n) OFF wird eine bestimmte Unterbrechungsroutine (Interrupt), die für die Funktionstaste n festgelegt wurde, abgeschaltet.

Wird im Programmlauf die Anweisung KEY OFF angetroffen, so werden alle nachfolgend gedrückten Funktionstasten nicht als Anweisungen verwendet, zu der mit ON KEY(n) GOSUB festgelegten Zeilennummer zu verzweigen.

Mit KEY(n) ON kann die Unterbrechungsroutine wieder freigegeben werden.

Fehler:

```
Illegal function call in xxx
```

Der für n eingesetzte Wert ist <1 oder >10.

Beispiel:

```
10 KEY 4," "
20 KEY (4) ON
30 ON KEY (4) GOSUB 100 ' (wenn Taste 4 gedrückt wird.)
40 PRINT"Hauptprogramm"
50 PRINT
60 KEY(4) STOP
70 PRINT
80 KEY(4) OFF
90 END
100 'Unterprogramm
110 PRINT"Verzweigung ins Unterprogramm auf Tastendruck
    F4"
120 RETURN
```

```
10 KEY 4," "
20 KEY (4) ON
30 ON KEY (4) GOSUB 100 ' (wenn Taste 4 gedrückt wird.)
40 PRINT"Hauptprogramm"
50 PRINT
60 KEY(4) STOP
70 PRINT
80 END
90 'Unterprogramm
100 PRINT"Verzweigung ins Unterprogramm auf Tastendruck
    F4"
110 RETURN
```

Verweise:

Befehl	Seite
KEY (n) ON	144
KEY (n) STOP	146
ON KEY (n) GOSUB	152

KEY (n) ON

Befehl ■
Funktion □
Operator □
Systemvariable □

Funktion:

Einen auf eine Funktionstaste gelegten Tastatur-Interrupt freigeben.

Syntax:

```
KEY(n) ON
```

Beschreibung:

Mit Hilfe der Anweisung KEY(n) ON wird eine bestimmte Unterbrechungsroutine (Interrupt), die für die Funktionstaste n festgelegt wurde, zur Bearbeitung freigegeben. Diese Unterbrechungsroutine kann als Unterprogramm vorhanden sein, zu dem mit ON KEY(n) GOSUB verzweigt werden soll.

Im Programmlauf wird nach den Anweisungen KEY(n) ON und ON KEY(n) GOSUB vor der Ausführung der folgenden Anweisungen jeweils zuerst geprüft, ob die Funktionstaste n gedrückt wurde. Ist das der Fall, so wird zur der mit ON KEY(n) GOSUB festgelegten Zeilennummer verzweigt.

Der Rücksprung nach Durchführung der Unterbrechungsroutine kann durch "RETURN Zeilennummer" festgelegt werden.

Fehler:

```
Illegal function call in xxx
```

Der für n eingesetzte Wert ist <1 oder >10.

Beispiel:

```
10 KEY 4," "
20 KEY (4) ON
30 ON KEY (4) GOSUB 100 ' (wenn Taste 4 gedrückt wird.)
40 PRINT"Hauptprogramm"
50 PRINT
60 KEY(4) STOP
70 PRINT
80 KEY(4) OFF
90 END
100 'Unterprogramm
110 PRINT"Verzweigung ins Unterprogramm auf Tastendruck
   F4"
120 RETURN
```

```
10 KEY 4," "
20 KEY (4) ON
30 ON KEY (4) GOSUB 100 ' (wenn Taste 4 gedrückt wird.)
40 PRINT"Hauptprogramm"
50 PRINT
60 KEY(4) STOP
70 PRINT
00 END
90 'Unterprogramm
100 PRINT"Verzweigung ins Unterprogramm auf Tastendruck
   F4"
110 RETURN
```

Verweise:

Befehl	Seite
KEY ON	**140**
KEY (n) OFF	**142**
KEY (n) STOP	**146**
ON KEY GOSUB	**152**
ON KEY (n) GOSUB	**152**

KEY (n) STOP

Befehl ■
Funktion □
Operator □
Systemvariable □

Funktion:

Einen auf eine Funktionstaste gelegten Tastatur-Interrupt unterdrücken.

Syntax:

```
KEY(n) STOP
```

Beschreibung:

Mit Hilfe der Anweisung KEY(n) STOP wird eine bestimmte Unterbrechungsroutine (Interrupt), die für die Funktionstaste n festgelegt wurde, unterdrückt. Wird im Programmlauf die Anweisung KEY(n) STOP angetroffen, wird die nachfolgend gedrückte Funktionstaste nicht als Anweisung verwendet, zu der mit ON KEY(n) GOSUB festgelegten Zeilennummer zu verzweigen.

Die ON KEY(n) GOSUB-Anweisungen werden jedoch gespeichert und bei folgender KEY(n) ON-Anweisung nachträglich abgearbeitet.

Fehler:

```
Illegal function call in xxx
```

Der für n eingesetzte Wert ist <1 oder >10.

Beispiel:

```
10 KEY 4," "
20 KEY (4) ON
30 ON KEY (4) GOSUB 100 ' (wenn Taste 4 gedrückt wird.)
40 PRINT"Hauptprogramm"
50 PRINT
60 KEY(4) STOP
70 PRINT
80 KEY(4) OFF
90 END
100 'Unterprogramm
110 PRINT"Verzweigung ins Unterprogramm auf Tastendruck
    F4"
120 RETURN
```

```
10 KEY 4," "
20 KEY (4) ON
30 ON KEY (4) GOSUB 100 ' (wenn Taste 4 gedrückt wird.)
40 PRINT"Hauptprogramm"
50 PRINT
60 KEY(4) STOP
70 PRINT
80 END
90 'Unterprogramm
100 PRINT"Verzweigung ins Unterprogramm auf Tastendruck
    F4"
110 RETURN
```

Verweise:

Befehl	Seite
KEY (n) ON	144
ON KEY (n) GOSUB	152

ON COM (n) GOSUB

Befehl ■
Funktion □
Operator □
Systemvariable □

Funktion:

Abhängig von den Daten an der seriellen Schnittstelle in ein Unterprogramm verzweigen.

Syntax:

```
ON COM(n) GOSUB Zeilennummer
```

Beschreibung:

Nur GW-BASIC:

Mit dieser Anweisung kann beim Eintreffen von Daten an der seriellen Schnittstelle eine Verzweigung in ein Unterprogramm bewirkt werden, wenn zuvor diese Funktion über COM(n) ON aktiviert wurde.

Der Ausdruck n darf einen Wert von >=1 bis <=4 haben. Als Zeilennummer wird die Nummer der ersten Zeile des Unterprogramms angegeben. Am Ende dieses Unterprogramms muß ein RETURN stehen, damit die Rückkehr ins Hauptprogramm ausgeführt wird.

Mit COM(n) OFF kann die Verzweigung ins Unterprogramm abgeschaltet werden. Mit COM(n) STOP wird die Verzweigung so lange nicht ausgeführt, bis ein COM(n) ON gesetzt wird. Dann werden die seit COM(n) OFF im Programm aufgerufenen ON

COM(n) GOSUB-Anweisungen ausgeführt. Das RETURN am Ende des Unterprogramms schließt ein COM(n) ON ein, sofern nicht im Unterprogramm eine COM(n) OFF-Anweisung gegeben wurde.

Wenn das Programm in eine Fehlerbehandlungsroutine verzweigt, wird eine COM(n) STOP-Anweisung gesetzt, d.h. alle über die serielle Schnittstelle ankommenden Daten werden zwischengespeichert. Nach Abschluß der Fehlerbehandlung wird mit Ausführung der RESUME-Anweisung auch ein COM(n) ON gegeben, so daß nun die Daten verarbeitet werden können und ins Unterprogramm gesprungen werden kann.

Fehler:

```
Syntax error
```

Sie haben die Leerschritte zwischen den Befehlswörtern vergessen.

```
Illegal function call in xxx
```

Der für n eingesetzte Wert ist <1 oder >4.

Verweise:

Befehl	Seite	Befehl	Seite
COM (n) ON	124	COM (n) STOP	124
COM (n) OFF	124		

ON ERROR GOTO

Befehl ■
Funktion □
Operator □
Systemvariable □

Funktion:

Sprungadresse der Fehlerbehandlungsroutine festlegen.

Syntax:

```
ON ERROR GOTO Zeilennummer
```

Beschreibung:

Die Anweisung ON ERROR GOTO Zeilennummer bewirkt, daß das Programm bei Auftreten eines Fehlers in das Unterprogramm "Fehlerbehandlungsroutine" verzweigt und dieses Unterprogramm abarbeitet. Dabei wird eine üblicherweise erfolgende Fehlermeldung und der Sprung in den Direktmodus ausgeschaltet.

Am Ende des Unterprogramms zur Fehlerbehandlung muß eine RESUME-Anweisung stehen, damit der Programmlauf an der beabsichtigten Stelle fortgesetzt werden kann (siehe RESUME).

Die Anweisung ON ERROR GOTO ... bleibt so lange aktiviert, bis sie mit ON ERROR GOTO 0 abgeschaltet wird. Ab dieser Anweisung werden Fehlermeldungen ausgegeben und ein Sprung in den Direktmodus ausgeführt. Wird nach ON ERROR GOTO 0 eine neue Anweisung ON ERROR GOTO Zeilennummer gegeben, so kann damit eine neue Fehlerbehandlungsroutine aktiviert werden.

Fehler:

```
Syntax error
```

Sie haben die Leerschritte zwischen den Befehlswörtern vergessen.

```
Undefined line number in xxx
```

Die von Ihnen angegebene Sprungadresse ist als Zeile nicht vorhanden.

Beispiel:

```
10 '
    Fehlerbehandlung mit ERL, ERR, ERROR, ON ERROR GOTO
20 '                              Rechteck berechnen
30 ON ERROR GOTO 80:'             Sprungadresse definieren
40 INPUT"Länge,Breite ",L,B:'     Werte eingeben
50 IFG (L<=0) OR (B<=0) THEN ERROR 200:'
                                  Fehler definieren
60 PRINT "Länge ";L;" * Breite ";B;" = Fläche ";L*B:'
                                  Ergebnis anzeigen
70 GOTO 40:'                      Programm wiederholen
80 IF ERR=200 AND ERL=50 THEN BEEP:PRINT "L oder B <= 0
   ! ":RESUME 100.'
                           Fehlerbedingungen prüfen und
                           bedingt Befehle ausführen
90 ON ERROR GOTO 0:'              Fehlerbehandlung
                                  abschalten
100 PRINT"Fehler !"
110 END

RUN
Länge,Breite 12,5
Länge 12 * Breite 5 = Fläche 60
Länge,Breite 0,7
L oder B <=0 !
Fehler !
```

Verweise:

Befehl	Seite	Befehl	Seite
ERL	128	RESUME	270
ERR	131		

ON KEY (n) GOSUB

Befehl ■
Funktion □
Operator □
Systemvariable □

Funktion:

Durch Funktionstasten-Betätigung zu einer bestimmten Programmzeile verzweigen.

Syntax:

```
ON KEY(Funktionstasten-Nummer) GOSUB Zeilennummer
```

Beschreibung:

Die Anweisung verzweigt zu der angegebenen Zeilennummer, wenn nach dieser Anweisung im Programmlauf die Funktionstaste mit der entsprechenden Nummer gedrückt wird. Dazu muß jedoch vorher mit Hilfe der KEY(n) ON-Anweisung diese Funktion freigegeben worden sein.

Für Funktionstasten-Nummer kann ein numerischer Ausdruck verwendet werden, dessen Ergebnis >=1 und <=20 sein muß. Die Nummern 1 bis 10 belegen die Funktionstasten, 11 bis 14 die Cursortasten (11=oben, 12=links, 13=rechts, 14=unten), 15 bis 20 die über KEY definierten Tastenkombinationen.

Am Ende der Unterprogramme muß ein RETURN stehen, um wieder ins Hauptprogramm zurückzugelangen. Dabei wird automatisch ein KEY(n) ON für die entsprechende Funktionstaste ausgeführt, es sei denn, es wurde in dem Unterprogramm ein KEY(n) OFF für diese Funktionstaste gesetzt.

Fehler:

```
Syntax error
```

Sie haben die Leerschritte zwischen den Befehlswörtern vergessen.

```
Illegal function call in xxx
```

Der für n eingesetzte Wert ist <1 oder >10.

Beispiel:

```
10 KEY 4," "
20 KEY (4) ON
30 ON KEY (4) GOSUB 100 '(wenn Taste 4 gedrückt
   wird.)
40 PRINT"Hauptprogramm"
50 PRINT
60 KEY (4) STOP
70 PRINT
80 KEY (4) OFF
90 END
100 'Unterprogramm
110 PRINT"Verzweigung ins Unterprogramm auf
    Tastendruck F4"
120 RETURN
```

Verweise:

Befehl	Seite	Befehl	Seite
KEY	136	KEY (n) OFF	142
KEY (n) ON	140	KEY (n) STOP	146

ON PLAY (n) GOSUB

Befehl ■
Funktion □
Operator □
Systemvariable □

Funktion:

Abhängig vom Musik-Puffer-Inhalt in ein Unterprogramm verzweigen.

Syntax:

```
ON PLAY(Integer-Ausdruck) GOSUB Zeilennummer
```

Beschreibung:

Nur GW-BASIC:

Mit dieser Anweisung kann eine ständige Hintergrundmusik bei einer Programmausführung bewirkt werden, wenn zuvor diese Funktion über PLAY ON aktiviert wurde.

Der Integer-Ausdruck darf einen Wert von >=0 bis <=32 haben. Als Zeilennummer wird die Nummer der ersten Zeile des Unterprogramms angegeben. Am Ende dieses Unterprogramms muß ein RETURN stehen, damit die Rückkehr ins Hauptprogramm ausgeführt wird.

Mit PLAY(n) OFF kann die Verzweigung ins Unterprogramm abgeschaltet werden. Mit PLAY(n) STOP wird die Verzweigung so lange nicht ausgeführt, bis ein PLAY(n) ON gesetzt wird. Dann werden die seit

PLAY(n) OFF im Programm aufgerufenen ON PLAY(n) GOSUB-Anweisungen ausgeführt.

Das RETURN am Ende des Unterprogramms schließt ein PLAY(n) ON ein, sofern nicht im Unterprogramm eine PLAY(n) OFF-Anweisung gegeben wurde. Die Anweisung ON PLAY(n) GOSUB kann nur bei Hintergrundmusik (PLAY"MB....") ausgeführt werden, nicht bei Vordergrundmusik (PLAY"MF....").

Fehler:

```
Syntax error
```

Sie haben die Leerschritte zwischen den Befehlswörtern vergessen.

```
Illegal function call in xxx
```

Der für n eingesetzte Wert ist <0 oder >32.

Beispiel:

```
10 '                    ON PLAY (n) GOSUB darstellen
20 ON PLAY (16) GOSUB 1000
30 PLAY (16) ON
40 '                    Hauptprogramm
50 END
1000 '                  Unterprogramm
1010 '                  Verarbeitung der Musikdaten
1020 RETURN
```

Verweise:

Befehl	Seite	Befehl	Seite
PLAY (n) ON	161	PLAY (n) STOP	161
PLAY (n) OFF	161		

ON TIMER (n) GOSUB

Befehl ■
Funktion □
Operator □
Systemvariable □

Funktion:

In bestimmten Zeitabständen in ein Unterprogramm verzweigen.

Syntax:

```
ON TIMER(Sekundenanzahl) GOSUB Zeilennummer
```

Beschreibung:

Mit dieser Anweisung kann in bestimmten Zeitabständen ein Sprung in ein Unterprogramm während der Programmausführung bewirkt werden, wenn zuvor diese Funktion über TIMER ON aktiviert wurde.

Die Sekundenanzahl darf einen Wert von >=1 und <=86400 (entspricht 24 Stunden) haben. Als Zeilennummer wird die Nummer der ersten Zeile des Unterprogramms angegeben. Am Ende dieses Unterprogramms muß ein RETURN stehen, damit die Rückkehr ins Hauptprogramm ausgeführt wird.

Mit TIMER OFF kann die Verzweigung ins Unterprogramm abgeschaltet werden.

Mit TIMER STOP wird die Verzweigung so lange nicht ausgeführt, bis ein TIMER ON gesetzt wird. Dann werden die seit TIMER OFF im Programm aufgerufenen ON TIMER(n) GOSUB-Anweisungen ausgeführt.

Das RETURN am Ende des Unterprogramms schließt ein TIMER ON ein, sofern nicht im Unterprogramm eine TIMER OFF-Anweisung gegeben wurde.

Fehler:

```
Syntax error
```

Sie haben die Leerschritte zwischen den Befehlswörtern vergessen.

```
Illegal function call in xxx
```

Der für n eingesetzte Wert ist <1 oder >86400.

Beispiel:

```
10 ON TIMER (60) GOSUB 100
20 TIMER ON
100 Z=CSRLIN
110 S=POS (0)
120 LOCATE 1,1:PRINT TIME$
130 LOCATE Z,S
140 RETURN
```

Verweise:

Befehl	Seite	Befehl	Seite
TIMER ON	286	TIMER STOP	287
TIMER OFF	285		

PLAY

Befehl ■
Funktion □
Operator □
Systemvariable □

Funktion:

Musik nach einem Noten-String erzeugen.

Syntax:

```
PLAY String-Ausdruck
```

Beschreibung:

Nur GW-BASIC:

Die Anweisung PLAY bewirkt, daß der mit String-Ausdruck bezeichnete Noten-String "gespielt" wird. Der String-Ausdruck enthält Noten, Oktaven, Pausen, Notenlängen, Tempoangaben usw.

A – G	Spielt die betreffende Note (B = H, B- = B).
#,+,–	# und + erhöhen den Notenwert, – erniedrigt ihn um einen halben Ton.
On	Setzt die aktuelle Oktave, mögliche Werte für n = 0 bis 6.
>n	Erhöht die Oktave um 1 und spielt die Note n.

<n	Senkt die Oktave um 1 und spielt die Note n.
Nn	Spielt eine der 84 Noten in eine der 7 Oktaven, möglicher Wert für n: 0 bis 84, (0 = Pause).
Pn	Pausenlänge, n= 1 bis 64, wie Notenlänge.
Ln	Länge der folgenden Noten, n = 1 bis 64, (n–1 bedeutet eine ganze Note, n=4 bedeutet eine Viertelnote), die Längenangabe gilt für alle folgenden Noten, bis eine neue Angabe Ln erfolgt.
	Die Note wird 3/2 mal so lange gespielt, auch für Pausen gültig; (C.=3/2, C..=9/4, C...=27/8).
Tn	Bestimmt das Tempo in Viertelnoten pro Minute, mögliche Werte für n–32 bis 255 (Voreinstellung: 120).
MF	Setzt die Musik als Vordergrundmusik. Das Programm hält so lange an, bis die Anweisung PLAY abgearbeitet ist.
MB	Setzt die Musik als Hintergrundmusik, max. 32 Noten, die Noten werden in einen Puffer übertragen und abgearbeitet. Das Programm wird dabei fortgesetzt.
MN	(Normal) Alle Noten werden 7/8 der durch L bestimmten Länge gespielt.

ML	(Legato) Alle Noten werden gespielt, wie durch L festgelegt.
MS	(Staccato) Alle Noten werden 3/4 der durch L bestimmten Länge gespielt.
X	String; führt den betreffenden String aus.

Nach den M-Anweisungen darf kein Semikolon gesetzt werden, für die X-Anweisung ist es notwendig. Bei allen anderen Unterbefehlen kann ein Semikolon gesetzt werden. Die einzelnen Parameter können im String-Ausdruck ohne Leerschritte aneinander geschrieben werden. Allerdings ist es erheblich übersichtlicher, sie mit Leerschritten voneinander zu trennen.

Fehler:

```
String too long
```

Der String-Ausdruck enthielt mehr als 255 Zeichen.

```
Illegal function call
```

Einer odere mehrere der Parameterwerte wurden überschritten.

Beispiel:

```
10 LET A$="t180 P2 P2 P8 L8 GGG L2 E-"
20 LET B$="P24 P8 L8 FFF L2 D"
30 PLAY A$ + B$
```

Verweise:

Befehl	Seite	Befehl	Seite
PLAY ON	161	PLAY (n)	162

- ■ **Befehl**
- □ **Funktion**
- □ **Operator**
- □ **Systemvariable**

PLAY ON/OFF/STOP

Funktion:

Eine ON PLAY(n) GOSUB-Verzweigung aktivieren, abschalten oder aussetzen.

Syntax:

```
PLAY ON
PLAY OFF
PLAY STOP
```

Beschreibung:

Nur GW-BASIC:

Mit diesen Anweisungen wird eine ON PLAY(n) GOSUB-Anweisung aktiviert (ON), ausgeschaltet (OFF) oder ihre Ausführung ausgesetzt (STOP).

Fehler:

```
Syntax error
```

Sie haben die Leerschritte zwischen den Befehlswörtern vergessen.

Verweis:

Befehl	Seite
ON PLAY (n) GOSUB	154

PLAY (n)

Befehl ■
Funktion □
Operator □
Systemvariable □

Funktion:

Die Anzahl der Noten im Hintergrundpuffer liefern.

Syntax:

```
PLAY(n)
```

Beschreibung:

Nur GW-BASIC:

Wird die Funktion PLAY aufgerufen, so muß für n irgendeine Zahl eingesetzt werden. Sollte das Musik-Programm im Vordergrund laufen, so wird als Antwort der Wert 0 ausgegeben. Läuft die Musik jedoch als Hintergrund-Programm, wird die Anzahl der Noten im Hintergrundmusik-Puffer ausgegeben. Die höchste Notenanzahl im Hintergrundpuffer beträgt 32.

Beispiel:

```
10 IF PLAY(0) = 8 GOTO 1000
```

- ■ **Befehl**
- □ **Funktion**
- □ **Operator**
- □ **Systemvariable**

REM

Funktion:

Erläuterungen (Kommentar) in das Programm einfügen.

Syntax:

```
REM Kommentar
```

Beschreibung:

Die REM-Anweisung fügt in ein Programm einen Kommentar, eine Erläuterung, ein. Programmzeilen, die nach der Zeilennummer die Anweisung REM enthalten, werden vom Programmlauf nicht berücksichtigt.

Diese Zeilen erscheinen nur als Kommentarzeilen, wenn das Programm auf dem Bildschirm gelistet wird (siehe LIST und LLIST). Werden nach einer REM-Anweisung durch Doppelpunkt abgetrennte Anweisungen eingegeben, so werden diese als Kommentar interpretiert und nicht ausgeführt! Die REM-Anweisung muß also die letzte Anweisung in einer Programmzeile sein.

Anstelle der Anweisung REM kann das Hochkomma (') verwendet werden. Eine REM-Zeile kann als Sprung-Adresse verwendet werden.

Fehler:

```
Syntax error
```

Sie haben den Leerschritt zwischen der Anweisung REM und dem folgenden Kommentar vergessen.

Beispiel:

```
10 REM Kommentar
20 REM"Kommentar
30 'Kommentar
40 '              Der Kommentar kann an beliebiger
                  Stelle nach dem letzten Befehl
                  stehen.
50 PRINT A$:'               Inhalt von A$ ausgeben
```

Verweise:

Befehl	Seite	Befehl	Seite
LIST	63	LLIST	67

■ Befehl
□ Funktion
□ Operator
□ Systemvariable

SCREEN

Funktion:

Bildschirmmodus festlegen.

Syntax:

```
SCREEN Mode,burst,aktive Seite,visuelle Seite
```

Beschreibung:

Die Anweisung SCREEN bestimmt, in welchem Bildschirmmodus gearbeitet werden soll.

Es stehen vier Modi zur Auswahl:

0 – Text-Modus
Darstellung von Text in 25 Zeilen (40 oder 80 Spalten) mit allen verfügbaren Zeichen: LOCATE positioniert den Cursor, POS und CSRLIN geben die Cursorposition aus. Hintergrund-, Vordergrundfarbe und besondere Zeichendarstellung kann gewählt werden.

1 – Grafik-Modus 1
Text- und Grafikdarstellung in 4 Farben, Auflösung: 320 Punkte horizontal und 200 Punkte vertikal (Bildschirm-Koordinaten 0,0 bis 319,199). Die Anweisungen COLOR und LOCATE gelten nur noch für Grafik-Anweisungen, nicht mehr für den Text.

2 – Grafik-Modus 2
Text- und Grafikdarstellung in zwei Farben (Schwarz/Weiß), Auflösung: 640 Punkte horizontal und 200 Punkte vertikal (Bildschirm-Koordinaten 0,0 bis 639,199). Die Anweisungen COLOR und LOCATE gelten nur noch für Grafik-Anweisungen, nicht mehr für den Text.

3 – Grafik-Modus 3
Text- und Grafikdarstellung in zwei Farben (Schwarz/Weiß), Auflösung: 640 Punkte horizontal und 400 Punkte vertikal (Bildschirm-Koordinaten 0,0 bis 639,399). Die Anweisungen COLOR und LOCATE gelten nur noch für Grafik-Anweisungen, nicht mehr für den Text. Einige BASIC-Versionen bieten diesen Modus nicht, andere nur mit einer Auflösung von 640 mal 350 Punkten.

Für "Mode" kann ein numerischer Ausdruck eingesetzt werden, mögliche Werte: 0 bis 255. 0 wird als Textmodus definiert, 1 als Grafik-Modus 1, 2 als Grafik-Modus 2 und 3 bis 255 als Grafik-Modus 3.

Mit dem Parameter "burst" wird die Farbwahl aktiviert. Für den Text-Modus gilt:

0 – Farbe ausschalten, 1 – Farbwahl aktiviert,

Für den Grafik-Modus 1 gilt:

0 – aktiviert die Farbwahl, 1 – schaltet Farbe aus.

Im Grafik-Modus 2 und 3 kann nur monochrom dargestellt werden, deshalb wird der "burst"-Parameter ignoriert.

Im Text-Modus kann zwischen zwei Bildschirmseiten gewählt werden: eine aktive Seite, auf der geschrieben wird und eine visuelle Seite, die auf dem Bildschirm angezeigt wird. Beide Seiten können sich unterscheiden, d.h. die zu beschreibende (aktive) Seite liegt im Hintergrund und ist nicht sichtbar, die sichtbare (visuelle) Seite befindet sich auf dem Bildschirm und wird nicht bearbeitet. In allen Graphik-Modi ist nur eine Seite verfügbar.

Wird die Anweisung SCREEN nicht im Programm verwendet, so gilt der Voreinstellungswert SCREEN 0,0,0,0, d.h. 80 Spalten, Text-Modus, Schwarz/Weiß, visuelle Seite ist aktive Seite.

Fehler:

```
Illegal function call
```

Sie haben zu viele oder keine Parameter mit dem Befehlswort SCREEN eingegeben.

Beispiele:

```
SCREEN 0,1,0,0 : Text-Modus,Farbdarstellung,
                 aktive Seite = visuelle Seite

SCREEN 1,0     : Grafik-Modus 1, 320*200 Punkte,
                 Farb-Darstellung

SCREEN 1,1     : Grafik-Modus1, schwarz/weiß

SCREEN 2       : Grafik-Modus 2, 640*200 Punkte,
                 Schwarz/Weiß
```

```
SCREEN 3        : Grafik-Modus 3, 640*400 Punkte,
                  Schwarz/Weiß

SCREEN 255      : Grafik-Modus 3, 640*400 Punkte,
                  Schwarz/Weiß
```

Verweise:

Befehl	Seite	Befehl	Seite
LOCATE	400	CSRLIN	391
POS	417	COLOR	121

- ☐ Befehl
- ■ Funktion
- ☐ Operator
- ☐ Systemvariable

SCREEN (Textmodus)

Funktion:

Im Textmodus den ASCII-Code eines Zeichens oder den Farbcode eines Bildschirmpunktes einer bestimmten Position ermitteln.

Syntax:

```
SCREEN(Zeile,Spalte,Schalter)
```

Beschreibung:

Die Funktion SCREEN ermittelt den ASCII-Code eines Zeichens, das an der Stelle "Zeile,Spalte" des Bildschirms steht, wenn der Parameter "Schalter" 0 ist oder weggelassen wird. Wird der Parameter "Schalter" 1 gesetzt, so wird mit der Funktion SCREEN der Farbcode des Punktes an der Bildschirmstelle "Zeile,Spalte" ermittelt.

Beispiel:

```
5'         Befehl SCREEN (Textmodus) darstellen
10 X= SCREEN (1,1):' ASCII-Code des Zeichens an
                     Position 1,1 auf X zuweisen
20 PRINT X         :' X anzeigen
30 Y= SCREEN (1,1,1) :' Farbcode des Punktes an
                        Position 1,1 auf Y
                        zuweisen
40 PRINT Y         :' Y anzeigen
```

```
RUN
 79
 7
```

Verweise:

Befehl	Seite	Befehl	Seite
SCREEN	165		

■ Befehl
□ Funktion
□ Operator
□ Systemvariable

SOUND

Funktion:

Ton über den eingebauten Lautsprecher erzeugen.

Syntax:

```
SOUND Frequenz,Dauer
```

Beschreibung:

Mit der Anweisung SOUND können Töne erzeugt und über den eingebauten Lautsprecher ausgegeben werden. Für "Frequenz" sind Werte von 37 bis 32767 möglich, sie geben die erzeugte Frequenz des Tones in Hertz an.

Für "Dauer" muß ein Integer-Ausdruck von >=0 und <=65535 eingegeben werden. Der Wert 18,2 entspricht einer Tondauer von 1 Sekunde. Wird für "Dauer" der Wert 0 eingesetzt, so wird die SOUND-Anweisung abgeschaltet.

Fehler:

```
Missing operand
```

Sie haben den Wert für Frequenz oder Dauer vergessen.

Beispiel:

```
10 FOR I = 1 TO 100
20 SOUND RND*1000+37,2,10
30 NEXT I
```

Verweise:

Befehl	Seite	Befehl	Seite
BEEP	119	PLAY	158

- ■ **Befehl**
- □ **Funktion**
- □ **Operator**
- □ **Systemvariable**

STOP

Funktion:

Programmlauf unterbrechen und in den Direktmodus übergehen.

Syntax:

```
STOP
```

Beschreibung:

Durch die im Programm stehende Anweisung STOP wird der Programmlauf unterbrochen, in den Direktmodus übergegangen und die Meldung

```
Break in line xxx
```

ausgegeben. Für "xxx" steht die Zeilenummer der Zeile, in der der Programmlauf durch STOP unterbrochen wurde.

Mit dem Befehl CONT kann das Programm fortgesetzt werden.

Es muß jedoch beachtet werden, daß mit dem Ausführen der Anweisung STOP alle Datenspeicher und Stacks für FOR...NEXT, WHILE...WEND und GOSUB gelöscht werden, offene Dateien werden nicht geschlossen.

Beispiel:

```
10 INPUT X, Y, Z
20 A=X*Y/Z
30 PRINT A
40 STOP
50 B=A/3
60 PRINT B
70 END

RUN
? 5, 7, 9
 3.888889
Break in 40

CONT
 1.296296
```

Verweise:

Befehl	Seite	Befehl	Seite
CONT	116	GOSUB	232
FOR ... NEXT	226	WHILE ... WEND	294

Kapitel 5

Daten eingeben

VORBEMERKUNGEN

Alle Befehle, die mit dem Eingeben und Einlesen von Daten zu tun haben, werden hier beschrieben. Allerdings soweit es Daten betrifft, die aus Random-Dateien oder über serielle Schnittstellen eingelesen werden sollen, sind bei den Anweisungen Verweise auf das Kapitel 8 "Daten laden und speichern" angegeben.

Die überwiegende Teil dieses kurzen Kapitels bezieht sich auf die Eingabe über die Tastatur (INKEY, INPUT, LINE INPUT).

BEFEHLSZUSAMMENSTELLUNG DATEN EINGEBEN

Die in diesem Kapitel behandelten Befehle sind hier in einer Übersicht zusammengefaßt. Diese zeigt das Befehlswort und eine Kurzerklärung der Befehlsausführung. Querverweise auf andere, mit dem jeweiligen Befehl in Zusammenhang stehende andere Anweisungen finden Sie unter der ausführlichen Befehlsbeschreibung.

Befehlswort	Funktion
INKEY$	Das erste Zeichen im Tastaturspeicher abfragen.
INPUT	Dateien über Tastatur eingeben und Variablen zuweisen.
INPUT #	Daten aus sequentiellen Dateien und Puffern lesen.
INPUT$	Eine bestimmte Anzahl Zeichen einlesen.
LINE INPUT	Zeichenketten über Tastatur eingeben und Variablen zuweisen.
LINE INPUT #	Zeichenketten aus Dateien und Puffern lesen.

- ☐ Befehl
- ■ Funktion
- ☐ Operator
- ☐ Systemvariable

INKEY$

Funktion:

Das erste Zeichen im Tastaturspeicher abfragen.

Syntax:

```
INKEY$
```

Beschreibung:

Die Anweisung INKEY$ fragt das erste im Tastaturspeicher stehende Zeichen als String ab. Ist kein Zeichen gespeichert, so wird ein Leer-String angenommen. Wenn ein Zeichen im Speicher steht, das nicht in der ACII-Codetabelle steht, so wird ein Zweizeichen-String erzeugt. Das erste Zeichen zeigt Hex 0 (00), das zweite den Code (SCAN-Code) der gedrückten Tastenkombination.

Bei Auftreten des Befehls INKEY$ wird der Programmablauf nicht unterbrochen, wenn keine Taste gedrückt wird, das Programm wartet also nicht auf eine Eingabe. Die Eingabe wird nicht durch Betätigen der RETURN-Taste abgeschlossen. Mit Hilfe der Anweisung INKEY$ kann eine Warteschleife programmiert werden.

Trifft das Programm beim Ablauf auf diese Zeile, so wird das Abarbeiten unterbrochen, bis ein Zeichen eingegeben wird. Anschließend können bestimmte Zeichen benutzt werden, um z.B. in Unterprogramme zu verzweigen (siehe Beispiele).

Fehler:

```
Syntax error
```

Der Befehl INKEY$ wurde zur Menü-Auswahl eingesetzt, die Auswahl ist trotz richtigem Tastendruck zufällig: Das Programm enthält vermutlich keine Warteschleife, so daß das erste der im Tastaturpuffer stehenden Zeichen benutzt wird (siehe Beispiel).

Beispiel:

```
10 '                                    Befehl INKEY$ darstellen
20 PRINT"Daten eingeben  (1)":'      )
30 PRINT"Daten löschen   (2)":'      ) Auswahl anzeigen
40 PRINT"Daten drucken   (3)":'      )
50 A$=INKEY$: IF A$="" THEN 50:'       Tastaturabfrage
60 A=VAL(A$)
70 IF A<1 OR A>3 THEN 50
80 ON A GOTO 100, 120, 140:'           Verzweigung
90 END
100 PRINT A;" Daten werden eingegeben.":' Auswahl 1
110 END
120 PRINT A;" Daten werden gelöscht."  :' Auswahl 2
130 END
140 PRINT A;" Daten werden gedruckt."  :' Auswahl 3
150 END

RUN
Daten eingeben  (1)
Daten löschen   (2)
Daten drucken   (3)
 1 Daten werden eingegeben.
```

Verweise:

Befehl	Seite	Befehl	Seite
IF THEN	237	VAL	290
ON GOTO	261		

■ Befehl
□ Funktion
□ Operator
□ Systemvariable

INPUT

Funktion:

Daten über Tastatur eingeben und Variablen zuweisen.

Syntax:

```
INPUT;"Abfrage";Variablenname1,Variablenname2, ...
```

Beschreibung:

Die einfachste Art der INPUT-Anweisung lautet: INPUT Variablenname. Wird diese Anweisung im Programm angetroffen, hält der Programmlauf an, es erscheint ein Fragezeichen in der nächsten Bildschirmzeile, und das Programm wartet auf eine Eingabe. Nach der Eingabe und Betätigen der Taste RETURN wird der Programmlauf fortgesetzt.

Wird die Anweisung INPUT"Abfrage";Variablenname im Programm angetroffen, hält der Programmlauf ebenfalls an, die "Abfrage" erscheint, gefolgt von einem Fragezeichen, auf dem Bildschirm, und das Programm wartet auf die Eingabe des Wertes oder Strings.

Soll nach der Abfrage kein Fragezeichen erscheinen, so muß vor dem Variablennamen anstelle des ";" ein Komma gesetzt werden. Bei Verwendung des Kommas muß eine Abfrage eingegeben werden, zumindest ein Leer-String (""). Wird das "Semikolon" direkt hinter dem Befehlswort INPUT weggelassen, erfolgt nach der Eingabebestätigung ein Zeilenvorschub. Soll nach der Eingabe und der Betätigung der Taste RETURN kein Zeilenvorschub vorgenommen werden, so ist das Semikolon unmittelbar hinter dem Befehl INPUT einzugeben. Bei einer INPUT-Anweisung in der letzten Bildschirmzeile ist das wichtig, um das Hochrollen des Bildschirminhalts zu verhindern.

Der eingegebene Wert muß dem Typ der Variablen entsprechen, auf die dieser Wert zugewiesen werden soll, d.h. Strings können nur String-Variablen zugewiesen werden.

In einer Anweisung können mehrere Werte abgefragt werden, sie sind durch ein Komma voneinander zu trennen. Auch die Eingaben sind durch Kommas zu trennen. Die Anzahl der Eingabewerte muß mit der Anzahl der Variablen, die abgefragt werden, übereinstimmen.

Strings werden ohne Anführungszeichen eingegeben. Sollen jedoch am Anfang des Strings oder an seinem Ende Leerzeichen eingegeben oder Kommas verwendet werden, so muß der gesamte String in Anführungszeichen gesetzt werden. Anführungszeichen als String-Bestandteil sind nicht zulässig.

Wird nach der Abfrage die Taste RETURN betätigt, also kein Wert eingegeben, so wird numerischen Variablen der Wert 0 zugewiesen und String-Variablen erhalten den Wert Leer-String.

Fehler:

```
Syntax error
```

Der Leerschritt und die Anführungsstriche zwischen dem Befehlswort INPUT und der "Abfrage" fehlen.

```
Redo from start
```

Einer INPUT-Anweisung werden nicht dem Variablentyp entsprechende, zu viele oder zu wenige Werte zugewiesen.

Beispiele:

```
10 INPUT;A
20 INPUT "";B
30 INPUT"",C
40 INPUT;"Text1 ";D$
50 INPUT "text2 ",E$
60 PRINT A,B,C
70 PRINT D$;E$

RUN
? 34? 56
78
Text1 ? abcdext2 def
 34            56            78
abcdef

10 INPUT WERT1,WERT2,WERT3
20 PRINT WERT1;WERT2;WERT3

RUN
? 23,45,67
 23  45  67
```

Verweise:

Befehl	Seite	Befehl	Seite
INPUT#	182	LINE INPUT	186
INPUT$	184	LINE INPUT #	189

INPUT#

Befehl ■
Funktion □
Operator □
Systemvariable □

Funktion:

Daten aus sequentiellen Dateien und Puffern lesen.

Syntax:

```
INPUT #Kanalnummer,Variable1,Variable2, ....
```

Beschreibung:

Der Befehl INPUT# ermöglicht das Lesen der Daten über den angegebenen Kanal (Kanalnummer 1 – 15). Diese Nummer kann auch über numerische Ausdrükke ermittelt werden.

Das Ergebnis muß den Werten 1 – 15 entsprechen. Den durch Komma (ohne Leerschritte!) abgetrennten Variablen werden die aus der Datei gelesenen Daten in der angegebenen Reihenfolge zugewiesen.

Das Lesen der Daten beginnt an der aktuellen Position des Datenzeigers (Pointer), nach dem Lesevorgang wird der Zeiger automatisch auf den Anfang des folgenden Datensatzes gesetzt, so daß bei einer weiteren INPUT#-Anweisung wieder ein Datensatz ab Zeigerstellung gelesen werden kann.

Außer Kommas können folgende Trennzeichen zwischen Variablen verwendet werden:

- das Zeichen CHR$(10): LF
- das Zeichen CHR$(13): CR
- das Leerzeichen CHR$(32): Space, nur bei numerischen Daten!
- das Anführungszeichen CHR$(34): nur bei Strings!

Werden String-Variablen in Anführungszeichen gesetzt und so gespeichert, können auch Kommas und führende Leerzeichen in den Werten verwendet werden. Es ist darauf zu achten, daß die einzulesenden Daten das für die Zuweisung auf die Variablen richtige Format haben.

Fehler:

```
Syntax error
```

Zwischen die Variablen haben Sie keine Kommas gesetzt.

Beispiel:

```
10 DIM N$ (15)                :' Matrix dimensionieren
20 OPEN "I",#1,"KUNDEN.DAT"  :' sequent. Datei öffnen
30 FOR A=1 TO 15             :' Schleifenanfang A
40 INPUT #1,N$(A)            :' Daten aus Puffer lesen
                                und auf N$(A) zuweisen
50 NEXT A                    :' Schleifenende A
60 CLOSE
```

Verweise:

Befehl	Seite	Befehl	Seite
INPUT	179	LINE INPUT	186
INPUT$	184	LINE INPUT#	189

INPUT$

Befehl ☐
Funktion ■
Operator ☐
Systemvariable ☐

Funktion:

Eine bestimmte Anzahl Zeichen einlesen.

Syntax:

```
INPUT$(Zeichenanzahl),#Kanalnummer
```

Beschreibung:

Mit Hilfe der Anweisung INPUT$ kann eine bestimmte Anzahl von Zeichen aus der Datei, einem Datenpuffer oder dem Tastaturpuffer gelesen werden. Nach der Anweisung INPUT$ ist die Anzahl der zu lesenden Zeichen in Klammern anzugeben. Sollen Daten aus einem Datei-Datenpuffer gelesen werden, so ist die Kanalnummer anzugeben, die bei dem Befehl OPEN verwendet wurde. Wird der Parameter ",#Kanalnummer" weggelassen, so werden die Zeichen aus dem Tastaturpuffer gelesen.

Beide Parameter können als numerische Ausdrücke eingegeben werden. Als Zeichenanzahl muß ihr Wert >=1 und <=255 betragen, als Kanalnummer darf der Wert des numerischen Ausdrucks von 1 bis 15 reichen.

Wird die Anweisung INPUT$ aufgerufen, so wartet das Programm auf die Eingabe der entsprechenden

Zeichenanzahl. Nach Abschluß der Eingabe ist nicht die Taste RETURN zu drücken, da die Anzahl der Zeichen beim Eingeben "mitgezählt" wird. Nach Erreichen der vorgegebenen Anzahl wird das Programm weiter abgearbeitet, die nächste Anweisung ausgeführt. Die eingelesenen Zeichen werden nicht angezeigt, dazu ist eine PRINT-Anweisung notwendig.

Alle Zeichen der ASCII-Tabelle können eingegeben werden, außer CTRL BREAK und CTRL C, da diese auch bei INPUT$ als Unterbrechung fungieren. INPUT$ ist besonders geeignet zur Übertragung von COM-Dateien, da Bytes mit dem Code von 0 bis 255 angenommen werden.

Fehler:

```
Syntax error
```

Die Zeichenanzahl wurde nicht in Klammern gesetzt.

Beispiel:

```
10 PRINT"Wollen Sie weitermachen? (j/n) ",W$
20 W$=INPUT$(1)
30 IF W$="j" OR W$="J" THEN PRINT W$;" JA! ":END
40 IF W$="n" OR W$="N" THEN PRINT W$;" NEIN!":END
50 GOTO 20

RUN
Wollen Sie weitermachen? (j/n);
JA!
```

Verweise:

Befehl	Seite	Befehl	Seite
INPUT	179	LINE INPUT#	189
INPUT#	182	OPEN	369
LINE INPUT	186		

LINE INPUT

Befehl ■
Funktion □
Operator □
Systemvariable □

Funktion:

Eine Zeichenkette von der Tastatur einlesen und einer Variablen zuweisen.

Syntax:

```
LINE INPUT;"Abfrage";Variablenname
LINE INPUT "Abfrage",Variablenname
LINE INPUT ;Variablenname
LINE INPUT"",Variablenname
```

Beschreibung:

Dieser Befehl entspricht im wesentlichen dem Befehl INPUT. Allerdings sind einige wichtige Unterschiede vorhanden:

- als Variable ist nur der Typ STRING zulässig,
- mit dem LINE INPUT-Befehl kann nur jeweils ein Variablenwert abgefragt werden.
- als Zeichen können auch Kommas, Leerzeichen und Anführungsstriche im String verwendet werden.

Wird die Anweisung LINE INPUT im Programm angetroffen, hält der Programmlauf an, die "Abfrage" erscheint, gefolgt von einem Fragezeichen, auf dem Bildschirm, und das Programm wartet auf die Eingabe des Strings.

Wenn nach der Abfrage kein Fragezeichen erscheinen soll, muß anstelle des "Semikolons" nach der Abfrage ein Komma gesetzt werden. Bei Verwendung des Kommas muß eine Abfrage eingegeben werden, zumindest ein Leer-String ("").

Wird das ";" nach LINE INPUT weggelassen, erfolgt nach der Eingabebestätigung ein Zeilenvorschub. Darf nach der Eingabe kein Zeilenvorschub ausgeführt werden, muß ein Semikolon (";") unmittelbar hinter dem Befehl LINE INPUT eingegeben werden. Dieses ist besonders wichtig, wenn die LINE INPUT-Abfrage in der lezten Bildschirmzeile erfolgt.

Strings müssen ohne Anführungszeichen eingegeben werden, außer sie sollen Bestandteil der Eingabe sein. Am Anfang des Strings oder an seinem Ende stehende Leerzeichen und in der Eingabe enthaltende Kommas sind zulässig und werden übernommen.

Die Eingabe wird mit der Taste RETURN abgeschlossen. Wird direkt nach der Abfrage die Taste RETURN betätigt, also kein Wert eingegeben, so wird der String-Variablen der Wert "" (Leer-String) zugewiesen.

Fehler:

```
Syntax error
```

Sie haben mit dem Befehl LINE INPUT mehr als eine Variable eingegeben.

Beispiel:

```
40 LINE INPUT "Text1 ";D$
50 LINE INPUT "text2 ",E$
60 PRINT D$
70 PRINT E$

RUN
Text1 Mal sehen, was passiert,
text2 wenn man Kommas ,,,, mitverwendet !
Mal sehen, was passiert,
wenn man Kommas ,,,, mitverwendet !
```

Verweise:

Befehl	Seite	Befehl	Seite
INPUT	179	INPUT$	184
INPUT#	182	LINE INPUT#	189

■ Befehl
□ Funktion
□ Operator
□ Systemvariable

LINE INPUT#

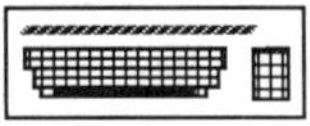

Funktion:

Zeichenketten aus Dateien und Puffern lesen.

Syntax:

```
LINE INPUT #Kanalnummer,Variable1,Variable2, ....
```

Beschreibung:

Der Befehl LINE INPUT# ermöglicht das Lesen der Daten über den angegebenen Kanal (Kanalnummer 1 – 15). Diese Nummer kann auch über numerische Ausdrücke ermittelt werden. Das Ergebnis muß aber den Werten 1 – 15 entsprechen.

Den durch Komma (ohne Leerschritte!) abgetrennten Variablen werden die aus der Datei gelesenen Daten in der angegebenen Reihenfolge zugewiesen.

Das Lesen der Daten beginnt an der aktuellen Position des Datenzeigers (Pointer), nach dem Lesevorgang wird der Zeiger automatisch auf den Anfang des folgenden Datensatzes gesetzt, so daß bei einer weiteren INPUT#-Anweisung wieder der Datensatz ab Zeigerstellung gelesen werden kann. Außer dem Komma können folgende Trennzeichen zwischen Variablen verwendet werden:

- das Zeichen CHR$(10): LF
- das Zeichen CHR$(13): CR
- das Leerzeichen CHR$(32): Space, nur bei numerischen Daten!

Mit LINE INPUT können Anführungszeichen zum Bestandteil des Strings gemacht und eingeschlossene Kommas und führende Leerzeichen in den Eingaben verwendet werden. Es ist darauf zu achten, daß die einzulesenden Daten das für die Zuweisung auf die Variablen richtige Format haben.

Fehler:

```
Syntax error
```

Sie haben die Kommas zwischen den Variablen weggelassen.

Beispiel:

```
10 DIM N$(15)                 :' Matrix dimensionieren
20 OPEN "I",#1,"KUNDEN.DAT"  :' sequent. Datei öffnen
30 FOR A=1 TO 15              :' Schleifenanfang A
40 LINE INPUT #1,N$(A)        :' Daten aus Puffer lesen
                                 und auf N$(A) zuweisen
50 NEXT A                     :' Schleifenende A
60 CLOSE                      :' Datei schließen
```

Verweise:

Befehl	Seite	Befehl	Seite
INPUT	179	INPUT$	184
INPUT#	182	LINE INPUT	186

Kapitel 6

Daten verarbeiten

ALLGEMEINE DATEN VERARBEITEN

Vorbemerkungen

Hier werden zunächst alle die Befehle und Anweisungen beschrieben, die nicht die Verarbeitung mathematischer Daten betreffen. Soweit Befehle und Anweisungen für die Verarbeitung von mathematischen und allgemeinen Daten verwendet werden können, sind hier Verweise auf den Abschnitt "Mathematische Daten verarbeiten" angebracht.

Allgemeine Daten sind also Zeichenketten (Strings) und Zahlenwerte, mit denen nicht "gerechnet" werden soll. Die Erklärung des Datentyps String finden Sie im Kapitel 2, "Konstanten, Variablen und Datentypen".

Zur Verarbeitung von Zeichenketten:

Unser Schulwissen sagt uns, daß wir beispielsweise Additionen und Subtraktionen nur mit Zahlenwerten durchführen können. Bei der Verarbeitung von Zeichenketten sind auch eine Reihe der mathematischen Operationen möglich. Natürlich kann man nicht die Aufgabe stellen und lösen:

"Hallo" – "Guten Tag"

Sie erhalten daraufhin die Fehlermeldung:

```
Typ mismatch
```

Aber Sie können Zeichenketten aneinanderketten oder sie vergleichen. Folgende Operatoren können zur Verknüpfung von Zeichenketten benutzt werden:

Operator	Funktion	Beispiel
+	Zeichenketten verbinden	"ABC"+"def" = "ABCdef"

Vergleichsoperatoren:

=	gleich	A$ = "Hallo"
<>	ungleich	B$ <> "November"
<	kleiner als	NAME$ < "Meier"
>	größer als	NAME$ > "Schulz"
<=, =<	kleiner gleich	DATUM$ <= "12.06.86"
>=, =>	größer gleich	KENN$ >= "G"

Logische Operatoren:

AND	Konjunktion	A$ AND "Kunde"
NOT	Negation	NOT A$
OR	Disjunktion	A$ = "Holz" OR "Stahl"
XOR	Exklusiv-Oder	ORT$ = "Hamburg" XOR "Berlin"
EQV	Bijunktion	A$ EQV B$
IMP	Subjunktion	A$ IMP B$

Weitere Beispiele finden Sie bei den jeweiligen Beschreibungen der logischen Operatoren. Beachten Sie als Grundregel, daß alle Verknüpfungen erlaubt sind, die ein sinnvolles, logisches Ergebnis liefern können.

BEFEHLSZUSAMMENSTELLUNG ALLGEMEINE DATEN VERARBEITEN

Die in diesem Abschnitt behandelten Befehle sind hier in einer Übersicht zusammengefaßt. Diese zeigt das Befehlswort und eine Kurzerklärung der Befehlsausführung. Querverweise auf andere, mit dem jeweiligen Befehl im Zusammenhang stehende Anweisungen finden Sie unter der ausführlichen Befehlsbeschreibung.

Befehlswort	Funktion
AND	Siehe Kapitel 6,"Mathematische Daten verarbeiten".
COMMON	Die Variablennamen und Felder für die Verwendung des Befehls CHAIN definieren.
CVD	Die ersten 8 Bytes eines String-Ausdrucks in einen doppelt genauen Wert umwandeln.
CVI	Die ersten 2 Bytes eines String-Ausdrucks in einen Integer-Wert umwandeln.
CVS	Die ersten 4 Bytes eines String-Ausdrucks in einen einfach genauen Wert umwandeln.
DATA	Eine interne Datei erzeugen.
DATE$	Tagesdatum übernehmen.

Befehlswort	Funktion
DEF FN	Siehe Kapitel 6, "Mathematische Daten verarbeiten".
DEFSTR	Variable als String-Variable definieren.
DIM	Ein Feld (Array) dimensionieren.
EOF	Siehe Kapitel 7, "Daten laden und speichern".
EQV	Siehe Kapitel 6, "Mathematische Daten verarbeiten".
ERASE	Dimensionierung eines Feldes aufheben.
ERROR	Siehe Kapitel 4, "Programme gestalten".
FN	Siehe Kapitel 6, "Mathematische Daten verarbeiten".
FOR ... NEXT	Schleifen und Wiederholungen von Programmteilen in der angegebenen Anzahl ausführen.
FRE	Freien Platz im Arbeitsspeicher ermitteln.
GOSUB	In ein Unterprogramm springen.
GOTO	Unbedingten Sprung zu einer Programmzeile ausführen.

Befehlswort	Funktion
IF … THEN … ELSE	Bedingte Verzweigung.
IMP	Siehe Kapitel 6, "Mathematische Daten verarbeiten".
LEFT$	Aus einem String von links beginnend einen Teilstring entnehmen.
LEN	Anzahl der Zeichen eines Strings bestimmen.
LET	Einer Variablen einen Wert zuweisen.
MID$ ...=	Den Inhalt einer Stringvariablen teilweise durch einen anderen String ersetzen.
MID$	Aus einem String einen Teil darstellen.
MKD$	Einen doppelt genauen Wert in einen String umwandeln.
MKI$	Einen Integer-Wert in einen String umwandeln.
MKS$	Einen einfach genauen Wert in einen String umwandeln.
NOT	Siehe Kapitel 6, "Mathematische Daten verarbeiten".
ON...GOSUB	Einen von einem Wert abhängigen Sprung in ein Unterprogramm ausführen.

Befehlswort	Funktion
ON...GOTO	Abhängig von einem Wert in eine bestimmte Programmzeile springen.
OPTION BASE	Den kleinsten Indexwert für Matrizen festlegen.
OR	Siehe Kapitel 6, "Mathematische Daten verarbeiten".
RANDOMIZE	Ausgangswert für die Zufallszahlenermittlung festlegen.
READ	Werte aus DATA-Anweisungen an Variablen zuweisen.
RESUME	Ein Programm nach einer Verzweigung in eine Fehlerbehandlungsroutine fortsetzen.
RIGHT$	Einem String von rechts beginnend einen Teilstring entnehmen.
RND	Eine Zufallszahl zwischen 0 und 1 liefern.
STR$	Aus einem numerischen Ausdruck einen String bilden.
STRING$	Aus einem Zeichen einen String mit vorgegebener Länge erzeugen.
SWAP	Den Inhalt zweier Variablen vom gleichen Typ vertauschen.
TIME$	Von der internen Uhr verwaltete Tageszeit.

Befehlswort	Funktion
TIMER	Die Anzahl der Sekunden seit 0:00 Uhr Systemzeit ermitteln.
TIMER OFF	Eine ON TIMER-Routine abschalten.
TIMER ON	Eine mit ON TIMER GOSUB definierte Routine aktivieren.
TIMER STOP	Eine mit ON TIMER GOSUB definierte Routine bis zur nächsten TIMER ON-Anweisung zurückstellen.
USR	Eine Assembler-Routine aufrufen.
VAL	Den numerischen Wert eines String-Ausdrucks ermitteln.
WAIT	Programmausführung aussetzen, bis an einem angegebenen Port ein bestimmter ASCII-Wert anliegt.
WHILE/WEND	Eine Schleife beginnen und ausführen, solange eine Bedingung erfüllt ist.
XOR	Siehe Kapitel 7, "Mathematische Daten verarbeiten".

AND

- Befehl ☐
- Funktion ☐
- Operator ■
- Systemvariable ☐

Funktion:

Zwei logische Ausdrücke mit der AND-Verknüpfung verbinden (Konjunktion).

Syntax:

```
logischer Ausdruck1 AND logischer Ausdruck2
```

Beschreibung:

Siehe Kapitel 6, "Mathematische Daten verarbeiten".

■ Befehl
□ Funktion
□ Operator
□ Systemvariable

COMMON

Funktion:

Die Variablennamen und Felder für die Verwendung des Befehls CHAIN definieren.

Syntax:

```
COMMON Variablenname1,Variablenname2,...
COMMON Array(n),...
```

Beschreibung:

Die COMMON-Anweisung definiert die Variablen, die vom laufenden Programm an die mit CHAIN aufzurufenden Programme zu übergeben sind.

COMMON kann nur in Verbindung mit der Anweisung CHAIN verwendet werden. Der Befehl COMMON kann an jeder beliebigen Stelle, sollte aber am Anfang des Programms stehen.

In dem mit CHAIN aufgerufenen Programm müssen die gleichen Variablennamen verwendet werden wie im Hauptprogramm. Ihnen müssen auch bereits vor der Übergabe Werte zugewiesen werden, damit die Variablen im aufzurufenden Programm gültig sind.

In einem Programm können mehrere COMMON-Anweisungen verwendet werden. Felder (Arrays) müs sen vor der Übertragung auf das aufgerufene Programm dimensioniert sein (DIM-Anweisung).

Fehler:

```
Syntax error
```

Zwischen dem Befehlswort und der ersten Variablen wurde kein Leerschritt, oder zwischen den Variablen kein Komma gesetzt.

Alle Variablen-Inhalte sind nach Ausführung der Anweisung CHAIN leer.

Die COMMON-Anweisung fehlte, oder es waren keine Variablen angegeben.

Beispiel:

```
90 'Befehl COMMON darstellen
100 F1=100:D1=200:H1=300:T2$="Hallo":'
Konstanten definieren
110 COMMON F1,D1,H1,T2$:  für die Übergabe definieren
120 '                             )
130 '                             ) Hauptprogramm
140 CHAIN"test.prg":'             Zusatzprogramm aufrufen
150 END

10 REM test.prg      Durch obiges Programm aufgerufen
20 PRINT F1,D1,H1,T2$:' Anzeigen der mit COMMON
                        übergebenen Daten
30 END


RUN
 100           200           300           Hallo
```

Verweis:

Befehl	Seite	Befehl	Seite
DIM	345		

☐ **Befehl**
■ **Funktion**
☐ **Operator**
☐ **Systemvariable**

CVD

Funktion:

Die ersten acht Bytes eines String-Ausdrucks in einen doppelt genauen numerischen Wert umwandeln.

Syntax:

```
CVD (String-Ausdruck)
```

Beschreibung:

Der String-Ausdruck, der mit MKD$ erzeugt wurde, wird berechnet und mit doppelter Genauigkeit als numerischer Wert ausgegeben. CVD ist also die Umkehrung der Funktion MKD$. Für die Umwandlung werden acht Bytes (Zeichen) benötigt. Bedenken Sie, daß auch Leerschritte (Space) Zeichen sind und mitgezählt werden. Ist der String-Ausdruck mehr als acht Zeichen lang, so werden nur die ersten acht Zeichen für die Berechnung verwendet.

Fehler:

```
Syntax error
```

Sie haben den numerischen Ausdruck ohne Klammern eingegeben.

```
Illegal function call
```

Der mit CVD umzuwandelnde String ist weniger als 8 Bytes lang.

Beispiel:

```
10 A = 1.70111834604692D+33 :' Konstante A definieren
20 A4=MKD$(A)               :' A in den String A$ umwandeln
30 X=CVD(A$)
40 PRINT A, A$,X

RUN
 1.701118E+33 D>'o            1.701118E+33
```

Verweise:

Befehl	Seite	Befehl	Seite
CVI	203	MKI$	253
CVS	205	MKS$	255
MKD$	251		

- ☐ **Befehl**
- ■ **Funktion**
- ☐ **Operator**
- ☐ **Systemvariable**

CVI

Funktion:

Die ersten zwei Bytes eines String-Ausdrucks in einen Integer-Wert umwandeln.

Syntax:

```
CVI(String-Ausdruck)
```

Beschreibung:

Der String-Ausdruck, der mit MKI$ erzeugt wurde, wird berechnet und als Integer-Wert ausgegeben. CVI ist also die Umkehrung der Funktion MKI$. Für die Umwandlung werden zwei Bytes (Zeichen) benötigt. Bedenken Sie, daß auch Leerschritte (Space) Zeichen sind und mitgezählt werden.

Ist der String-Ausdruck mehr als zwei Zeichen lang, so werden nur die ersten zwei Zeichen für die Berechnung verwendet.

Fehler:

```
Syntax error
```

Sie haben den numerischen Ausdruck ohne Klammern eingegeben.

```
Illegal function call
```

Der mit CVI umzuwandelnde String ist weniger als zwei Zeichen lang.

Beispiel:

```
10 A% = 27011           :' Konstante A definieren
20 A$=MKI$ (A%)         :' A in den String A$ umwandeln
30 X=CVI (A$)           :' Aus A$ Integer-Wert konvertieren
40 PRINT A%,A$,X

RUN
 27011             i               27011
```

Verweise:

Befehl	Seite	Befehl	Seite
CVD	201	MKI$	253
CVS	205	MKS$	255
MKD$	251		

□ Befehl
■ Funktion
□ Operator
□ Systemvariable

CVS

Funktion:

Die ersten vier Bytes eines String-Ausdrucks in einen einfach genauen numerischen Wert umwandeln.

Syntax:

```
CVS(String-Ausdruck)
```

Beschreibung:

Der String-Ausdruck, der mit MKS$ erzeugt wurde, wird berechnet und als einfach genauer numerischer Wert ausgegeben. CVS ist also die Umkehrung der Funktion MKS$. Für die Umwandlung werden vier Bytes (Zeichen) benötigt. Bedenken Sie, daß auch Leerschritte (Space) Zeichen sind und mitgezählt werden.

Ist der String-Ausdruck mehr als vier Zeichen lang, werden nur die ersten vier Zeichen für die Berechnung verwendet. War ein Wert doppelt genau, bevor er mit Hilfe des Befehls MKS$ in einen Stringausdruck verwandelt wurde, so ist er nach Rückwandlung durch CVS an der siebenten Stelle gerundet.

Fehler:

```
Syntax error
```

Sie haben den numerischen Ausdruck ohne Klammern eingegeben.

```
Illegal function call
```

Der mit CVS umzuwandelnde String ist weniger als vier Bytes lang.

Beispiel:

```
10 A! = 2701100!    :' Konstante A definieren
20 A$=MKS$(A!)      :' A in den String A$ umwandeln
30 X=CVS(A$)        :' Aus A$ einfach genauen Wert konvertieren
```

Verweise:

Befehl	Seite	Befehl	Seite
CVD	201	MKI$	253
CVI	203	MKS$	255
MKD$	251		

- ■ **Befehl**
- □ **Funktion**
- □ **Operator**
- □ **Systemvariable**

DATA

Funktion:

Eine interne Datei (File) erzeugen.

Syntax:

```
DATA numerische Konstante,Stringkonstante,...
```

Beschreibung:

Mit Hilfe der DATA-Anweisung werden feste Werte (Konstanten) eingegeben, die während des Programmlaufs häufiger benutzt werden müssen. Als Konstanten können alle Zeichenketten eingegeben werden, d.h. numerische Werte aller Genauigkeitsstufen und String-Ausdrücke werden als gültig anerkannt. Es ist darauf zu achten, daß die selbst definierte Reihenfolge der Variablen in der DATA-Anweisung genau eingehalten wird, da es sonst zu einem Lese- und Zuordnungsfehler kommt, wenn mit der Anweisung READ die Konstanten der DATA-Zeile gelesen werden. Die einzelnen Werte werden durch Komma voneinander getrennt.

Soll innerhalb einer Stringkonstanten ein Komma oder Doppelpunkt verwendet werden, muß die gesamte Stringkonstante in Anführungszeichen (") gesetzt werden. Anführungszeichen können nicht als Bestandteil von Stringkonstanten verwendet werden. Die

DATA-Anweisungen können an jeder Stelle des Programms stehen, sie werden beim Programmlauf nicht als Befehle oder Anweisungen angesehen. An eine DATA-Anweisung kann in derselben Programmzeile eine andere Anweisung angehängt werden.

Die Trennung erfolgt wie auch in anderen Fällen durch einen Doppelpunkt. Sollen in einer Zeile nach DATA-Anweisungen REM-Anweisungen folgen, so muß vor dem REM oder dem Hochkomma (') ein Doppelpunkt stehen. Wird diese Regel nicht eingehalten, kommt es zu einem Lesefehler, da die REM-Anweisungen als DATA-Konstanten gewertet werden. DATA-Anweisungen sind Befehle des Programmiermodus. Sie können zwar ohne Fehlermeldung auch im Direktmodus eingegeben werden, bringen aber kein Ergebnis.

Fehler:

```
Out of Data
```

Es sind weniger DATA-Elemente vorhanden, als mit READ gelesen werden sollen. In einer DATA-Zeile fehlt ein Komma oder zwischen DATA und dem ersten Element ein Leerzeichen.

Beispiel:

```
100 '                         Befehle DIM, DATA und READ darstellen
110 DIM A$(150)                :'
120 DIM B$(150)                :' Matrix dimensionieren
130 DIM C$(150)                :'
140 I = 0                      :' Zähler auf 0 setzen
150 FOR I = 1 TO 3             :' Zählschleife I Anfang
160 READ A$(I), B$(I), C$(I)   :' Daten einlesen
165 PRINT A$(I), B$(I), C$(I)  :' Daten anzeigen
```

```
170 NEXT I      :' Zählschleife I Ende
180 REM *************  DATEI  *************
190 DATA Meier, Friedrich, 5142/12345
200 DATA Müller, Hans, 6651/678
210 DATA Holzmann Elisabeth 05651/12345
RUN
Meier          Friedrich      5142/12345
Müller         Hans           6651/678
Holzmann       Elisabeth      05651/12345
```

```
10 '           DATA- und READ-Anweisungen darstellen
20 PRINT " PLZ", "Stadt","Land"        :' Kopfzeile anzeigen
30 FOR I=1 TO 2                        :' Zählschleife I Anfang
40 READ P,ST$,L$                       :' Daten einlesen
50 DATA 3000, Hannover, Niedersachsen :' )
60 DATA 6200, Wiesbaden, Hessen        :' )
70 PRINT P,ST$,L$                      :' Daten anzeigen
80 NEXT                                :' Zählschleife Ende

RUN
PLZ            Stadt              Land
3000           Hannover           Niedersachsen
6200           Wiesbaden          Hessen
```

Verweise:

Befehl	Seite	Befehl	Seite
READ	268	REM	163
RESTORE	271		

DATE$

Befehl ☐
Funktion ☐
Operator ☐
Systemvariable ■

Funktion:

Tagesdatum übernehmen

Syntax:

```
DATE$ = "Datum"
```

Beschreibung:

DATE$ erlaubt die Eingabe und Übernahme eines Tagesdatums. Dieses Datum wird an die interne Uhr des Rechners gegeben und dort gesteuert. Dieses Datum wird unter anderem benutzt, um bei abzuspeichernden Dateien den Tag der Eintragung der Datei ins Directory (Inhaltsverzeichnis) anzugeben.

Die Variable DATE$ entspricht also der unter MS-DOS gültigen Abfrage DATE. Das Datum ist in der amerikanischen Schreibweise einzugeben (Ausnahme: Ihr System fordert Sie auf, das Datum in deutscher Schreibweise einzugeben), also in der Form MM-TT-JJJJ. Der Monat ist zuerst einzugeben, dabei kann die vorangestellte 0 bei Monaten von 1 bis 9 entfallen, weil das System diese 0 wenn nötig selbst davorstellt.

Für die Tagesangabe gilt das gleiche, auch hier wird eine notwendige 0 (bei den ersten 9 Tagen eines Monats) selbst vorangestellt. Die Jahreszahl kann vierstellig, d.h. mit "19.." oder nur mit der Zehner- und Einerstelle "87" eingegeben werden. Der Rechner wird bei einer zweistelligen Eingabe eine "19" vor den eingegebenen Wert setzen. Haben Sie jedoch eine einstellige Zahl für das Jahr eingegeben, so wird eine "200" vor Ihren Eingabewert gestellt.

Die Trennung der Werte Monat, Tag und Jahr kann durch einen Bindestrich "–" (ASCII bzw. CHR$ 45) oder einen Schrägstrich "/" (ASCII bzw. CHR$ 47) erfolgen. Wird von Ihnen kein Datum eingegeben, so übernimmt MS-DOS den internen Wert. Dieser stimmt jedoch nicht mit dem aktuellen Datum überein, da dieser Wert im Betriebssystem festgelegt ist, d.h. bei einem älteren Betriebssystem erscheint auch ein älteres Datum.

Bei MS-DOS 2.11 z.B. 01–01–1980. Sollte jedoch in Ihren Computer eine Echtzeituhr eingebaut sein, so erhalten Sie selbstverständlich das korrekte Datum ohne Eingabe. Das System ist in der Lage, das Datum richtig zu verwalten, auch die richtigen Monatslängen (28, 29, 30, 31) und die Schaltjahre werden berücksichtigt. Eine Eingabe "2–29–87" wird als unzulässiges Datum angesehen und mit einer der unten angegebenen Fehlermeldungen quittiert.

Hinweis: Das vom System akzeptierte Datum liegt in relativ engen Grenzen. Diese sind abhängig vom Herstellungsdatum des Betriebssystems. Wurde dieses z.B. am 01–01–1980 erstellt, so sind nur Datumseingaben ab diesem Tag möglich. Die obere Grenze liegt bei den meisten Systemen zur Zeit bei 12–31–2099.

Fehler:

```
Illegal function call
```

Sie haben ein ungültiges Datum oder eine ungültige Form verwendet.

```
Type mismatch
```

Das Datum wurde ohne Anführungsstriche eingegeben.

Beispiel:

Eingabe:	3–6–86	Ausgabe:	03–06–1986
	11–4–1985		11–04–1985
	2–23–3		02–23–2003
	5/12/86		05–12–1986
	3–6/87		03–06–1987

```
10 DATE$="12-13-86" :' )
20 PRINT DATE$      :' )
30 DATE$="12/13-86" :' ) Ein- und Ausgabe richtiger Daten
40 PRINT DATE$      :' )
50 DATE$="12/13/86" :' )
60 PRINT DATE$      :' )
70 DATE$="12:13:86" :' ***** falsches Datum ,
75                   ' Fehlermeldung !! *****
80 PRINT DATE$

RUN
12-13-1986
12-13-1986
12-13-1986
Illegal function call in 70
```

Verweis:

Befehl	Seite	Befehl	Seite
TIME$	282		

■ **Befehl**
□ **Funktion**
□ **Operator**
□ **Systemvariable**

DEF FN

Funktion:

Eine Funktion definieren.

Syntax:

```
DEF FNVariablenname(Parameter1,Parameter2, ...) =
      numerischer Ausdruck

DEF FNStringvariable(Parameter1,Parameter2, ...)
    = Stringausdruck
```

Beschreibung:

Siehe in diesem Kapitel, Abschnitt "Mathematische Daten verarbeiten".

DEF SEG

Befehl ■
Funktion □
Operator □
Systemvariable □

Funktion:

Eine Speicheradresse zuweisen.

Syntax:

`DEF SEG` (Adresse)

Beschreibung:

Mit diesem Befehl wird ein Speichersegment definiert, das mit den Anweisungen BLOAD, BSAVE, CALL, PEEK und POKE verwendet wird.

Für den Ausdruck "Adresse" wird ein numerischer Wert von 0 bis 65535 eingesetzt. Zur Errechnung der Speicheradresse ist die Speicherstelle durch 16 zu dividieren. Ein Wert außerhalb dieses Bereichs führt zur Fehlermeldung

```
Nr. 5 Illegal function call
```

(Unzulässiger Funktionsaufruf)

Bei der Eingabe der Anweisung ist auf den Leerschritt zwischen DEF und SEG zu achten. Bei fehlendem Leerschritt wird der entstandene Begriff DEFSEG als Variablenname definiert.

- ■ Befehl
- □ Funktion
- □ Operator
- □ Systemvariable

DEFSTR

Funktion:

Variablen als String-Variablen definieren.

Syntax:

```
DEFSTR Anfangsbuchstabe1 - Anfangsbuchstabe2
```

Beschreibung:

Die in einem Programm zu verarbeitenden Variablen werden mit dieser Anweisung als String-Variablen interpretiert. Dazu muß neben DEFSTR eingegeben werden, welcher Variablenbereich zu vereinbaren ist. Dieser wird mit den Anfangsbuchstaben als Grenzen gekennzeichnet.

Beispiel DEFSTR R – V : alle Variablen, deren Name mit R, S, T, U oder V beginnt und die keine Typkennzeichnung haben (%, !, $), werden als String-Variable vereinbart. Der Bereich muß angegeben werden, sonst kommt es zu einer Fehlermeldung. Die Anfangsbuchstaben für Bereiche müssen in logischer, alphabetischer Reihefolge eingegeben werden.

Beispiel:

unlogisch und unzulässig: DEFSTR B-A

logisch und zulässig: DEFSTR A-B

Sollen nur Variablen mit einem Anfangsbuchstaben definiert werden, so wird die Angabe "Anfangsbuchstabe 2" weggelassen.

An die Anweisung DEFSTR können beliebig viele Bereiche angehängt werden; sie müssen durch Kommas voneinander getrennt werden und dürfen sich nicht überschneiden, sie können aber in beliebiger Reihenfolge gelistet werden.

Die Variablen können durch eine CHAIN-Anweisung mit dem Parameter ALL an ein anderes Programm übergeben werden. Dabei bleibt der durch DEFSTR vereinbarte Variablentyp (String-Variable) erhalten. Bei Benutzung der COMMON-Anweisung müssen die Variablen neu definiert werden.

Hinweis: Wurde z.B. durch DEFSTR K die Variable KUNDENNAME als KUNDENNAME$ vereinbart, so können KUNDENNAME und KUNDENAME$ nicht mehr unterschieden werden.

Eine Wertänderung von KUNDENNAME führt automatisch zu einer Wertänderung von KUNDENNAME$.

Fehler:

```
Syntax error
```

Sie haben Variablenbereiche nicht alphabetisch richtig eingegeben oder den Leerschritt zwischen dem Befehlswort und der ersten Variablen vergessen.

Beispiele:

```
10 DEFSTR G-M
10 DEFSTR F
10 DEFSTR M,K,G,P
10 DEFSTR M-P,H,A-D,W-Z
```

Verweise:

Befehl	Seite	Befehl	Seite
CHAIN	105	DEFINT	322
COMMON	199	DEFSNG	324
DEFDBIL	317		

DIM

Befehl ■
Funktion □
Operator □
Systemvariable □

Funktion:

Ein Feld (Array) dimensionieren.

Syntax:

```
DIM Matrixname1(Matrixdimension1,Matrixdim.2, ...),
    Matrixname2(Matrixdimension1,Matrixdim.2, ...), ...
```

Beschreibung:

Eine kurze Begriffsdefinition:

Eine Datei besteht im herkömmlichen Sinne aus Karteikarten, die in einem Karteikasten aufbewahrt werden. Dieser Kasten kann eine bestimmte Anzahl Karteikarten aufnehmen. Nennen wir nun diesen Karteikasten "Matrix", die einzelne Karteikarte "Record" oder "Datensatz". Unsere Datei besteht also aus einer Matrix, in der Datensätze abgelegt werden.

Als nächstes untersuchen wir die Karteikarte (Datensatz): Auf dieser finden wir eine Kopfzeile (z.B. Name Vorname Straße usw.).

Unter jedem dieser Ordnungsbegriffe wird etwas eingetragen, eben Namen, Vornamen und Straßen, jeweils waagerecht in einer Zeile zusammengehörend. Diese waagerechte Zeile ist also ein Datensatz, die senkrechte Spalte (z.B. der Namen) wird als Array bezeichnet, und die einzelne Eintragung z.B. eines Vornamens steht in einem Feld (Field).

Um die Größe einer Matrix festzulegen, ist sie mit Hilfe der DIM-Anweisung anzugeben. Diese Dimensionierung hat vor dem ersten Auftreten der Matrix im Programm zu erfolgen.

Die Matrixdimension kennzeichnet die Ausdehnung der Matrix. Soll also eine zweidimensionale Matrix angelegt werden, müssen Matrixdimension1 und Matrixdimension2 eingegeben werden, wird eine vierdimensionale Matrix benötigt, so sind vier Dimensionen einzugeben.

Der kleinste Wert einer Dimension kann auf 0 oder 1 gesetzt werden (siehe OPTION BASE). In GW-BASIC können maximal 255 Matrixdimensionen vereinbart werden, pro Dimension kann die Länge 32767 betragen.

Allerdings begrenzen einige MS-BASIC-Versionen die Größe einer Matrix auf 64 KByte, dabei ist die Anzahl der Dimensionen und Felder unbegrenzt.

Typvereinbarungen von Variablen (DEFDBL, DEFSNG, DEFSTR) müssen vor der DIM-Anweisung abgearbeitet werden, da sie sonst durch die DEF-Anweisungen wieder aufgehoben werden.

Wird keine Matrixdimension und Länge vereinbart, wird von einer eindimensionalen Matrix mit einer (Array-)Länge von zehn ausgegangen. Zum Löschen einer Matrix wird der Befehl ERASE benutzt.

Fehler:

```
Syntax error
```

Die Klammer um die Matrixdimensionen, das Komma zwischen den Matrixdimensionen oder der Leerschritt hinter dem Befehlswort fehlt.

```
Subscript out of range
```

Zugriff auf ein Feldelement mit einem Index, der außerhalb des mit DIM vereinbarten Bereichs liegt.

```
Duplicate definition
```

Eine DIM-Anweisung sollte zum zweitenmal ausgeführt werden.

Beispiel:

```
100 '                         Befehle DIM, DATA und READ darstellen
110 DIM A$(150)                :'
120 DIM B$(150)                :' Matrix dimensionieren
130 DIM C$(150)                :'
140 I = 0                      :' Zähler auf 0 setzen
150 FOR I = 1 TO 3             :' Zählschleife I Anfang
160 READ A$(I), B$(I), C$(I)   :' Daten einlesen
165 PRINT A$(I), B$(I), C$(I)  :' Daten anzeigen
170 NEXT I                     :' Zählschleife I Ende
180 REM  **************  DATEI  **************
190 DATA Meier, Friedrich, 5142/12345
200 DATA Müller, Hans, 6651/678
210 DATA Holzmann Elisabeth 05651/12345

RUN
Meier     Friedrich     5142/12345
Müller    Hans          6651/678
Holzmann  Elisabeth     05651/12345
```

Verweise:

Befehl	Seite	Befehl	Seite
ERASE	222	DEFSNG	324
DEFDBIL	317	DEFSTR	214
DEFINT	322	OPTION BASE	263

- ☐ **Befehl**
- ■ **Funktion**
- ☐ **Operator**
- ☐ **Systemvariable**

EOF

Funktion:

Ende einer Datei oder eines Pufferinhalts abfragen.

Syntax:

```
EOF (Kanalnummer)
```

Beschreibung:

Siehe Kapitel 7 "Daten speichern".

EQV

Befehl ☐
Funktion ☐
Operator ■
Systemvariable ☐

Funktion:

Zwei logische Ausdrücke verknüpfen (Bijunktion).

Syntax:

```
logischer Ausdruck EQV logischer Ausdruck
```

Beschreibung:

Siehe in diesem Kapitel Abschnitt "Mathematische Daten verarbeiten".

■ Befehl
□ Funktion
□ Operator
□ Systemvariable

ERASE

Funktion:

Dimensionierung einer Matrix aufheben.

Syntax:

```
ERASE Matrixname1,Matrixname2,....
```

Beschreibung:

ERASE löscht die für die entsprechende Matrix vereinbarte Dimensionierung. Um die Anweisung ERASE wirksam werden zu lassen, muß nur der Matrixname eingegeben werden, nicht aber die Dimensionen und Arraylängen. Wurde die DIM-Anweisung durch ERASE aufgehoben, kann unter dem gleichen Matrixnamen eine neue Marix dimensioniert werden. Auch eine Matrix, die ohne Angabe von Dimensionen vereinbart wurde, kann über ERASE aufgehoben werden.

Fehler:

```
Syntax error
```

Der Leerschritt zwischen dem Befehlswort und dem ersten Matrixnamen oder ein Komma zwischen den Matrixnamen fehlt.

```
Illegal function call
```

Mit ERASE sollte eine DIM-Anweisung aufgehoben werden, die nicht existierte.

```
Duplicate Definition
```

Die ERASE-Anweisung fehlt, die gleiche DIM-Anweisung wurde wiederholt.

Beispiel:

```
10 DIM A (12,12),B(10,10)
20 ERASE A,B
30 DIM A (50),B(50)
```

Verweis:

Befehl	Seite	Befehl	Seite
DIM	217	RESTORE	271

■ Befehl
□ Funktion
□ Operator
□ Systemvariable

ERROR

Funktion:

Einen Fehler-Code auf die reservierte Variable ERR zuweisen.

Syntax:

```
ERROR (numerischer Ausdruck)
```

Beschreibung:

Siehe Kapitel 4 "Programme gestalten".

FN

Befehl ☐
Funktion ■
Operator ☐
Systemvariable ☐

Funktion:

Eine im Programm definierte Funktion (Anwenderfunktion) aufrufen.

Syntax:

```
FNVariablenname (Ausdruck1,Ausdruck2, ...)

FNStringvariable (Ausdruck1,Ausdruck2, ...)
```

Beschreibung:

Siehe in diesem Kapitel im Abschnitt "Mathematische Daten verarbeiten".

■ Befehl
□ Funktion
□ Operator
□ Systemvariable

FOR...NEXT

Funktion:

Schleifen und Wiederholung von Programmteilen in der angegebenen Anzahl ausführen.

Syntax:

```
FOR Variable = Ausgangswert TO Endwert STEP Erhöhung
```

Beschreibung:

Die Verwendung der Anweisung FOR ... NEXT wird am folgenden Beispiel deutlich gemacht.

```
50 FOR X = 1 TO 20 STEP 2
60 ....
70 ....
80 NEXT X
90 ....
```

In der Zeile 50 weisen Sie der Variablen X (Zähler) den Ausgangswert 1 zu und verlangen, daß X bei jedem Schleifendurchlauf um den Betrag 2 (STEP) erhöht wird, bis der Endwert 20 erreicht ist.

Die Anweisung STEP kann weggelassen werden, wenn die Variable X bei jedem Schleifendurchlauf um 1 erhöht werden soll. Die Zeile 80 gibt die Anweisung, zum Befehl FOR zurückzuspringen und den Wert von X um 2 zu erhöhen. Wenn zwischen Zeile

50 und 80 keine weitere Schleife vorhanden ist, so kann die Variablenbezeichnung bei dem Befehl NEXT weggelassen werden.

Programmlauf: Wird im Programmablauf die Zeile 50 zum ersten Mal gelesen, so wird der Variablen X der Wert 1 zugewiesen. Anschließend werden die Anweisungen der Zeilen 60 und 70 ausgeführt.

In der Zeile 80 steht der Befehl, zur Anweisung FOR zurückzuspringen und der Variablen X den nächsten Wert zuzuweisen, in unserem Beispiel 3. Daraufhin werden wieder die Zeilen 60 und 70 ausgeführt und anschließend in Zeile 80 der Rücksprung nach 50 und die Erhöhung der Variablen X auf den Wert 5 vorgenommen.

Dieser Vorgang wiederholt sich so lange, bis der Wert der Variablen X = 20 beträgt oder der Wert bei der nächsten Erhöhung überschritten würde.

In unserem Fall wäre das der Fall, wenn X=19 erreicht ist und die nächste Erhöhung (STEP 2) den Wert 21 ergäbe. Diese letzte Erhöhung wird nicht mehr ausgeführt. Das Programm wird die nächste Zeile (90) aufsuchen und die dort vorhandenen Anweisungen ausführen.

Verwendung von verschachtelten Schleifen: Werden innerhalb einer Schleife eine oder mehrere andere Schleifen angebracht, so ist darauf zu achten, daß jeder Schleife eine eigene Zählvariable zugewiesen und die jeweils innere Schleife zuerst geschlossen wird.

Fehler:

```
Syntax error
```

Der Ausgangswert ist nicht angegeben.

```
Missing operand
```

Der Endwert ist nicht vorhanden, oder STEP ist ohne die Erhöhung eingesetzt worden.

```
FOR without NEXT
```

Sie haben die Anweisung NEXT vergessen oder eine falsche Variable verwendet. Bei verschachtelten FOR...NEXT-Schleifen fehlt ein NEXT. Durch einen Sprungbefehl wurde die NEXT-Anweisung umgangen.

```
NEXT without FOR
```

Durch einen Sprungbefehl wird eine NEXT-Anweisung abgearbeitet, zu der kein FOR gefunden wurde.

Beispiel:

```
20 FOR A=1 TO 3
30    PRINT "GWBASIC",
40 NEXT A

RUN
GWBASIC     GWBASIC     GWBASIC
```

FRE

Befehl ☐
Funktion ■
Operator ☐
Systemvariable ☐

Funktion:

Freien Platz im Arbeitsspeicher ermitteln.

Syntax:

```
FRE(numerischer Ausdruck)
FRE(Stringausdruck)
```

Beschreibung:

Die Funktion FRE, mit einem numerischen Ausdruck aufgerufen, ermittelt den freien Arbeitsspeicherplatz. Setzt man für den numerischen Ausdruck den Wert 0 ein oder beträgt das Ergebnis des numerischen Ausdrucks = 0, so wird der gesamte freie Arbeitsspeicherplatz angezeigt.

Mit FRE("") kann eine Bereinigung des Arbeitsspeichers erzwungen werden. Damit kann über längere Zeit der Fehlermeldung "Out of string space" vorgebeugt werden. Außerdem kann sich die Arbeitsgeschwindigkeit erheblich steigern.

Eine automatische Arbeitsspeicherbereinigung wird von BASIC erst ausgeführt, wenn der gesamte Arbeitsspeicher belegt ist. Dieser Befehl kann auch im

Direktmodus eingesetzt werden, um den noch freien Arbeitsspeicherplatz für BASIC zu überprüfen:

```
PRINT FRE(0)
```

Fehler:

```
Syntax error
```

Der Leerschritt zwischen Befehlswort und numerischem Ausdruck oder die Klammer fehlt.

Beispiel:

```
10 A= 123:B=34
20 PRINT FRE(A-B)

RUN
 61053
```

GOSUB

Befehl ■
Funktion □
Operator □
Systemvariable □

Funktion:

In ein Unterprogramm springen.

Syntax:

```
GOSUB Zeilennummer1
  .
  .
  .
RETURN Zeilennummer2
```

Beschreibung:

Der Befehl GOSUB veranlaßt das Programm, an eine bestimmte Stelle (Zeilennummer1) zu springen und die dort und in den folgenden Zeilen stehenden Befehle und Anweisungen auszuführen. Der Bereich ab der Sprungadresse (Zeilennummer1) bis zur Anweisung RETURN wird "Unterprogramm" genannt. Als letzte Anweisung des Unterprogramms muß RETURN eingegeben sein.

Ist das Unterprogramm abgearbeitet, so führt der Befehl RETURN den Programmlauf wieder zurück ins Ursprungsprogramm, und die Programmausführung wird mit der nächsten Zeile nach der Anweisung GOSUB fortgesetzt. Für diese Arbeitsweise ist der Parameter "Zeilennummer2" wegzulassen. Soll der Programmlauf nach Abarbeiten der Subroutine (Unterprogramm) nicht an die alte Stelle des Programms zurückkehren, sondern an eine andere bestimmte Zeile, so ist die Anweisung RETURN mit dem Parameter "Zeilennummer2" einzugeben.

Die Anweisung GOSUB kann auch im Unterprogramm vorhanden sein. Ihre Anwendung ist zahlenmäßig nicht begrenzt. Es ist jedoch zu beachten, daß der Programmlauf nach jedem RETURN (ohne Zeilennummer) zu der Befehlszeile zurückkehrt, die auf die letzte GOSUB-Anweisung folgt. Auf eine GOSUB-Anweisung können im Unterprogramm auch mehrere RETURN-Anweisungen innerhalb einer IF/THEN-Anweisung folgen, die jeweils einen besonderen Rücksprung vorschreiben, z.B. auf Grund unterschiedlicher Eingabe- oder Rechenwerte.

Hinweis: Alle Bedingungen wie FOR und WHILE bleiben erhalten, ebenso bei RETURN Zeilennummer2 auch das ursprüngliche GOSUB. Daraus können Fehler folgen, wenn die logischen Abschlüsse der Bedingungen nicht beachtet werden. Unterprogramme können an jeder Stelle des Programms stehen. Es ist jedoch zu empfehlen, sie ans Programmende zu setzen und das Hauptprogramm durch ein END abzutrennen, um unbeabsichtigte Einstiege ins Unterprogramm zu verhindern.

Fehler:

```
Syntax error
```

Sie haben eine GOSUB-Anweisung ohne Zeilennummer (Sprungadresse) verwendet.

```
FOR without NEXT
WHILE without WEND
RETURN without GOSUB
```

Durch einen Sprungbefehl wurden Schleifen und Bedingungen unvollständig ausgeführt.

```
Undefined line number
```

Sie haben als Zeilennummer1 eine nicht vorhandene Zeilennummer angegeben.

Beispiel:

```
10 PRINT "Hauptprogramm ausführen"  :' Hauptprogramm
20 GOSUB 50                         :' Verzweigung zum
                                       Unterprogramm
30 PRINT "Hauptprogramm weiter bearbeiten"
35                                   :' Fortsetzung
36                                   :' Hauptprogramm
40 End
50 PRINT "Unterprogramm ausführen"  :' ) Unterprogramm
60 RETURN                           :' )

RUN
Hauptprogramm ausführen
Unterprogramm ausführen
Hauptprogramm weiter bearbeiten
```

Verweise:

Befehl	Seite	Befehl	Seite
END	126	WHILE ... WEND	294
FOR ... NEXT	226		

■ Befehl
□ Funktion
□ Operator
□ Systemvariable

GOTO

Funktion:

Unbedingter Sprung zu einer bestimmten Programmzeile.

Syntax:

```
GOTO Zeilennummer
```

Beschreibung:

Wird während der Abarbeitung des Programms eine Zeile mit einer GOTO-Anweisung erreicht, so wird der Programmlauf in der hinter GOTO angegebenen Zeile fortgesetzt. Dieser Sprung kann auch aus oder in Schleifen oder Unterprogramme erfolgen. Hier muß jedoch darauf geachtet werden, daß die Rücksprungadressen dieser Schleifen und Unterprogramme nicht geöffnet bleiben dürfen (z.B. der Befehl RETURN oder FOR wird übersprungen). Dabei kann es zur fehlerhaften Verarbeitung der Unterprogramme kommen. Es dürfen nur tatsächlich im Programm vorhandene Zeilennummern angesprungen werden, sonst kommt es zu einem Fehler und Programmabbruch.

Fehler:

```
FOR without NEXT
NEXT without FOR
RETURN without GOSUB
```

```
WEND without WHILE
```

Durch einen Sprungbefehl wurden Schleifen und Bedingungen unvollständig ausgeführt.

```
Undefined line number
```

Sie haben als Sprungadresse eine nicht vorhandene Zeilennummer angegeben.

```
Out of memory
```

Der spezielle Speicherplatz für Rücksprungadressen reicht nicht mehr aus.

Beispiel:

```
10 PI = 3.1415
20 INPUT "D =",D
25 IF D < 1 GOTO 100
30 UMFANG = D * PI
40 FLAECHE = D ^ 2 * PI
50 PRINT  ,UMFANG,FLAECHE
60 END
100 PRINT "D zu klein !": GOTO 10

RUN
D = 0.9
D zu klein !
D = 12
              37.698        452.376
```

Verweise:

Befehl	Seite	Befehl	Seite
FOR ... NEXT	226	WHILE ... WEND	294
GOSUB	232		

- ■ **Befehl**
- □ **Funktion**
- □ **Operator**
- □ **Systemvariable**

IF ... THEN ...ELSE

Funktion:

Bedingte Verzweigung.

Syntax:

```
IF Bedingung THEN Anweisung oder Zeilennummer
ELSE Anweisung oder Zeilennummer
```

Beschreibung:

Die hinter IF angegebene Bedingung wird auf ihren Wahrheitsgehalt überprüft. Ist die Bedingung wahr, so wird die hinter dem THEN stehende Anweisung ausgeführt. Wurde eine Zeilennummer angegeben, wird bei einer wahren Bedingung das Programm bei der angegebenen Zeilennummer fortgesetzt.

Wird die Bedingung als falsch erkannt, führt das Programm nicht die hinter THEN stehende Anweisung aus, sondern die hinter ELSE stehende.

Hinter THEN und ELSE können mehrere Anweisungen stehen, sie sind durch : voneinander zu trennen. Die Anordnung ELSE kann entfallen. Das Programm wird bei einer als falsch erkannten Bedingung mit der folgenden Programmzeile fortgesetzt.

Zu einer nicht vorhandenen Programmzeile darf nicht verzweigt werden. IF-Anweisungen dürfen verschachtelt werden. Dabei ist zu beachten: THEN und ELSE sind in dieser Verschachtelung gleich oft vorhanden: Jedes ELSE bezieht sich auf das vorhergehende THEN.

THEN ist häufiger vorhanden als ELSE: Jedes ELSE bezieht sich auf das vorhergehende THEN.

THEN ist weniger häufig vorhanden als ELSE: Jedes ELSE bezieht sich auf das vorhergehende THEN, die überzähligen ELSE werden ignoriert.

Fehler:

```
Syntax error
```

Sie haben die Leerschritte zwichen den einzelnen Anweisungsteilen vergessen.

```
Undefined line number
```

Eine als Verzweigungsadresse angegebene Zeilennummer ist nicht vorhanden.

Das Ergebnis der IF...THEN-Anweisung ist falsch:

Sie haben die Alternative ELSE ohne Anweisung oder Zeilennummer verwendet. Hier wird keine Fehlermeldung angezeigt.

Beispiel:

```
10 INPUT "A = ",A         :' )
20 INPUT "B = ",B         :' ) Werte eingeben
30 C=A/B                  :'   Berechnung
```

```
40 A$=" kleiner als 1."        :' ) Ausgabetexte
50 B$=" größer als 1."         :' ) definieren
60 C$="Das Ergebnis ist"       :' )
70 IF C<1 THEN PRINT C$;A$     :' ) bedingte Verzweigungen
80 IF C>1 THEN PRINT C$;B$     :' )

RUN
A =12
B = 34
Das Ergebnis ist kleiner als 1.

RUN
A = 45
B = 2
Das Ergebnis ist größer als 1.

RUN
A = 12
B = 12

10 INPUT "A = ",A                    :' ) Werte eingeben
20 INPUT "B = ",B                    :' )
30 IF A>B THEN GOTO 40 ELSE 60       :' bedingte Verzweigung
35                                   :' mit Alternative
40 PRINT A;" ist größer als ";B      :' Verzweigungsadresse
50 END
60 PRINT A;" ist nicht größer als ";B
65 ' Adresse für alternative Verzweigung
70 END

RUN
A = 456
B = 567
 456 ist nicht größer als 567

RUN
A = 560
B = 34
 560 ist größer als 34
```

IMP

Befehl ☐
Funktion ☐
Operator ■
Systemvariable ☐

Funktion:

Zwei logische Ausdrücke verknüpfen (Subjunktion).

Syntax:

```
logischer Ausdruck IMP logischer Ausdruck
Integerwert IMP Integerwert
```

Beschreibung:

Siehe in diesem Kapitel Abschnitt "Mathematische Daten verarbeiten".

- ☐ **Befehl**
- ■ **Funktion**
- ☐ **Operator**
- ☐ **Systemvariable**

LEFT$

Funktion:

Aus einem String, von links beginnend, einen Teilstring entnehmen.

Syntax:

```
LEFT$(String,Anzahl der Zeichen)
```

Beschreibung:

Mit Hilfe der Funktion LEFT$ kann aus einem String ein Teil (von links mit dem ersten Zeichen des Strings beginnend) verwendet werden.

In Klammern sind der zu benutzende String und, durch Komma abgetrennt, die Anzahl der zu verwendenden Zeichen anzugeben.

Die Anzahl der Zeichen kann auch als numerischer Ausdruck angegeben werden, er wird dann berechnet und zur Ganzzahligkeit gerundet. Die Anzahl der Zeichen muß >=0 und <=255 sein.

Ist die Anzahl der Zeichen größer als die Zeichenzahl des Strings, wird der gesamte String verwendet. Wenn die Anzahl der Zeichen =0 ist, wird kein Zeichen verwendet, und der Teilstring ist ein Leerstring.

Fehler:

```
Syntax error
```

Sie haben die Klammer, das Komma oder die Anzahl der Zeichen vergessen.

```
Illegal function call
```

Für Anzahl der Zeichen haben Sie einen Wert >255 verwendet.

Beispiel:

```
10 A$="GWBASIC"
20 B$=LEFT$(A$,3)
30 PRINT B$

RUN
GWB
```

Verweise:

Befehl	Seite	Befehl	Seite
MID$	249	RIGHT$	272

□ Befehl
■ Funktion
□ Operator
□ Systemvariable

LEN

Funktion:

Anzahl der Zeichen eines Strings bestimmen.

Syntax:

```
LEN(String)
```

Beschreibung:

Die Funktion LEN bestimmt die Anzahl der Zeichen eines Strings. Der String ist in Klammern hinter dem Befehlswort anzugeben. Bei der Bestimmung der Zeichenanzahl ist zu bedenken, daß alle im String enthaltenen Zeichen mitgezählt werden, auch Leerzeichen und nichtdruckende Zeichen.

Fehler:

```
Syntax error
```

Die Klammer um den String fehlt.

```
Type mismatch
```

Sie haben nicht die Länge eines Strings, sondern eines anderen Variablentyps abgefragt.

Beispiel:

```
10 A$="Ratgeber GWBASIC / MS-BASIC"
20 PRINT LEN(A$)

RUN
 27
```

■ Befehl
□ Funktion
□ Operator
□ Systemvariable

LET

Funktion:

Einer Variablen einen Wert zuweisen.

Syntax:

```
LET numerische Variable = numerischer Ausdruck
LET Stringvariable = Stringausdruck
```

Beschreibung:

Die Anweisung LET weist den errechneten Wert eines numerischen Ausdrucks oder den Stringausdruck der entsprechenden Variablen zu.

Hinweis: Das Befehlswort LET muß nicht eingegeben werden.

Der Wert des numerischen Ausdrucks wird in dem Datentyp auf die numerische Variable zugewiesen, in welchem diese definiert wurde. Bei der Berechnung des numerischen Ausdrucks darf die für BASIC vorhandene Grenze der Integerwerte und der einfach- und doppeltgenauen Werte nicht überschritten werden.

Der Stringausdruck kann durch mehrere mit "+" zusammengefaßte Stringoperatoren sehr lang werden. Dabei darf die Grenze von 255 Zeichen nicht überschritten werden.

Fehler:

```
Syntax error
```

Das Leerzeichen zwischen LET und der Variablen fehlt.

```
Type mismatch
```

Der Stringausdruck ist nicht mit Anführungsstrichen geschrieben worden.

```
Overflow
```

Bei der Berechnung des numerischen Ausdrucks wurde die maximale Größe, entsprechend dem Variablentyp, überschritten.

```
String too long
```

Durch Stringoperationen wurde ein String mit mehr als 255 Zeichen gebildet.

Beispiel:

```
10 LET X = 12
20 LET Y = 44
30 LET PRODUKT = X * Y
40 LET QUOTIENT = X / Y
50 LET A$ =" Ergebnisse:"
60 PRINT A$;PRODUKT;QUOTIENT

RUN
 Ergebnisse: 528 .2727273
```

■ Befehl
□ Funktion
□ Operator
□ Systemvariable

MID$ ... =

Funktion:

Den Inhalt einer Stringvariablen teilweise durch einen anderen String ersetzen.

Syntax:

```
MID$(Stringvariable,Position,Zeichenanzahl) =
Stringausdruck
```

Beschreibung:

Der Inhalt einer Stringvariablen wird ab dem Zeichen, das durch Position angegeben ist, durch Ersetzen von Zeichen geändert. Dabei werden so viele Zeichen des Stringausdrucks benutzt, wie mit Zeichenanzahl festgelegt ist. Die Zeichen werden von links beginnend dem Stringausdruck entnommen.

Wird die Zeichenanzahl nicht angegeben, so wird der gesamte Stringausdruck als Ersatz verwendet, allerdings nur bis zur Länge des Stringvariablen-Inhalts. Position und Zeichenanzahl dürfen höchstens 255 betragen. Die Position muß mindestens 1, die Zeichenanzahl mindestens = 0 sein (bei Zeichenanzahl = 0 wird nichts ersetzt).

Der nicht durch das Ersetzen betroffene Teil des Stringvariablen-Inhalts behält seinen ursprünglichen

Wert. Jeder Ersatz kann nur bis zur Länge des Stringvariablen-Inhalts durchgeführt werden. Jedes darüber hinausgehende Zeichen wird ignoriert.

Fehler:

```
Syntax error
```

Die Klammer oder eines der Kommas fehlt.

```
Illegal function call
```

Sie haben für Position einen Wert eingesetzt, der größer ist als die Stringlänge.

Beispiel:

```
10 A$="Ratgeber GWBASIC "
20 PRINT A$
30 MID$(A$,10,8)="MS-BASIC"
40 PRINT A$

RUN
Ratgeber GWBASIC
Ratgeber MS-BASIC
```

Verweise:

Befehl	Seite	Befehl	Seite
LEFT$ MID$	241 249	RIGHT$	272

- ☐ **Befehl**
- ■ **Funktion**
- ☐ **Operator**
- ☐ **Systemvariable**

MID$

Funktion:

Aus einem String einen Teil darstellen.

Syntax:

```
MID$(Stringausdruck,Position,Zeichenanzahl)
```

Beschreibung:

Aus einem vorhandenen Stringinhalt soll ein Teil dargestellt werden. Das erste Zeichen, das dargestellt werden soll, wird mit Position markiert, die Anzahl der Zeichen, die aus diesem Stringinhalt dargestellt werden sollen, sind mit Zeichenanzahl anzugeben.

Für Position ist ein Wert >=1 bis <=255 einzusetzen, für Zeichenanzahl >=0 bis <=255.

Wenn eine Position angegeben wird, die rechts außerhalb des Stringinhalts liegt, ist der dargestellte Teilstring ein Leerstring. Ist die Zeichenanzahl nicht angegeben, wird alles ab Position dargestellt.

Der Rest des Stringinhalts ab Position wird ausgegeben, wenn die Summe aus der Position und der Zeichenanzahl größer als die Länge des Stringinhalts ist.

Fehler:

```
Syntax error
```

Die Klammer oder eines der Kommas fehlt. Die Position ist nicht angegeben.

Beispiel:

```
10 A$="Ratgeber GWBASIC"
20 PRINT MID$(A$,10,2)

RUN
GW
```

Verweise:

Befehl	Seite	Befehl	Seite
LEFT$	241	RIGHT$	272
MID$ ... =	249		

- ☐ Befehl
- ■ Funktion
- ☐ Operator
- ☐ Systemvariable

MKD$

Funktion:

Einen doppelt genauen Wert in einen String umwandeln.

Syntax:

```
MKD$(numerischer Ausdruck)
```

Beschreibung:

Der numerische Ausdruck wird berechnet und anschließend in einen acht Bytes langen String umgewandelt. Dieser String kann nun mit LSET und RSET in den Random-Datei-Puffer gelesen werden. MKD$ ist die Umkehrfunktion zu CVD.

Fehler:

```
Syntax error
```

Die Klammer um den numerischen Ausdruck fehlt.

Beispiel:

```
10 A = 1.70111834604692D+33 :' Konstante A definieren
20 A$=MKD$(A)               :' A in den String A$ umwandeln
```

```
30 X=CVD(A$)                   :' Aus A$ doppelt genauen Wert
35                             :' konvertieren
40 PRINT A,A$,X

RUN
 1.701118E+33 D>'0   1.701118E+33
```

Verweise:

Befehl	Seite	Befehl	Seite
CVD	201	MKI$	253
CVI	203	MKS$	255
CVS	205	RSET	380
LSET	367		

- ☐ **Befehl**
- ■ **Funktion**
- ☐ **Operator**
- ☐ **Systemvariable**

MKI$

Funktion:

Einen Integer-Wert in einen String umwandeln.

Syntax:

```
MKI$(numerischer Ausdruck)
```

Beschreibung:

Der numerische Ausdruck wird berechnet und anschließend in einen zwei Bytes langen String umgewandelt. Dieser String kann nun mit LSET und RSET in den Random-Datei-Puffer gelesen werden.

MKI$ ist die Umkehrfunktion zu CVI.

Fehler:

```
Syntax error
```

Die Klammer um den numerischen Ausdruck fehlt.

Beispiel:

```
10 A% = 27011      :' Konstante definieren
20 A$=MKI$(A%)     :' A in den String A$ umwandeln
```

```
30 X=CVI(A$)       :' Aus A$ Integer-Wert konvertieren
40 PRINT A%,A$,X

RUN
 27011 i           27011*62*
```

Verweise:

Befehl	Seite	Befehl	Seite
CVD	201	MKD$	251
CVI	203	MKS$	255
CVS	205	RSET	380
LSET	367		

- ☐ **Befehl**
- ■ **Funktion**
- ☐ **Operator**
- ☐ **Systemvariable**

MKS$

Funktion:

Einen einfach genauen Wert in einen String umwandeln.

Syntax:

```
MKS$(numerischer Ausdruck)
```

Beschreibung:

Der numerische Ausdruck wird berechnet und anschließend in einen vier Bytes langen String umgewandelt. Dieser String kann nun mit LSET und RSET in den Random-Datei-Puffer gelesen werden.

MKS$ ist die Umkehrfunktion zu CVS.

Fehler:

```
Syntax error
```

Die Klammer um den numerischen Ausdruck fehlt.

Beispiel:

```
10 A! = 2701100! :' Konstante A definieren
20 A$=MKS$(A!)    :' A in den String A$ umwandeln
```

```
30 X=CVS(A$)        :' Aus A$ einfach genauen Wert
35                  :' konvertieren
40 PRINT A!,A$,X

RUN
 2701100      0ö$   2701100
```

Verweise:

Befehl	Seite	Befehl	Seite
CVD	201	MKD$	251
CVI	203	MKI$	253
CVS	205	RSET	380
LSET	367		

☐ **Befehl**
☐ **Funktion**
■ **Operator**
☐ **Systemvariable**

NOT

Funktion:

Negation eines logischen Ausdrucks.

Syntax:

```
NOT logischer Ausdruck
NOT Integerwert
```

Beschreibung:

Siehe in diesem Kapitel im Abschnitt "Mathematische Daten verarbeiten".

ON ... GOSUB

Befehl ■
Funktion □
Operator □
Systemvariable □

Funktion:

Einen von einem Wert abhängigen Sprung in ein Unterprogramm ausführen.

Syntax:

```
ON numerischer Ausdruck GOSUB Zeilennummer1,
   Zeilennummer2, ...
```

Beschreibung:

Zur Ausführung dieser Anweisung wird der numerische Ausdruck berechnet, das Ergebnis gerundet und als Platzziffer für die auszuwählende Zeilennummer benutzt. Das Ergebnis des numerischen Ausdrucks muß >=0 und <=255 sein.

Wurde als gerundetes Ergebnis beispielsweise der Wert 2 ermittelt, wird die zweite Zeilennummer als Sprungadresse verwendet; wurde 1 ermittelt, benutzt das Programm die erste Zeilennummer.

Ergibt sich bei der Berechnung des numerischen Ausdrucks 0 oder ein Wert größer als die Anzahl der angegebenen Zeilennummern, wird die Anweisung ON ... GOSUB nicht ausgeführt und der Programmlauf mit der nächsten Zeile fortgesetzt. Die durch ON ... GOSUB angesprungenen Unterprogramme müssen mit RETURN abgeschlossen werden, damit in das Hauptprogramm in die Zeile nach der ON ... GOSUB-Anweisung zurückgesprungen wird.

Fehler:

```
Syntax error
```

```
Illegal function call
```

Das Ergebnis des numerischen Ausdrucks ist <0 oder >255.

```
Undefined line number
```

Sie haben versucht, eine nicht vorhandene Zeile mit ON ... GOSUB anzuspringen.

Beispiel:

```
10 '                        Befehl ON ... GOSUB darstellen
20 PRINT"Daten eingeben (1)":' )
30 PRINT"Daten löschen  (2)":' ) Auswahl anzeigen
40 PRINT"Daten drucken  (3)":' )
50 PRINT"Programmende   (4)":' )
60 A$=INKEY$: IF A$="" THEN 60:'  Tastaturabfrage
70 A=VAL(A$)
80 IF A<1 OR A>4 THEN 60
90 ON A GOSUB 110,130,150,170.'   Verzweigung im
95                           :'   Unterprogramm
100 END
110 PRINT A;" Daten werden eingegeben.":' Auswahl 1
120 RETURN 10
130 PRINT A;" Daten werden gelöscht."  :' Auswahl 2
140 RETURN 10
150 PRINT A;" Daten werden gedruckt."  :' Auswahl 3
160 RETURN 10
170 END

RUN
Daten eingeben (1)
Daten löschen  (2)
Daten drucken  (3)
```

```
Programmende    (4)
 1 Daten werden eingegeben.
Daten eingeben (1)
Daten löschen  (2)
Daten drucken  (3)
Programmende    (4)
```

Verweise:

Befehl	Seite	Befehl	Seite
GOSUB	232	ON GOTO	261

- ■ **Befehl**
- □ **Funktion**
- □ **Operator**
- □ **Systemvariable**

ON ... GOTO

Funktion:

Abhängig von einem Wert in eine bestimmte Programmzeile springen.

Syntax:

```
ON numerischer Ausdruck GOTO Zeilennummer
```

Beschreibung:

Nach der Berechnung des numerischen Ausdrucks und Runden des Ergebnisses wird der Wert als Platzziffer für die auszuwählende Zeilennummer benutzt. Beträgt das gerundete Ergebnis beispielsweise zwei, wird die zweite Zeilennummer als Sprungadresse verwendet.

Ermittelt man den Wert 1, benutzt das Programm die erste Zeilennummer.

Ergibt sich bei der Berechnung des numerischen Ausdrucks 0 oder ein Wert größer als die Anzahl der angegebenen Zeilennummern, wird die Anweisung ON ... GOTO nicht ausgeführt und der Programmlauf mit der nächsten Zeile fortgesetzt.

Fehler:

`Syntax error`

`Illegal function call`

Das Ergebnis des numerischen Ausdrucks ist <0 oder >255.

`Undefined line number`

Sie haben versucht, eine nicht vorhandene Zeile mit ON ... GOTO anzuspringen.

Beispiel:

```
10 '                Befehl ON … GOTO darstellen
20 PRINT"Daten eingeben (1)":'  )
30 PRINT"Daten löschen  (2)":'  )  Auswahl anzeigen
40 PRINT"Daten drucken  (3)":'  )
50 A$=INKEY$: IF A$="" THEN 50:'   Tastaturabfrage
60 A=VAL(A$)
70 IF A<1 OR A>3 THEN 50
80 ON A GOTO 100,120,140:'         Verzweigung im
85                       :'         Unterprogramm
90 END
100 PRINT A;" Daten werden eingegeben.":' Auswahl 1
110 END
120 PRINT A;"Daten werden gelöscht."   :' Auswahl 2
130 END
140 PRINT A;" Daten werden gedruckt."  :' Auswahl 3
150 END

RUN
Daten eingeben (1)
Daten löschen  (2)
Daten drucken  (3)
 2 Daten werden gelöscht.
```

Verweise:

Befehl	Seite	Befehl	Seite
GOTO	235	ON GOSUB	258

■ Befehl
□ Funktion
□ Operator
□ Systemvariable

OPTION BASE

Funktion:

Den kleinstmöglichen Indexwert für Matrizen festlegen.

Syntax:

```
OPTION BASE Wert
```

Beschreibung:

Mit der Anweisung OPTION BASE wird festgelegt, ob in der nachfolgend vereinbarten Matrix der niedrigste Indexwert 0 oder 1 sein soll. Für den Parameter "Wert" ist also 0 oder 1 anzugeben. Wird die Anweisung OPTION BASE nicht gegeben, wird der Voreinstellungswert 0 gesetzt. In jedem Programm kann nur eine OPTION BASE-Anweisung stehen. Wird beispielsweise eine Matrix mit DIM A(20) vereinbart, so enthält sie

bei OPTION BASE 0 :	die Elemente 0 bis 20, also 21 Elemente,
bei OPTION BASE 1 :	die Elemente 1 bis 20, also 20 Elemente.

Wird nach OPTION BASE 1 versucht, ein Element mit Index 0 abzufragen, kommt es zur Fehlermeldung "Subscript out of range".

Zum Beispiel:

```
10 OPTION BASE 1
20 DIM A(5)
30 PRINT A(0)
```
→ führt zu o.a. Fehlermeldung!

Werden Programme durch CHAIN verbunden, so müssen alle Matrizen dieselbe Basis haben. Mit OPTION BASE kann die Matrix auf die verschiedenen BASIC-Versionen angepaßt werden, da einige als Standardwert 1 benutzen.

Fehler:

```
Syntax error

Subscript out of range
```

Sie haben versucht, nach OPTION BASE 1 ein Element mit dem Index 0 abzufragen (siehe Beispiel in der Beschreibung).

Beispiel:

```
10 OPTION BASE 0    :' kleinsten Indexwert festlegen
20 DIM A(10)        :' Matrix dimensionieren
30 FOR I = 1 TO 10 :' Zählschleife I Anfang
40 PRINT I,         :' I anzeigen
50 NEXT I           :' Zählschleife I Ende

RUN
 1         2         3         4         5
 6         7         8         9         10
```

Verweise:

Befehl	Seite	Befehl	Seite
CHAIN	105	DIM	217

- ☐ **Befehl**
- ☐ **Funktion**
- ■ **Operator**
- ☐ **Systemvariable**

OR

Funktion:

Zwei logische Ausdrücke mit der ODER-Verknüpfung verbinden (Disjunktion).

Syntax:

```
logischer Ausdruck1 OR logischer Ausdruck2
```

Beschreibung:

Siehe in diesem Kapitel Abschnitt "Mathematische Daten verarbeiten".

RANDOMIZE

Befehl ■
Funktion □
Operator □
Systemvariable □

Funktion:

Ausgangswert für die Zufallszahlenermittlung festlegen.

Syntax:

```
RANDOMIZE numerischer Ausdruck
```

Beschreibung:

Mit der Anweisung RANDOMIZE kann der Anfangswert der Funktion RND geändert werden. Der numerische Ausdruck wird berechnet und damit die Zufallszahl eindeutig bestimmt. Der Wert des numerischen Ausdrucks muß >= –32768 und <= 32767 betragen.

Der numerische Ausdruck kann weggelassen werden. Dann wird die Werteingabe mit der auf dem Bildschirm erscheinenden Aufforderung "Random number seed (–32768 to 32767)?" angefordert.

Wird die RANDOMIZE-Anweisung im Programm weggelassen, erscheint durch die Funktion RND immer die gleiche Zufallszahl oder Folge von Zufallszahlen. Eine Abweichung von den Standard-Zufallszahlen kann auch durch "RND numerischer Ausdruck" erreicht werden.

Fehler:

```
Syntax error
```

Beispiel:

```
10 RANDOMIZE
20 FOR I= 1 TO 3
30      PRINT RND;
40 NEXT I

RUN
Random number seed ( 32767)? 34
 .8206079   .9094953   .967235

10 INPUT"Ausgangswert = ",A
20 RANDOMIZE A
20 FOR I= 1 TO 3
40      PRINT INT (RND * 100);
50 NEXT I

RUN
Ausgangswert = 123
 70  7  3
```

Verweis:

Befehl	Seite	Befehl	Seite
RND	274		

READ

Befehl ■
Funktion □
Operator □
Systemvariable □

Funktion:

Werte aus DATA-Anweisungen an Variablen zuweisen.

Syntax:

```
READ numerische Variable1,numerische Variable2, ...
READ Stringvariable1,Stringvariable2, ....
```

Beschreibung:

Die Anweisung READ liest die Variablenwerte aus der DATA-Anweisung und überträgt sie auf die entsprechende Variable. String- und numerische Variablen können dabei gemischt sein, es ist nur darauf zu achten, daß der Variablentyp, der gelesen wird, dem Typ der Variablen entspricht, auf den der Wert zugewiesen werden soll. Da die Werte aus der DATA-Anweisung der Reihe nach, d.h. von links nach rechts gelesen werden, ist darauf zu achten, daß die Variablen in der READ-Anweisung die gleiche Reihenfolge haben wie die Werte in der DATA-Anweisung.

Stehen in einer DATA-Anweisung mehr Werte, als durch die READ-Anweisung gelesen werden, so wird der erste nicht gelesene Wert der ersten Variablen der nächsten READ-Anweisung zugewiesen. Mehrere

READ-Anweisungen können auf eine DATA-Anweisung und eine READ-Anweisung kann auf mehrere DATA-Anweisungen zugreifen.

Fehler:

```
Syntax error
```

Der einer Variablen zugewiesene Datentyp stimmt nicht mit dem Variablentyp überein.

```
Out of Data
```

Durch READ sollten mehr Werte gelesen werden, als in der DATA-Anweisung vorhanden sind.

Beispiel:

```
10 '                 DATA und READ-Anweisungen darstellen
20 PRINT " PLZ","Stadt","Land"   :' Kopfzeile anzeigen
30 FOR I=1 TO 2                  :' Zählschleife I Anfang
40 READ P,St$,L$                 :' Daten einlesen
50 DATA 3000,Hannover,Niedersachsen :' )
60 DATA 6200,Wiesbaden,Hessen       :' )
70 PRINT P,ST$,L$                   :' Daten anzeigen
80 NEXT                          :' Zählschleife Ende

RUN
 PLZ           Stadt            Land
 3000          Hannover         Niedersachsen
 6200          Wiesbaden        Hessen
```

Verweis:

Befehl	Seite	Befehl	Seite
DATA	207	RESTORE	271

RESUME

Befehl ■
Funktion □
Operator □
Systemvariable □

Funktion:

Ein Programm nach einer Verzweigung in eine Fehlerbehandlungsroutine fortsetzen.

Syntax:

```
RESUME 0
RESUME NEXT
RESUME Zeilennummer
```

Beschreibung:

Im Programmlauf wird nach einer Fehlerbehandlungsroutine die Anweisung RESUME gefunden: Der Programmlauf wird

- bei Parameter 0 mit der Anweisung fortgesetzt, die den Sprung in die Routine verursacht hat,
- bei Parameter NEXT mit der Anweisung fortgesetzt, die nach der Anweisung folgt, die den Sprung in die Routine verursacht hat,
- bei Parameter "Zeilennummer" mit der betreffenden Programmzeile fortgesetzt.

Fehler:

```
RESUME without error
```

Im Programm sollte eine RESUME-Anweisung ausgeführt werden, ohne daß vorher ein Fehler aufgetreten ist.

- ☐ Befehl
- ■ Funktion
- ☐ Operator
- ☐ Systemvariable

RESTORE

Funktion:

Den Datenzeiger auf eine bestimmte DATA-Anweisung positionieren.

Syntax:

```
RESTORE Zeilennummer
```

Beschreibung:

Nachdem die DATA-Anweisungen mit dem Befehl READ gelesen wurden, steht der Datenzeiger hinter dem zuletzt gelesenen DATA-Wert. Bei einem zweiten Lesevorgang mit READ kommt es zu einer Fehlermeldung, weil keine Daten mehr vorhanden sind. Damit dieser Fehler vermieden wird, stellen Sie den Datenzeiger mit dem Befehl RESTORE zurück auf den DATA-Wert. Möglicherweise wollen Sie nicht, daß die Daten von Beginn an gelesen werden: setzen Sie hinter das Befehlswort RESTORE die Zeilennummer der ersten zu lesenden DATA Anweisung z.B:

```
RESTORE 550
```

Fehler:

```
Out of DATA in xxx
```

Der in der Zeile xxx stehende READ-Befehl kann nicht ausgeführt werden, weil der Datenzeiger hinter dem letzten Datensatz steht.

RIGHT$

Befehl □
Funktion ■
Operator □
Systemvariable □

Funktion:

Einem String, von rechts beginnend, einen Teilstring entnehmen.

Syntax:

```
RIGHT$(String,Anzahl der Zeichen)
```

Beschreibung:

Soll aus einem String ein Teil (von rechts mit dem letzten Zeichen des Strings zu zählen beginnend) verwendet werden, wird die Funktion RIGHT$ aufgerufen. In Klammern sind der zu benutzende String und, durch Komma abgetrennt, die Anzahl der zu verwendenden Zeichen anzugeben.

Die Anzahl der Zeichen kann auch als numerischer Ausdruck angegeben werden, er wird dann berechnet und zur Ganzzahligkeit gerundet. Die Anzahl der Zeichen muß >=0 und <=255 sein.

Ist die Anzahl der Zeichen größer als die Zeichenzahl des Strings, wird der gesamte String verwendet.

Ist die Anzahl der Zeichen =0, wird kein Zeichen verwendet, und der Teilstring ist ein Leerstring.

Fehler:

```
Syntax error
```

Beispiel:

```
10 A$="GWBASIC"
20 B$=RIGHT$(A$,5)
30 PRINT B$

RUN
BASIC
```

Verweise:

Befehl	Seite	Befehl	Seite
LEFT$	241	MID$ ... =	249
MID$	249		

RND

Befehl ☐
Funktion ■
Operator ☐
Systemvariable ☐

Funktion:

Eine Zufallszahl zwischen 0 und 1 liefern.

Syntax:

```
RND numerischer Ausdruck
```

Beschreibung:

Die Funktion RND liefert eine Zufallszahl, deren Folge bei jedem Programmstart gleich ist. Die ausgegebene Zufallszahl hängt vom Wert des numerischen Ausdrucks ab. Dieser wird berechnet und ganzzahlig gerundet.

Ist der Wert des numerischen Ausdrucks:

- Positiv, so wird die nachfolgende Zufallszahl generiert.
- Gleich 0, so wird die vorhergehende Zufallszahl noch einmal generiert.
- Negativ, so wird die Zufallszahlenfolge, von vorn beginnend, noch einmal generiert.

Wird der numerische Ausdruck weggelassen, so wird die nächste Zufallszahl der Standard-Zahlenfolge generiert.

Soll diese Standard-Zahlenfolge geändert werden, so ist vorher eine RANDOMIZE-Anweisung zu geben.

Beispiel:

```
10 FOR I= 1 TO 5
20 PRINT INT(RND * 100),
30 NEXT I

RUN
 12          65          86          72          79
```

Verweis:

Befehl	Seite	Befehl	Seite
RANDOMIZE	266		

STR$

Befehl ☐
Funktion ■
Operator ☐
Systemvariable ☐

Funktion:

Aus einem numerischen Ausdruck einen String bilden.

Syntax:

```
STR$(numerischer Ausdruck)
```

Beschreibung:

Mit der Funktion STR$ wird der numerische Ausdruck berechnet und das Ergebnis in einen String umgewandelt. Das erste Zeichen des Strings ist für das Vorzeichen des Wertes des numerischen Ausdrucks reserviert.

Bei negativen Werten wird ein Minuszeichen ausgegeben; für positive Werte und 0 wird eine Leerstelle geschrieben. Im Gegensatz zur PRINT-Anweisung wird hier kein Leerzeichen am Ende des Wertes geschrieben.

Fehler:

```
Syntax error
```

Beispiel:

```
10 X=23.456
20 A$=STR$(X)
30 PRINT A$

RUN
 23.456
```

Verweise:

Befehl	Seite	Befehl	Seite
PRINT	418	VAL	290

STRING$

Befehl ☐
Funktion ■
Operator ☐
Systemvariable ☐

Funktion:

Aus einem Zeichen einen String mit vorgegebener Länge erzeugen.

Syntax:

```
STRING$(Stringlänge,Code)
STRING$(Stringlänge,"Stringausdruck")
STRING$(Stringlänge,Stringvariable)
```

Beschreibung:

Die Funktion STRING$ erzeugt eine Zeichenkette mit der Länge "Stringlänge" mit dem Zeichen, das durch "Code" mit der ASCII-Codenummer gekennzeichnet wurde. Anstelle des ASCII-Codes kann ein Stringausdruck in Anführungszeichen eingegeben werden. Hier wird das erste Zeichen dieses Ausdrucks verwendet, um damit eine Zeichenkette der vorgegebenen Länge zu erzeugen. Bei Einsatz einer Stringvariablen wird das erste Zeichen des dieser Variablen zugewiesenen Inhalts benutzt, um damit die Zeichenkette zu erzeugen.

Für "Stringlänge" kann ein numerischer Ausdruck verwendet werden, dessen Wert aber >=0 und <=255 sein muß. Ebenso ist bei Eingabe der ASCII-Codenummer daran zu denken, daß Codenummern nur von 0 bis 255 vergeben sind.

Fehler:

```
Syntax error
```

Beispiel:

```
10 A1$=STRING$ (25,45)
20 A2$=STRING$ (7,42)
30 B$=" Gutachten "
40 PRINT A1$
50 PRINT A2$;B$;A2$
60 PRINT A1$

RUN
-------------------------
******* Gutachten *******
-------------------------
```

SWAP

Befehl ■
Funktion □
Operator □
Systemvariable □

Funktion:

Den Inhalt zweier Variablen vom gleichen Typ vertauschen.

Syntax:

```
SWAP Variable 1,Variable 2
```

Beschreibung:

Die Anweisung SWAP bewirkt, daß der Inhalt der Variablen 1 der Variablen 2 zugewiesen wird, umgekehrt wird der Inhalt der Variablen 2 der Variablen 1 zugewiesen. Die beiden Variablen müssen den gleichen Typ haben, es kann zum Beispiel also nicht ein String einer Integervariablen zugewiesen werden.

Fehler:

```
Syntax error
```

```
Type mismatch
```

Die zu vertauschenden Variablen sind nicht vom gleichen Typ.

Beispiel:

```
10 A$ = "Variablen"
20 B$ = "Tausch"
30 PRINT A$;"-";B$
40 SWAP A$,B$
50 PRINT A$;" von ";B$

RUN
Variablen-Tausch
Tausch von Variablen
```

TIME$

Befehl ☐
Funktion ☐
Operator ☐
Systemvariable ■

Funktion:

Von der internen Uhr verwaltete Tageszeit.

Syntax:

```
TIME$ = "Stringausdruck"
Stringvariable = TIME$
```

Beschreibung:

Die Variable TIME$ enthält die aktuelle Uhrzeit in der Form: HH:MM:SS (HH = zweistellige Angabe der Stunden, MM = zweistellige Angabe der Minuten, SS = zweistellige Angabe der Sekunden). Als Trennzeichen darf nur der Doppelpunkt verwendet werden. Die Variable TIME$ enthält auch ohne besondere Wertzuweisung keinen Leerstring, da vom Betriebssystem immer die aktuelle Zeit zugewiesen wird. Über die LET-Anweisung ist eine Wertänderung des Variableninhalts von TIME$ möglich. Die LET-Anweisung ist jedoch ohne Befehlswort LET zu schreiben (siehe Beispiel).

Beispiel:

```
10 PRINT TIME$     :' Anzeigen der internen Zeit
20 TIME$ = "16:23:45" :' Neue Zeit auf TIME$
                         zuweisen
```

```
30 PRINT TIME$ :' Neue Zeit anzeigen

RUN
08:12:48
16:23:45
```

Verweis:

Befehl	Seite	Befehl	Seite
DATE$	**210**		

TIMER

Befehl □
Funktion ■
Operator □
Systemvariable □

Funktion:

Die Anzahl der Sekunden seit 0:00 Uhr Systemzeit ermitteln.

Syntax:

```
TIMER
```

Beschreibung:

Die Funktion TIMER ermittelt eine sehr genaue Zeitmessung. Sie errechnet die seit 0:00 Uhr (TIME = 00:00:00.00) vergangenen Sekunden, einschließlich Hundertstelsekunden. Die Funktion TIMER gibt jedoch die ermittelten Werte nicht auf den Bildschirm oder Drucker aus. Dazu ist eine PRINT-Anweisung nötig (siehe Beispiel).

Beispiel:

```
10 FOR I=1 TO 5
20    PRINT "Timer = ";TIMER
30 NEXT I

RUN
Timer = 511.4
Timer = 511.5
Timer = 511.55
Timer = 511.6
Timer = 511.65
```

■ Befehl
□ Funktion
□ Operator
□ Systemvariable

TIMER OFF

Funktion:

Eine ON TIMER-Routine abschalten.

Syntax:

```
TIMER OFF
```

Beschreibung:

Wurde mit ON TIMER GOSUB eine Interrupt-Routine definiert und diese mit TIMER ON eingeschaltet (aktiviert), so kann diese mit TIMER OFF abgeschaltet (deaktiviert) werden. Alle aufgrund einer TIMER STOP-Anweisung noch nicht abgearbeiteten Routinen werden aufgehoben.

Die zuletzt mit ON TIMER GOSUB definierte Routine kann mit TIMER ON danach wieder eingeschaltet werden.

Verweise:

Befehl	Seite
ON TIMER GOSUB	156
TIMER ON	286
TIMER STOP	287

TIMER ON

Befehl ■
Funktion □
Operator □
Systemvariable □

Funktion:

Eine mit ON TIMER GOSUB definierte Routine aktivieren.

Syntax:

```
TIMER ON
```

Beschreibung:

Wenn die Anweisung TIMER ON während des Programmlaufs angetroffen wird, beginnt das Zählen der Sekunden. Bei Erreichen der unter ON TIMER GOSUB festgelegten Sekundenzahl wird in das Unterprogramm verzweigt. Sprungadresse ist die Zeile, die hinter GOSUB angegeben ist.

Beim Sprung in das Unterprogramm wird automatisch die Anweisung TIMER STOP gegeben. Wird die Anweisung RETURN am Ende des Unterprogramms ausgeführt, erfolgt dabei automatisch die Ausführung eines TIMER ON. *Ausnahme:* Im Unterprogramm wurde ein TIMER OFF angetroffen.

Verweise:

Befehl	Seite
ON TIMER GOSUB	156
TIMER OFF	285
TIMER STOP	287

■ **Befehl**
□ **Funktion**
□ **Operator**
□ **Systemvariable**

TIMER STOP

Funktion:

Eine ON TIMER GOSUB-Routine bis zur nächsten TIMER ON-Anweisung zurückstellen.

Syntax:

```
TIMER STOP
```

Beschreibung:

Durch die Anweisung TIMER STOP wird die Ausführung aller Sprünge in das betreffende Unterprogramm zurückgestellt, bis eine TIMER ON-Anweisung erfolgt.

Verweise:

Befehl	Seite
ON TIMER GOSUB	156
TIMER OFF	285
TIMER STOP	287

USR

Befehl ☐
Funktion ■
Operator ☐
Systemvariable ☐

Funktion:

Eine Assembler-Routine aufrufen.

Syntax:

```
USR Routinenummer(Argument)
```

Beschreibung:

Die Funktion USR ruft die mit "Routinenummer" ausgewählte Assembler-Routine auf. Dazu muß zuvor die Startadresse mit DEF USR festgelegt worden sein. Für "Routinenummer" ist eine ganze Zahl >=0 und <=9 einzugeben. Zwischen USR und der Nummer ist kein Leerschritt zu setzen (siehe Beispiel).

Als "Argument" wird ein numerischer oder String-Ausdruck eingesetzt, der in die Assembler-Routine übernommen werden soll. Der Typ dieses Ausdrucks muß mit dem in der Assembler-Routine benötigten übereinstimmen.

Wird in der Routine kein Argument benötigt, so ist ein Ersatzargument zu geben, da die Anweisung USR ohne Argument nicht arbeitet. Eine andere Möglichkeit, Assembler-Routinen aufzurufen, bietet die Anweisung CALL.

In GW-BASIC muß vor dem Aufruf mit USR eine DEF SEG-Anweisung erfolgen. Die in DEF SEG angegebene Segmentadresse entspricht dem Startsegment (Offset) der DEF USR-Anweisung.

Beispiel:

```
10 DEF SEG =&H800
20 DEF USR0=0
30 X=5
40 Y=USR(X)
50 PRINT Y
```

Verweise:

Befehl	Seite	Befehl	Seite
CALL	103	DEF USR	109

VAL

Befehl ☐
Funktion ■
Operator ☐
Systemvariable ☐

Funktion:

Den numerischen Wert eines String-Ausdrucks ermitteln.

Syntax:

```
VAL(String-Ausdruck)
```

Beschreibung:

Bei Aufruf der Funktion VAL wird, falls nötig, der String-Ausdruck berechnet, und die Umwandlung in einen numerischen Wert vorgenommen. Dabei wird zeichenweise von links nach rechts vorgegangen. Ist das erste Zeichen von links keine Zahl, sondern irgendein anderes Zeichen, so ist VAL(String-Ausdruck) = 0.

Ist das erste Zeichen eine Ziffer, wird diese zu einem numerischen Wert umgewandelt. Dieses geschieht mit allen nachfolgenden Zeichen, sofern sie Ziffern sind. Bei dem ersten nachfolgenden Zeichen, das keine Ziffer darstellt, wird die Umwandlung abgebrochen. Eine Ausnahme stellt das "E" dar, es wird als Exponent-Argument E interpretiert. Wird nun aus dem String ein Zahlenwert gebildet, kann der zulässige Wertebereich überschritten werden.

Fehler:

```
Overflow
```

Bei der Umwandlung des Strings wurde ein zu großer Wert gebildet.

Beispiel:

```
10 A$="Hallo":B$="123GWBASIC":C$="Hallo456"
20 PRINT VAL(A$);VAL(B$);VAL(C$)
```

WAIT

Befehl ■
Funktion □
Operator □
Systemvariable □

Funktion:

Programmausführung aussetzen, bis an einem angegebenen Port ein bestimmter ASCII-Wert anliegt.

Syntax:

```
WAIT Portadresse,Wert1,Wert2
```

Beschreibung:

Die Anweisung WAIT ermöglicht, im Programmlauf Pausen einzusetzen und auf bestimmte ASCII-Werte zu warten, um dann den Programmlauf fortzusetzen. Diese ASCII-Werte können z.B. über die Tastatur (Port 96) erwartet werden. Für den Parameter Portadresse ist ein Integerwert >=0 und <=65535 einzusetzen. Für Wert1 und Wert2 sind die ASCII-Codes der betreffenden Zeichen einzugeben (0 bis 255). Der Wert2 kann entfallen, es wird dann "0" angenommen.

Mit Hilfe der Verknüpfung

```
Gelesener Wert XOR Wert1 AND Wert2
```

wird ein Ergebnis ermittelt. Ist es 0, wird wieder versucht, an der Portadresse einen Wert zu lesen. Alle anderen Ergebnisse ergeben eine Programmfortsetzung mit der nächsten Programmzeile.

Beispiel:

```
120 WAIT 96,32
(wartet auf Tastatureingabe: Spacetaste)
```

WHILE/WEND

Befehl ■
Funktion □
Operator □
Systemvariable □

Funktion:

Eine Schleife beginnen und ausführen, solange eine Bedingung erfüllt ist.

Syntax:

```
WHILE Bedingung WEND
```

Beschreibung:

Das Anweisungspaar WHILE/WEND ist nur zusammen zu verwenden. Es hat die Funktion, eine Schleife auszuführen, solange eine Bedingung erfüllt (wahr <> Wert 0) ist.

Ist die Bedingung nicht oder nicht mehr gegeben, also falsch (Wert = 0), dann wird die Anweisung, die in der nächsten Zeile auf die Anweisung WEND folgt, ausgeführt. Als Bedingung können Relationen, numerische oder logische Ausdrücke gewählt werden.

Bei der Programmausführung wird, sobald eine WHILE-Anweisung gefunden wird, die nächste freie WEND-Anweisung gesucht und die Bedingung auf ihren Wahrheitsgehalt geprüft. Ist die Bedingung wahr, dann werden alle zwischen WHILE und WEND liegenden Anweisungen ausgeführt. Ist sie nicht wahr, so springt das Programm in die Zeile nach der WEND-Anweisung und setzt hier mit der Programmausführung fort. WHILE/WEND-Schleifen können verschachtelt werden, aber jedem WHILE ist ein WEND zuzuordnen.

Hinweis: Wird aus einer WHILE/WEND-Schleife herausgesprungen (z.B. mit GOTO), so bleibt ein Speicher für diese Schleife besetzt. Beim erneuten Abarbeiten dieser Schleife kann es zu einer Fehlermeldung "Overflow" kommen.

Fehler:

```
Syntax error

WHILE without WEND

WEND without WHILE

Overflow
```

Beispiel:

```
10 A$="Der Wert liegt unter 10."
20 B$="Der Wert ist >= 10."
30 INPUT "Wert = ",A
40 WHILE A<10
50     PRINT A$
60     END
70 WEND
80 PRINT B$
90 END

RUN
Wert = 5
Der Wert liegt unter 10.
```

```
RUN
Wert = 12
Der Wert ist >= 10.
```

Verweise:

Befehl	Seite	Befehl	Seite
FOR ... NEXT	220	GOSUB	232
GOTO	235		

- ☐ **Befehl**
- ☐ **Funktion**
- ■ **Operator**
- ☐ **Systemvariable**

XOR

Funktion:

Zwei logische Ausdrücke mit der ENTWEDER-ODER-Verknüpfung verbinden (Antivalenz-Verknüpfung).

Syntax:

```
logischer Ausdruck XOR logischer Ausdruck
```

Beschreibung:

Siehe in diesem Kapitel Abschnitt "Mathematische Daten verarbeiten".

MATHEMATISCHE DATEN VERARBEITEN

Vorbemerkungen

Mit Hilfe von BASIC-Rechenoperatoren und Befehlen lassen sich die wichtigsten mathematischen Funktionen ausführen. Die im allgemeinen geltenden Hierarchie- und Rechen-Regeln werden auch hier beachtet, und Klammerausdrücke sind selbstverständlich möglich. Die einzelnen arithmetischen Operatoren werden hier hierarchisch absteigend dargestellt:

Operator	Funktion	Beispiele	
^	Potenzierung	z^x	13^4
–	Negation	–y	–45
*	Multiplikation	a * b	13 * 45
/	Division	a/b	27/3
\	Integer-Division	f\s	49\3
MOD	Modulo-Arithmetik	x MOD y	123 MOD 45
+	Addition	a + b	234 + 5
–	Subtraktion	c – d	13 – 4

Vergleichsoperatoren:

=	gleich	a=b
<>	ungleich	a<>b
<	kleiner als	z<y

Operator	Funktion	Beispiele
>	größer	als y>z
<= =<	kleiner gleich	a<=b a=<b
>= =>	größer gleich	b>=a b=>a

Logische Operatoren:

AND	Konjunktion	X AND Y
NOT	Negation	NOT A
OR	Disjunktion	A OR B
XOR	Exklusiv-Oder	A XOR B
EQV	Bijunktion	Z EQV Y
IMP	Subjunktion	A IMP B

Bei der Benutzung der Operatoren ist darauf zu achten, daß keine Division durch 0 oder Potenzierung von 0 auftritt. Das Ergebnis einer solchen Berechnung ist die Ausgabe der größtmöglichen positiven Zahl und der Fehlermeldung "Division by zero".

Neben den dargestellten Operatoren werden von BASIC einige vordefinierte Funktionen zur Verfügung gestellt:

ATN	Arcustangens
COS	Kosinus
EXP	Potenz zur Basis e
LOG	Logarithmus zur Basis e
SIN	Sinus
SQR	Quadratwurzel
TAN	Tangens

Die Funktionen werden in den folgenden Abschnitten ausführlich beschrieben.

Im Kapitel 1 wurden bereits die Datentypen behandelt, darunter auch die numerischen Datentypen. Hier noch einmal eine Zusammenstellung:

Datentyp: Integer (ganzzahlig)
Wertebereich: –32768 bis +32767
Variablenkennzeichen: %

Datentyp: einfache Genauigkeit
Wertebereich: –1.701412 E 38 bis +1.701412 E 38

Variablenkennzeichen: ! , E für den Exponenten zur Basis 10, das Ausrufungszeichen als Kennzeichen kann entfallen. Dieser Datentyp ist Voreinstellwert.

Datentyp: doppelte Genauigkeit
Wertebereich: –1.701411834604692 D 38 bis +1.701411834604692 D 38
Variablenkennzeichen: #, D für den Exponenten zur Basis 10

Hinweis: Als Dezimalzeichen muß der Punkt verwendet werden, nicht das Komma!

BEFEHLSZUSAMMENSTELLUNG MATHEMATISCHE DATEN VERARBEITEN

Die in diesem Kapitel behandelten Befehle sind hier in einer Übersicht zusammengefaßt. Diese zeigt das Befehlswort und eine Kurzerklärung der Befehlsausführung. Querverweise auf andere, mit dem jeweiligen Befehl im Zusammenhang stehende andere Anweisungen finden Sie unter der ausführlichen Befehlsbeschreibung.

Befehlswort	Funktion
ABS	Den Betrag eines numerischen Ausdrucks ausgeben.
AND	Zwei logische Ausdrücke mit der AND-Verknüpfung verbinden (Konjunktion).
ATN	Den Arcustangens eines numerischen Wertes berechnen.
CDBL	Einen numerischen Wert in doppelte Genauigkeit übertragen.
CINT	Einen numerischen Wert in einen Integer-Wert übertragen.
COS	Den Kosinus eines Winkels im Bogenmaß darstellen.
CSNG	Einen numerischen Wert in einfache Genauigkeit übertragen.
DEFDBL	Variable als doppelt genaue Variable definieren.
DEF FN	Eine Funktion definieren.
DEFINT	Variable als numerische Integer-Variable definieren.
DEFSNG	Variable als einfach genaue Variable definieren.
EQV	Zwei logische Ausdrücke verknüpfen (Bijunktion).

Befehlswert	Funktion
EXP	Eine Potenz mit der Basis e berechnen.
FIX	Den ganzzahligen Teil eines numerischen Ausdrucks ausgeben.
FN	Eine im Programm definierte Funktion aufrufen.
IMP	Zwei logische Ausdrücke verknüpfen (Subjunktion).
INT	Eine ganze Zahl aus einem numerischen Wert ermitteln.
LOG	Den Logarithmus zur Basis e eines numerischen Ausdrucks liefern.
MOD	Den Rest aus der Division zweier Integer-Werte ermitteln.
NOT	Negation eines logischen Ausdrucks.
OR	Zwei logische Ausdrücke mit der ODER-Verknüpfung verbinden (Disjunktion).
SGN	Das Vorzeichen eines numerischen Ausdrucks ermitteln.
SIN	Den Sinus eines Winkels im Bogenmaß ermitteln.
SQR	Die positive Quadratwurzel eines numerischen Ausdrucks ermitteln.
TAN	Den Tangens eines Winkels im Bogenmaß ermitteln.
XOR	Zwei logische Ausdrücke mit der ENTWEDER-ODER-Verknüpfung verbinden (Antivalenz).

☐ Befehl
■ Funktion
☐ Operator
☐ Systemvariable

ABS

Funktion:

Den Betrag eines numerischen Ausdrucks (Absolutwert) ausgegeben.

Syntax:

```
ABS(numerischer Ausdruck)
```

Beschreibung:

Mit Hilfe des Befehls ABS kann der Absolutbetrag (positiver Wert) eines numerischen Ausdrucks berechnet werden. Das Ergebnis wird in der Genauigkeit des numerischen Ausdrucks ausgegeben. Dieser Befehl ist sowohl im Direktmodus als auch im Programmiermodus zulassig. Die Anzeige des Ergebnisses muß mit PRINT veranlaßt werden.

Beispiel:

```
PRINT ABS(16 * (8 - 18))
```

```
20 PRINT ABS(12 / 4 - 9)
```

```
10 A=-23:B=45:C=.5           :' Konstante definieren
20 X = A*B/C   :' X berechnen
30 PRINT "A * B / C = ";X        :' X anzeigen
40 F=ABS(A*B/C)   :' Absolutwert von X bestimmen
50 REM oder : F = ABS(X)
```

```
60 PRINT "Absolutbetrag von A *B / C = ";F :'
          Absolutwert anzeigen

RUN
A * B / C = -2070
Absolutbetrag von A * B / C = 2070
```

Verweis:

Befehl	Seite	Befehl	Seite
PRINT	**418**		

- ☐ **Befehl**
- ☐ **Funktion**
- ■ **Operator**
- ☐ **Systemvariable**

AND

Funktion:

Zwei logische Ausdrücke mit der AND-Verknüpfung verbinden (Konjunktion).

Syntax:

```
logischer Ausdruck1 AND logischer Ausdruck2
```

Beschreibung:

Mit Hilfe des Operators AND wird eine Verknüpfung als wahr (Wert = –1) erkannt, wenn beide logische Ausdrücke wahr sind, nicht aber wenn nur einer der beiden oder keiner der beiden logischen Ausdrücke wahr ist. Dieser Operator kann auch in String-Operationen verwendet werden.

Beispiel:

```
10 INPUT "Wert 1 ",A
20 INPUT "Wert 2 ",B
30 INPUT "Wert 3 ",C
40 IF A < 10 AND B > 10 AND C < 10 THEN 100
50 GOTO 10
100 PRINT" A, B und C sind < 10 "
110 END
```

```
RUN
Wert 1 4
Wert 2 5
Wert 3 9
 A, B und C sind < 10
```

Verweise:

Befehl	Seite	Befehl	Seite
EQV	327	OR	338
IMP	333	XOR	347
NOT	337		

- ☐ **Befehl**
- ■ **Funktion**
- ☐ **Operator**
- ☐ **Systemvariable**

ATN

Funktion:

Den Arcustangens eines numerischen Wertes berechnen.

Syntax:

```
ATN(numerischer Wert)
```

Beschreibung:

Das Ergebnis gibt den Arcustangens – die Umkehrung des Tangens – an. Das Ergebnis wird in einfacher Genauigkeit ausgegeben. Wird GW-BASIC bzw. BASIC-86 mit der Option /D aufgerufen, wird das Ergebnis mit doppelter Genauigkeit ausgegeben. Das Ergebnis liegt zwischen –Pi/2 und +Pi/2.

Fehler:

```
Overflow
```

Der numerische Wert ist zu groß.

Beispiel:

```
10 X = (12 * (2.34567 + 12.6))
20 PRINT X
30 Y = ATN(X)
40 PRINT Y
```

```
RUN
 179.348
 1.565221*95*
```

Verweis:

Befehl	Seite	Befehl	Seite
TAN	346		

☐ Befehl
■ Funktion
☐ Operator
☐ Systemvariable

CDBL

Funktion:

Einen numerischen Wert in die doppelte Genauigkeit übertragen.

Syntax:

```
CDBL(num. Ausdruck)
```

Beschreibung:

Mit dieser Funktion CDBL (Convert DouBLe) wird der angegebene numerische Ausdruck in doppelter Genauigkeit ausgegeben.

Der Wert kann direkt in die Klammer nach dem Befehlswort CDBL eingesetzt werden. Anstelle des numerischen Ausdrucks kann man auch eine Variablenbezeichnung verwenden. Dabei ist jedoch auf den richtigen Variablentyp zu achten.

Fehler:

```
Syntax error
```

Sie haben die Klammern um den numerischen Ausdruck vergessen.

Beispiel:

```
10 INPUT"Wert X = ",X
20 PRINT X,CDBL(X)

RUN
Wert X = 12.6
 12.6  12.60000038146973
```

Verweise:

Befehl	Seite	Befehl	Seite
CINT	311	CSNG	315

- ☐ Befehl
- ■ Funktion
- ☐ Operator
- ☐ Systemvariable

CINT

Funktion:

Einen numerischen Wert in einen Integer-Wert übertragen.

Syntax:

```
CINT(numerischer Ausdruck)
```

Beschreibung:

Die Funktion CINT (Convert INTeger) ermöglicht, jeden beliebigen numerischen Ausdruck in einen ganzzahligen Wert, einen Integer-Wert, umzuwandeln. Dabei wird der Wert gerundet. Der Wert des numerischen Ausdrucks muß >= –32768 und <= +32768 sein.

Fehler:

```
Syntax error
```

Sie haben die Klammern um den numerischen Ausdruck vergessen.

```
Overflow
```

Der hinter CINT angegebene Wert des numerischen Ausdrucks war < –32768 oder > +32767.

Beispiel:

```
10 C=23.5678:F=.0657
20 X=C/F
30 PRINT X,CINT(C/F)

RUN
 358.7184      359
```

Verweise:

Befehl	Seite	Befehl	Seite
CSNG	**315**	**CDBL**	**309**

- ☐ Befehl
- ■ Funktion
- ☐ Operator
- ☐ Systemvariable

COS

Funktion:

Den Kosinus eines Winkels im Bogenmaß darstellen.

Syntax:

```
COS(numerischer Ausdruck)
```

Beschreibung:

Die Funktion COS, mit einem numerischen Ausdruck eingegeben, berechnet diesen Ausdruck als Bogenmaß und ermittelt den Kosinus dieses Wertes. Das Ergebnis wird in einfacher Genauigkeit angegeben, sofern nicht BASIC mit der Option /D (doppelte Genauigkeit) aufgerufen wurde. Wird kein numerischer Ausdruck, sondern ein Wert (Argument) für die Funktion COS benutzt, so ist dieser im Bogenmaß anzugeben.

Hinweis: Eine Anweisung zur Berechnung des Arcus-Kosinus ist nicht vorhanden. Benutzen Sie dazu die Funktion: ARCCOS(X) = –ATN(X / SQR(–X * X + 1)) + 1.5708

Fehler:

```
Syntax error
```

Sie haben die Klammern um den numerischen Ausdruck vergessen.

Beispiel:

```
10 X=3*COS(.34)
20 PRINT X

RUN
 2.828264
```

Verweise:

Befehl	Seite	Befehl	Seite
ATN	307	SQR	344

- ☐ Befehl
- ■ Funktion
- ☐ Operator
- ☐ Systemvariable

CSNG

Funktion:

Einen numerischen Wert in einfache Genauigkeit übertragen.

Syntax:

```
CSNG(numerischer Ausdruck)
```

Beschreibung:

Der hinter dem Befehlswort CSNG (Convert SiNGle) stehende numerische Ausdruck wird berechnet und unter Beachtung der Rundungsregeln in einfacher Genauigkeit ausgegeben.

Anstelle des numerischen Ausdrucks kann man auch eine Variablenbezeichnung verwenden. Dabei ist jedoch auf den richtigen Variablentyp zu achten.

Fehler:

```
Syntax error
```

Sie haben die Klammern um den numerischen Ausdruck vergessen.

Beispiel:

```
10 A#=12.1232453567#
20 Print A#,CSNG(A#)

RUN
 12.1232453567
```

Verweise:

Befehl	Seite	Befehl	Seite
CINT	311	CDBL	309

- ■ **Befehl**
- □ **Funktion**
- □ **Operator**
- □ **Systemvariable**

DEFDBL

Funktion:

Variable als doppelt genaue Variable definieren.

Syntax:

```
DEFDBL Anfangsbuchstabe1 - Anfangsbuchstabe2
```

Beschreibung:

Die in einem Programm zu verarbeitenden Variablen können mit dieser Anweisung als doppelt genaue Variablen vereinbart werden. Dazu muß neben DEFDBL eingegeben werden, welcher Variablenbereich zu vereinbaren ist. Dieser wird mit den Anfangsbuchstaben als Grenzen gekennzeichnet. Beispiel DEFDBL R – V: alle Variablen, deren Name mit R, S, T, U oder V beginnt und die keine Typkennzeichnung haben (%, !, $) werden als doppelt genaue Variablen vereinbart. Die Anfangsbuchstaben für Bereiche müssen in logischer, alphabetischer Reihenfolge eingegeben werden.

Zum Beispiel:

unlogisch und unzulässig: `DEFDBL B-A`

logisch und zulässig: `DEFDBL A-B`

Sollen nur Variablen mit einem Anfangsbuchstaben definiert werden, so wird die Angabe "Anfangsbuch stabe 2" weggelassen. Die Anfangsbuchstaben müssen in alphabetischer Reihenfolge eingegeben werden. Sollen nur Variablen mit einem Anfangsbuchstaben definiert werden, so wird die Angabe "Anfangsbuchstabe 2" weggelassen.

An die Anweisung DEFDBL können beliebig viele Bereiche angehängt werden; sie müssen durch Kommas voneinander getrennt werden und dürfen sich nicht überschneiden, können aber in beliebiger Reichenfolge gelistet werden.

Die Variablen können durch eine CHAIN-Anweisung mit dem Parameter ALL an ein anderes Programm übergeben werden. Dabei bleibt der durch DEFDBL vereinbarte Variablentyp erhalten. Bei Benutzung der COMMON-Anweisung müssen die Variablen neu definiert werden.

Hinweis: Wurde z.B. durch DEFDBL P die Variable NETTO als NETTO# (doppelt genau) vereinbart, so können NETTO und NETTO# nicht mehr unterschieden werden. Eine Werteänderung von NETTO führt automatisch zu einer Wertänderung von NETTO#.

Fehler:

```
Syntax error
```

Sie haben Variablenbereiche nicht alphabetisch richtig eingegeben oder den Leerschritt zwischen dem Befehlswort und der ersten Variablen vergessen.

Der zu definierende Bereich wurde nicht angegeben.

Beispiele:

```
10 DEFDBL G-M
10 DEFDBL F
10 DEFDBL M,K,G,P
10 DEFDBL K-M,H,A-C,W-Z
```

Verweise:

Befehl	Seite	Befehl	Seite
CHAIN	105	DEFINT	322
COMMON	199	DEFSNG	324

DEF FN

Befehl ■
Funktion □
Operator □
Systemvariable □

Funktion:

Eine Funktion definieren.

Syntax:

```
DEF FNVariablenname(Parameter1,Parameter2, ...)
       = numerischer Wert

DEF FNString-Variable(Parameter1,Parameter2, ...)
       = String-Ausdruck
```

Beschreibung:

Mit Hilfe dieser Anweisung kann innerhalb eines Programms (Direktmodus ist unzulässig) eine Funktion definiert werden. Diese ist unabhängig von Variablen im Programm, d.h. die hier verwendeten Variablen sind lokaler Natur und gelten nur innerhalb dieser definierten Funktion. Wird die Funktion im Programmablauf aufgerufen, so sind den Parametern Werte oder Ausdrücke zuzuordnen.

Die DEF-Anweisung darf nur einmal innerhalb des Programms gegeben werden. Sie muß vor dem ersten Aufruf der Funktion definiert sein.

Fehler:

```
Syntax error
```

```
Undefined user function
```

Im Programm wurde eine Funktion aufgerufen, die nicht zuvor mit DEF FN definiert war.

Beispiel:

```
10 INPUT "A = ",A          :' )
20 INPUT "B = ",B          :' ) Werte eingeben
30 DEF FNG(X,Y)=X^3*Y      :'   Funktion (Gleichung)
                                definieren
40 H=FNG(A,B)              :'  Funktion anwenden
50 PRINT H                 :' Ergebnis anzeigen

RUN
A = 123
B = 56.78
 1.0566E+08
```

Verweis:

Befehl	Seite	Befehl	Seite
FN	331		

DEFINT

Befehl ■
Funktion □
Operator □
Systemvariable □

Funktion:

Variable als numerische Integer-Variable definieren.

Syntax:

```
DEFINT Anfangsbuchstabe1 - Anfangsbuchstabe2
```

Beschreibung:

Die in einem Programm zu verarbeitenden Variablen können mit dieser Anweisung als numerische Integer-Variablen vereinbart werden. Dazu muß neben DEFINT eingegeben werden, welcher Variablenbereich zu vereinbaren ist. Dieser wird mit den Anfangsbuchstaben als Grenzen gekennzeichnet. Beispiel DEFINT R – V: alle Variablen, deren Name mit R, S, T, U oder V beginnt und die keine Typkennzeichnung haben (%, !, $), werden als numerische Integer-Variablen vereinbart. Die Anfangsbuchstaben für Bereiche müssen in logischer, alphabetischer Reihenfolge eingegeben werden.

Zum Beispiel:

unlogisch und unzulässig: `DEFINT B-A`

logisch und zulässig: `DEFINT A-B`

Sollen nur Variablen mit einem Anfangsbuchstaben definiert werden, so wird die Angabe "Anfangsbuchstabe 2" weggelassen. An die Anweisung DEFINT können beliebig viele Bereiche angehängt werden; sie müssen durch Kommas voneinander getrennt werden und dürfen sich nicht überschneiden, sie können aber in beliebiger Reihenfolge gelistet werden.

Die Variablen können durch eine CHAIN-Anweisung mit dem Parameter ALL an ein anderes Programm übergeben werden. Dabei bleibt der durch DEFINT vereinbarte Variablentyp "Integer-Variable" erhalten. Bei Benutzung der COMMON-Anweisung müssen die Variablen neu definiert werden.

Hinweis: Wurde z.B. durch DEFINT W die Variable WERT als WERT% vereinbart, so können WERT und WERT% nicht mehr unterschieden werden. Eine Änderung von WERT führt automatisch zu einer Änderung von WERT%.

Fehler:

```
Syntax error
```

Sie haben Variablenbereiche nicht alphabetisch richtig eingegeben oder den Leerschritt zwischen dem Befehlswort und der ersten Variablen vergessen.

Beispiele:

```
10 DEFINT G-M
10 DEFINT F
10 DEFINT M,K,G,P
10 DEFINT K-N,H,A-F,W-Z
```

Verweise:

Befehl	Seite	Befehl	Seite
CHAIN	105	DEFDBL	317
COMMON	199	DEFSNG	324

DEFSNG

Befehl ■
Funktion □
Operator □
Systemvariable □

Funktion:

Variable als einfach genaue Variable definieren.

Syntax:

```
DEFSNG Anfangsbuchstabe1 - Anfangsbuchstabe2
```

Beschreibung:

Die in einem Programm zu verarbeitenden Variablen können mit dieser Anweisung als einfach genaue Variablen vereinbart werden. Dazu muß neben DEFSNG eingegeben werden, welcher Variablenbereich zu vereinbaren ist. Dieser wird mit den Anfangsbuchstaben als Grenzen gekennzeichnet. Beispiel DEFSNGR – V: alle Variablen, deren Name mit R, S, T, U oder V beginnt und die keine Typkennzeichnung haben (%, !, $) werden als einfach genaue Variablen vereinbart. Die Anfangsbuchstaben für Bereiche müssen in logischer, alphabetischer Reihenfolge eingegeben werden.

Zum Beispiel:

unlogisch und unzulässig: `DEFSNG B-A`

logisch und zulässig: `DEFSNG A-B`

Sollen nur Variablen mit einem Anfangsbuchstaben definiert werden, so wird die Angabe "Anfangsbuchstabe 2" weggelassen. An die Anweisung DEFSNG können beliebig viele Bereiche angehängt werden; sie müssen durch Kommas voneinander getrennt werden und dürfen sich nicht überschneiden, sie können aber in beliebiger Reihenfolge gelistet werden.

Die Variablen können durch eine CHAIN-Anweisung mit dem Parameter ALL an ein anderes Programm übergeben werden. Dabei bleibt der durch DEFSNG vereinbarte Variablentyp (einfach genaue numerische Variable) erhalten. Bei Benutzung der COMMON-Anweisung müssen die Variablen neu definiert werden.

Hinweis: Wurde z.B. durch DEFSNG V die Variable BRUTTO als BRUTTO! (einfach genau) vereinbart, so können BRUTTO und BRUTTO! nicht mehr unterschieden werden. Eine Wertänderung von BRUTTO führt automatisch zu einer Wertänderung von BRUTTO!.

Fehler:

```
Syntax error
```

Sie haben Variablenbereiche nicht alphabetisch richtig eingegeben oder den Leerschritt zwischen dem Befehlswort und der ersten Variablen vergessen.

Beispiele:

```
10 DEFSNG G-M
10 DEFSNG F
```

```
10 DEFSNG N,K,H,P
10 DEFSNG L-N,H,A-D,W-Z
```

Verweise:

Befehl	Seite	Befehl	Seite
CHAIN	105	DEFDBL	317
COMMON	199	DEFINT	322

- ☐ Befehl
- ☐ Funktion
- ■ Operator
- ☐ Systemvariable

EQV

Funktion:

Zwei logische Ausdrücke verknüpfen (Bijunktion).

Syntax:

```
logischer Ausdruck EQV logischer Ausdruck
```

Beschreibung:

Werden zwei logische Ausdrücke oder Integer-Werte mit Hilfe des Operators EQV verbunden, wird eine Bit-für-Bit-Verknüpfung durchgeführt. Das heißt, die Äquivalenz der beiden Ausdrücke oder Werte wird überprüft. Das Ergebnis dieser EQV-Verknüpfung ist –1 (wahr), wenn beide Ausdrücke oder Werte äquivalent sind. 0 (falsch), wenn beide Ausdrücke oder Werte nicht äquivalent sind.

Dieser Operator kann auch in String-Operationen angewandt werden.

Beispiel:

```
10 INPUT "Wert A = ",A
20 INPUT "Wert B = ",B
30 INPUT "Wert C = ",C
40 C = A EQV B
50 IF A <B EQV C >3 THEN PRINT "wahr" ELSE PRINT "falsch"

RUN
Wert A =2
Wert B =3
Wert C = 4
falsch*101*
```

EXP

Befehl □
Funktion ■
Operator □
Systemvariable □

Funktion:

Eine Potenz mit der Basis e (Euler-Zahl) berechnen.

Syntax:

```
EXP(numerischer Ausdruck)
```

Beschreibung:

Der numerische Ausdruck wird berechnet, das Ergebnis als Exponent zur Basis e verwendet. Das Ergebnis dieser Potenz wird in einfacher Genauigkeit ausgegeben. Sofern bei Aufruf von GW-BASIC bzw. MS-BASIC die Option /D gewählt wurde, wird das Ergebnis in doppelter Genauigkeit ausgegeben.

Mit dem Ausdruck EXP(1) kann der Wert von e in einfacher Genauigkeit ausgegeben werden.

Soll e in doppelter Genauigkeit ausgegeben werden, so muß das über eine doppelt genaue Variable geschehen.

Fehler:

```
Syntax error
```

Beispiel:

```
10 X=1.5:Y=2.3
20 PRINT EXP(X+Y)

RUN
44.70119
```

Verweis:

Befehl	Seite	Befehl	Seite
DEFDBL	317		

FIX

Befehl ☐
Funktion ■
Operator ☐
Systemvariable ☐

Funktion:

Den ganzzahligen Teil eines numerischen Ausdrucks ausgeben.

Syntax:

```
FIX(numerischer Ausdruck)
```

Beschreibung:

Der numerische Ausdruck wird berechnet, alle Stellen nach dem Komma entfernt und der ganzzahlige Wert ohne Rundung ausgegeben.

Beispiel:

```
10 INPUT "X = ",X
20 INPUT "Y = ",Y
30 Z=X*Y
40 PRINT Z,FIX(Z)

RUN
X = 2.6789
Y = 0.7654
 2.05043
```

Verweis:

Befehl	Seite	Befehl	Seite
INT	334		

☐ **Befehl**
■ **Funktion**
☐ **Operator**
☐ **Systemvariable**

FN

Funktion:

Eine im Programm definierte Funktion (Anwenderfunktion) aufrufen.

Syntax:

```
FNVariablenname (Ausdruck1,Ausdruck2, ...)

FNString-Variable (Ausdruck1,Ausdruck2, ...)
```

Beschreibung:

Der Befehl FN ruft die Funktion auf, die vorher im Programm durch den Anwender definiert wurde (siehe DEF FN). Die in Klammern angegebenen Ausdrucke werden berechnet und entsprechend den Parametern (Parameter1, Parameter2,...) der DEF FN-Anweisung zugewiesen. Die Funktion FN wird berechnet. Der Typ der Ausdrucke muß mit dem vereinbarten Typ in der Parameterliste übereinstimmen.

Fehler:

```
Syntax error
```

Beispiel:

```
10 INPUT "A = ",A          :' )
20 INPUT "B = ",B          :' ) Werte eingeben
```

```
30 DEF FNG(X,Y)=X^3*Y  :'   Funktion (Gleichung)
                            definieren
40 H=FNG(A,B)          :'  Funktion anwenden
50 PRINT H             :' Ergebnis anzeigen

RUN
A = 123
B = 56.78
 1.0566E+08
```

Verweis:

Befehl	Seite	Befehl	Seite
DEF FN	**320**		

- ☐ **Befehl**
- ☐ **Funktion**
- ■ **Operator**
- ☐ **Systemvariable**

IMP

Funktion:

Zwei logische Ausdrücke verknüpfen (Subjunktion).

Syntax:

```
logischer Ausdruck IMP logischer Ausdruck
Integer-Wert IMP Integer-Wert
```

Beschreibung:

Mit Hilfe der IMP-Anweisung werden zwei logische Ausdruck miteinander verglichen, in eine "wenn-dann"-Beziehung gesetzt. Dabei wird der Wahrheitsgehalt der Beziehung überprüft. Das Ergebnis ist wahr, wenn beide Ausdrücke den gleichen Wahrheitswert haben oder die erste Aussage falsch ist. Das Ergebnis ist falsch, wenn die erste Aussage wahr und die zweite falsch ist. Aus dieser Darstellung ergibt sich, daß die Reihenfolge der zu überprüfenden logischen Aussagen oder Integer-Werte nicht vertauscht werden darf. Dieser Operator kann auch in String-Operationen angewandt werden.

Verweise:

Befehl	Seite	Befehl	Seite
AND	305	OR	338
EQV	327	XOR	347
NOT	337		

INT

Befehl ☐
Funktion ■
Operator ☐
Systemvariable ☐

Funktion:

Eine ganze Zahl aus einem numerischen Wert ermitteln.

Syntax:

```
INT(numerischer Ausdruck)
```

Beschreibung:

Die Funktion INT ermittelt aus einem angegebenen Zahlenwert oder numerischen Ausdruck den ganzzahligen Betrag. Der numerische Ausdruck wird berechnet und der ganzzahlige Betrag ausgegeben, der links vom numerischen Ausdruck auf dem Gaußschen Zahlenstrahl liegt (siehe Beispiel). Wird als numerischer Ausdruck ein ganzzahliger Wert eingegeben oder errechnet, ist dieser Wert = Ergebnis der INT-Funktion.

Beispiel:

```
10 X=INT (23.45678)
20 Y=INT (-2.9)
30 PRINT X,Y

RUN
 23          -3
```

- ☐ **Befehl**
- ■ **Funktion**
- ☐ **Operator**
- ☐ **Systemvariable**

LOG

Funktion:

Den Logarithmus zur Basis e eines numerischen Ausdrucks liefern.

Syntax:

```
LOG(numerischer Ausdruck)
```

Beschreibung:

Der in Klammern angegebene numerische Ausdruck wird berechnet und davon der natürliche Logarithmus zur Basis e ausgegeben. Der Wert des numerischen Ausdrucks muß >0 sein. Das Ergebnis wird in einfacher Genauigkeit ausgegeben, außer es wurde BASIC mit dem Parameter /D aufgerufen.

Beispiel:

```
10 INPUT "Y = ",Y
20 X = LOG(Y)
30 PRINT Y, X

RUN
Y = 23456.89
 23456.89        10.06292
```

MOD

Befehl □
Funktion □
Operator ■
Systemvariable □

Funktion:

Den Rest aus der Division zweier Integerwerte ermitteln.

Syntax:

```
Integer-Dividend MOD Integer-Divisor
```

Beschreibung:

Durch den Operator MOD wird bei der Division zweier Integerwerte der ganzzahlige Rest ermittelt.

Beispiel:

```
10 INPUT "A = ",A
20 INPUT "B = ",B
30 C=A MOD B
40 D=A/B
50 PRINT A;" : ":B;" = ";D
60 PRINT A;" MOD ";B;" = ";C
```

```
RUN
A = 123
B = 45.6
 123 : 45.6 = 2.697369
 123 MOD 45.6 = 31
```

Verweis:

Befehl	Seite	Befehl	Seite
INT	334		

- ☐ Befehl
- ☐ Funktion
- ■ Operator
- ☐ Systemvariable

NOT

Funktion:

Negation eines logischen Ausdrucks.

Syntax:

```
NOT logischer Ausdruck
NOT Integerwert
```

Beschreibung:

Der Operator NOT liefert den Wahrheitsgehalt einer negierten logischen Aussage:

Aussage wahr: Ergebnis = –1
Aussage falsch: Ergebnis = 0

Dieser Operator kann auch in String-Operationen angewandt werden.

Beispiel:

```
10 INPUT " X = ",X
20 IF NOT X < 100 THEN PRINT "X >= 100"

RUN
 X = 123
X >= 100
```

Verweise:

Befehl	Seite	Befehl	Seite
AND	305	OR	338
EQV	327	XOR	347
IMP	333		

OR

Befehl ☐
Funktion ☐
Operator ■
Systemvariable ☐

Funktion:

Zwei logische Ausdrücke mit der ODER-Verknüpfung verbinden (Disjunktion).

Syntax:

```
logischer Ausdruck1 OR logischer Ausdruck2
```

Beschreibung:

Mit Hilfe des Operators OR wird eine Verknüpfung als wahr (Wert = –1) erkannt, wenn einer der beiden logischen Ausdrücke wahr ist oder beide logischen Ausdrücke wahr sind. Das Ergebnis der Verknüpfung ist falsch (Wert = 0), wenn beide Ausdrücke falsch sind.

Dieser Operator kann auch in Stringoperationen angewandt werden.

Beispiel:

```
10 INPUT "X,Y = ",X,Y
20 IF X<10 OR Y>10 THEN PRINT "richtig":GOTO 40
30 PRINT "falsch"
40 END
```

```
RUN
X,Y = 4,15
richtig
```

Verweise:

Befehl	Seite	Befehl	Seite
AND	305	NOT	337
EQV	327	XOR	347
IMP	333		

SGN

Befehl ☐
Funktion ■
Operator ☐
Systemvariable ☐

Funktion:

Das Vorzeichen eines numerischen Ausdrucks ermitteln.

Syntax:

```
SGN(numerischer Ausdruck)
```

Beschreibung:

Der numerische Ausdruck wird berechnet, dann entsprechend der Größe des Ergebnisses mit der Funktion SGN ein Wert ermittelt und gespeichert. Wenn das Ergebnis des numerischen Ausdrucks

>0 ist, hat SGN den Wert +1
=0 ist, hat SGN den Wert 0
<0 ist, hat SGN den Wert –1

Die durch SGN ermittelten Werte (+1, –1, 0) können beispielsweise verwendet werden, um Sprungadressen auszuwählen.

Beispiel:

```
120 ON SGN(Y) + 1 GOTO 500,600,700
```

Ausführung: ist Y negativ : Sprungadresse = 500
ist Y = 0 : Sprungadresse = 600
ist Y positiv : Sprungadresse = 700

Verweise:

Befehl	Seite	Befehl	Seite
ON ... GOTO	261	ON ... GOSUB	258

SIN

Befehl ☐
Funktion ■
Operator ☐
Systemvariable ☐

Funktion:

Den Sinus eines Winkels im Bogenmaß ermitteln.

Syntax:

```
SIN(numerischer Ausdruck)
```

Beschreibung:

Die Funktion SIN, mit einem numerischen Ausdruck aufgerufen, ermittelt den Sinus dieses Wertes.

Das Ergebnis wird in einfacher Genauigkeit angegeben, sofern nicht BASIC mit der Option /D (doppelte Genauigkeit) aufgerufen wurde. Wird kein numerischer Ausdruck, sondern ein Wert (Argument) für die Funktion SIN benutzt, so ist dieser im Bogenmaß anzugeben.

Hinweis: Eine Anweisung zur Berechnung des Arcus-Sinus ist nicht vorhanden. Benutzen Sie dazu die Funktion:

```
ARCSIN(X) = ATN(X / SQR(-X * X + 1))
```

Beispiel:

```
10 X=SIN(12*.66)
20 PRINT X
```

```
RUN
 .9827484
```

Verweis:

Befehl	Seite	Befehl	Seite
ATN	307		

SQR

Befehl ☐
Funktion ■
Operator ☐
Systemvariable ☐

Funktion:

Positive Quadratwurzel eines numerischen Ausdrucks ermitteln.

Syntax:

```
SQR(numerischer Ausdruck)
```

Beschreibung:

Die Funktion SQR berechnet den numerischen Ausdruck und zieht aus dem Ergebnis die positive Quadratwurzel. Der Wert des numerischen Ausdrucks muß >=0 sein. Das Ergebnis hat einfache Genauigkeit, außer es wurde bei Aufruf von BASIC der Parameter /D gesetzt.

Fehler:

```
Illegal function call
```

Der Wert des numerischen Ausdrucks war kleiner 0.

Beispiel:

```
10 FOR I=2 TO 6
20     PRINT "Quadratwurzel aus ";I;" = ";SQR(I)
30 NEXT I
```

```
RUN
Quadratwurzel aus 2 = 1.414214
Quadratwurzel aus 3 = 1.732051
Quadratwurzel aus 4 = 2
Quadratwurzel aus 5 = 2.236068
Quadratwurzel aus 6 = 2.44949
```

TAN

Befehl ☐
Funktion ■
Operator ☐
Systemvariable ☐

Funktion:

Den Tangens eines Winkels im Bogenmaß ermitteln.

Syntax:

```
TAN(numerischer Ausdruck)
```

Beschreibung:

Geben Sie die Funktion TAN mit einem numerischen Ausdruck ein, wird der Wert dieses Ausdrucks als Bogenmaß interpretiert und der Tangens ermittelt. Das Ergebnis wird in einfacher Genauigkeit angegeben, sofern nicht BASIC mit der Option /D (doppelte Genauigkeit) aufgerufen wurde. Wird kein numerischer Ausdruck, sondern ein Wert (Argument) für die Funktion TAN benutzt, ist dieser im Bogenmaß anzugeben. TAN ist die Umkehrfunktion zu ATN.

Beispiel:

```
10 X=TAN(12*.67)
20 PRINT

RUN
-5.313665
```

Verweis:

Befehl	Seite	Befehl	Seite
ATN	307		

- ☐ Befehl
- ☐ Funktion
- ■ Operator
- ☐ Systemvariable

XOR

Funktion:

Zwei logische Ausdrücke mit der EXKLUSIV-ODER-Verknüpfung verbinden (Antivalenz-Verknüpfung).

Syntax:

```
logischer Ausdruck XOR logischer Ausdruck
```

Beschreibung:

Mit Hilfe des Operators XOR (Exklusiv-Oder) wird eine Verknüpfung als wahr (Wert = –1) erkannt, wenn einer der beiden logischen Ausdrücke richtig (wahr) ist. Sind beide Ausdrücke falsch oder beide richtig, so ist das Ergebnis der Verknüpfung falsch (Wert = 0)

Dieser Operator kann auch in String-Operationen angewandt werden.

Beispiel:

```
10 INPUT "X,Y ",X,Y
20 IF X<10 XOR Y>10 THEN PRINT "richtig":GOTO 40
30 PRINT "falsch"
40 END
```

```
RUN
X,Y 34,78
richtig
```

Verweise:

Befehl	Seite	Befehl	Seite
AND	305	OR	338
NOT	337		

Kapitel 7

Daten laden und speichern

VORBEMERKUNGEN

Alle Befehle und Anweisungen, die mit dem Laden und Speichern von Daten zu tun haben, sind hier beschrieben. Auf das Laden und Speichern von Programmen wird nur mit Verweisen auf das Kapitel 2 "Direktmodusbefehle" eingegangen.

Die hier zusammengefaßten Befehle und Anweisungen kann man in drei Bereiche gliedern:

1. Befehle zur Verwaltung des Arbeitsspeicherinhalts (BSAVE, CLEAR).

2. Befehle zur Dateiverwaltung (CLOSE, EOF, FIELD, GET(Random), LSET, OPEN, PUT(Random), RESET, RSET).

3. Befehle für die Datenübertragung (serielle Schnittstelle) (GET(Com), OPEN COM, PUT(Com)).

Da sich die Bereiche Laden und Speichern von Programmen und Daten nicht so ohne weiteres trennen lassen, sind Überschneidungen unvermeidbar. Sie finden also eine Reihe Befehle dazu auch im Kapitel 3 "Programme laden".

BEFEHLSZUSAMMENSTELLUNG DATEN LADEN UND SPEICHERN

Die in diesem Kapitel behandelten Befehle sind hier in einer Übersicht zusammengefaßt. Diese zeigt das Befehlswort und eine Kurzerklärung der Befehlsausführung. Querverweise auf andere, mit dem jeweiligen Befehl im Zusammenhang stehende Anweisungen finden Sie unter der ausführlichen Befehlsbeschreibung.

Befehlswort	Funktion
BSAVE	Einen Teil des Arbeitsspeicherinhalts als Datei speichern.
CLEAR	Alle Datenspeicher und Definitionen löschen, alle Dateien schließen und alle Puffer freigeben.
CLOSE	Externe Dateien auf dem aktuellen Laufwerk schließen.
EOF	Ende einer Datei oder eines Pufferinhalts abfragen.
FIELD	Einen Datenpuffer für eine Random-Datei aufbauen.
GET (Com)	Eine bestimmte Anzahl von Zeichen in den Schnittstellen-Puffer einlesen.
GET (Random)	Daten von der Diskette in den Datenpuffer einer Random-Datei lesen.
LOAD	Siehe Kapitel 2 "Direktmodusbefehle".

Befehlswort	Funktion
LSET	Einen String linksbündig einer Feldvariablen eines Random-Datei-Puffers oder einer Stringvariablen zuweisen.
OPEN	Eine Datei öffnen.
OPEN COM	Eine COM-Schnittstelle öffnen.
PUT(Com)	Eine bestimmte Anzahl Zeichen in den COM-Puffer schreiben.
PUT(Random)	Einen Datensatz aus dem Random-Dateipuffer in die Random-Datei auf der Diskette schreiben.
RESET	Alle restlichen Inhalte des Datei-Puffers auf die Diskette schreiben und offene Dateien schließen.
RSET	Einen String rechtsbündig einer Feldvariablen zuweisen.
SAVE	Siehe Kapitel 2 "Direktmodusbefehle".

BSAVE

Befehl ■
Funktion □
Operator □
Systemvariable □

Funktion:

Einen Teil des Arbeitsspeicherinhalts als Datei speichern.

Syntax:

```
BSAVE "Laufwerk:Pfadname\Dateiname",n,Länge
```

Beschreibung:

Mit diesem Befehl werden z.B. Assembler-Routinen vom Arbeitsspeicher auf Diskette gespeichert. Die gespeicherte Datei auf der Diskette ist eine "Byte-für-Byte-Kopie" des jeweiligen Arbeitsspeicherinhalts.

Nach dem Befehl BSAVE ist das Laufwerk, auf dem gespeichert werden soll, anzugeben. Sofern es sich um das aktuelle Laufwerk handelt, kann die Bezeichnung entfallen. Der Dateiname und gegebenenfalls der Pfadname sind vollständig anzugeben.

Für "n" ist die Segmentadresse einzusetzen, die bei der letzten DEF SEG-Anweisung definiert wurde. Für "Länge" ist mit einem Integer-Ausdruck die Länge des zu speichernden Inhalts anzugeben (1 – 65535).

Beispiel:

```
10 DEF SEG = &HF000
20 BSAVE "TSTPRG",&HF000,256
```

Verweise:

Befehl	Seite	Befehl	Seite
BLOAD	101	DEF SEG	214

CLEAR

Befehl ■
Funktion □
Operator □
Systemvariable □

Funktion:

Alle Datenspeicher und Definitionen löschen, alle Dateien schließen und alle Puffer freigeben.

Syntax:

```
CLEAR ,höchste Arbeitsspeicheradresse,Stack-Größe
```

Beschreibung:

Alle Daten im Arbeitsspeicher werden gelöscht, einschließlich der Variablen, die durch eine COMMON-Anweisung weitergereicht werden sollen. Alle numerischen Variablen haben den Wert 0, alle Stringvariablen enthalten einen Leerstring (""). Felderdimensionierungen sind ebenfalls gelöscht. Alle Dateien werden geschlossen.

Mit Hilfe der Option "höchste Arbeitsspeicheradresse" kann festgelegt werden, bis zu welcher Adresse im Arbeitsspeicher Platz zur Verfügung gestellt werden soll. Voreingestellter Wert ist der maximal für GW-BASIC bzw. MS-BASIC verwendbare Speicherplatz. Für "höchste Arbeitsspeicheradresse" ist ein numerischer Wert einzugeben.

Mit der Option "Stack-Größe" wird der Wert für den Stackspeicher (Teil des Arbeitsspeichers) eingestellt.

Voreinstellung dieses Wertes: 128 Bytes oder 1/8 des für GW-BASIC freien Speicherplatzes; der kleinere Wert wird eingestellt. Wird für eine Option eine 0 eingegeben, so wird der Voreinstellungswert verwendet.

Soll der Wert "höchste Arbeitsspeicheradresse" rückgängig gemacht werden, so muß das BASIC erneut aufgerufen werden. Eine definierte Stack-Größe kann nur durch eine neue Stack-Anweisung oder erneuten Aufruf des GW-BASIC bzw. MS-BASIC geändert werden. Das gilt auch, wenn ein neues BASIC-Programm aufgerufen wird.

Hinweis: GW-BASIC stellt Speicherplatz dynamisch zur Verfügung, d.h. bei mehr Speicherbedarf wird auch mehr Speicher bereitgestellt. Die Fehlermeldung "Out of string-space" erscheint nur bei Computern mit geringer Speicherkapazität.

Fehler:

```
Syntax error

Out of string-space
```

Beispiel:

```
CLEAR ,32768
CLEAR ,,2000
CLEAR ,32768,2000
```

Verweis:

Befehl	Seite	Befehl	Seite
COMMON	199		

CLOSE

Befehl ■
Funktion □
Operator □
Systemvariable □

Funktion:

Externe Dateien auf dem aktuellen Laufwerk schließen.

Syntax:

```
CLOSE #Kanalnummer1,#Kanalnummer2, ...
```

Beschreibung:

Die Anweisung CLOSE schließt die entsprechenden Dateien, die über die angegebenen Zuordnungsnummern ("Kanalnummern") geöffnet wurden. Die Kanalnummer kann als numerischer Ausdruck angegeben werden. Ist keine Nummer angegeben, so werden alle Datenpuffer freigegeben, alle Datenfiles geschlossen und noch im Speicher befindliche Daten vor dem Schließen in die Datei geschrieben, wenn

- eine sequentielle Datei im Output ("O") oder
- eine Random-Datei den Befehl PUT ausführt.

Nach Ausführung des Befehls CLOSE wird die entsprechende Kanalnummer, der Datenkanal, wieder freigegeben. Werden mit CLOSE andere Speicher (Druckerspeicher LPT.., RS232-Schnittstelle COM ..) freigegeben, so sind danach Anweisungen wie PRINT# oder INPUT# nicht mehr möglich.

Hinweis: Folgende Anweisungen bewirken automatisch ein Schließen der Dateien (wie CLOSE):

- END, CLEAR, CHAIN MERGE, NEW, RUN.
- Auch RESET führt zum Schließen der Dateien. (STOP und CTRL BREAK schließen Dateien nicht!)

Fehler:

```
Syntax error
```

Beispiel:

```
10 CLOSE #1,#2
10 CLOSE #1
10 CLOSE
```

Verweise:

Befehl	Seite	Befehl	Seite
CLEAR	354	NEW	82
CHAIN	105	PUT	495
END	126	RUN	90
EOF	220		

EOF

Befehl ☐
Funktion ■
Operator ☐
Systemvariable ☐

Funktion:

Ende einer Datei oder eines Pufferinhalts abfragen.

Syntax:

```
EOF (Kanalnummer)
```

Beschreibung:

Wird mit der Leseanweisung INPUT# oder LINE INPUT# oder mit der Funktion INPUT$(...,#Kanalnummer) das Ende der Datei gefunden, so liefert die Anweisung EOF den Wert –1. Bei Random-Dateien wird der Wert –1 angegeben, wenn die zuletzt durchgeführte Anweisung GET nach dem Ende der Datei gelesen hat.

Fehler:

```
Input past end
```

Eine INPUT-Anweisung wurde ohne die EOF-Anweisung benutzt und dabei über das Ende der Datei hinaus gelesen.

Beispiel:

```
10 DIM A(100)               :' Matrix dimensionieren
20 OPEN "i",1,"Kunden.dat"  :' Datei öffnen
```

```
30 I=0                      :' Zähler = 0
40 IF EOF (1) THEN END      :' bei Dateiende beenden
50 INPUT #1,A(I)            :' Daten einlesen
60 I=I+1:GOTO 40            :' ab Zeile 40 wiederholen
```

Verweise:

Befehl	Seite	Befehl	Seite
INPUT#	**182**	**LINE INPUT#**	**189**
INPUT$	**184**		

FIELD

Befehl ■
Funktion □
Operator □
Systemvariable □

Funktion:

Einen Datenpuffer für eine Random-Datei aufbauen.

Syntax:

```
FIELD #(Kanalnummer),(Feldlängel) AS (Feldvariablel),
                     (Feldlänge2) AS (Feldvariable2),..
```

Beschreibung:

Mit dem Befehl FIELD wird der Aufbau des Datenpuffers einer Random-(Direktzugriffs)-Datei und auch der Aufbau eines Datensatzes strukturiert. Voraussetzung für die Verwendung des FIELD-Befehls ist die genaue Kenntnis des Datensatzes und seiner Struktur, d.h. die Länge des gesamten Datensatzes und die Längen der einzelnen Eintragungen (Felder) müssen vorher ermittelt werden.

Die Gesamtlänge aller Felder darf nicht größer sein als die im Befehl OPEN festgelegte Dateilänge (siehe OPEN). Ist die Gesamtsumme aller Feldlängen kleiner, so wird kein Fehler gemeldet, aber es kann nur der in den einzelnen Feldlängen festgelegte Speicherplatz verwendet werden, nicht die mit OPEN eingegebene Dateilänge.

Die Kanalnummer ist mit 1 bis 15 einzugeben, diese Eingabe kann auch mit Hilfe eines numerischen Ausdrucks geschehen. Die Feldlänge wird durch einen Zahlenwert oder numerischen Ausdruck eingegeben, dessen Wert größer als 0 sein muß, aber kleiner oder gleich der Gesamtlänge des Datensatzes. Werden mehrere Feldlängen eingegeben, kann logischerweise jede einzelne nur kleiner als die Gesamtlänge sein. Es können mehrere Feldlängen eingegeben werden.

Ist auf Grund des Befehls FIELD ... im Datenpuffer ein Platz für diese Datei reserviert, so kann nun jedes Feld mit dem vereinbarten Feldvariablen-Namen angesprochen werden. Die im Random-Datenpuffer abzulegenden Daten müssen als Strings vorliegen, da sie nur in dieser Form gespeichert werden können. Dazu ist es notwendig, alle einzugebenden Daten in Strings umzuwandeln bzw. alle auszulesenden Daten aus einem String in die Ursprungsform zurückzuverwandeln (siehe MKD$, MKI$, MKS$, CVD, CVI, CVS).

Für die Übertragung der Daten aus dem Datenpuffer auf die Diskette oder Festplatte wird der Befehl PUT, für das Lesen von der Diskette in den Datenpuffer der Befehl GET verwendet.

Sollen zwei verschiedene Dateien geöffnet sein, so dürfen in den jeweiligen Anweisungen keine Feldvariablen-Namen vorkommen, die in beiden Dateien verwendet werden. Für eine Datei können mehrere verschiedene FIELD-Anweisungen mit denselben Feldvariablen-Namen und unterschiedlichen Feldlängen verwendet werden. Allerdings muß die Gesamtlänge des Datensatzes eingehalten werden.

Hinweis: Nach einer FIELD-Anweisung dürfen die Inhalte der Feldvariablen nur noch durch die Befehle

LSET, RSET und GET verändert werden. Die Verwendung der Befehle LET und INPUT führt zu Fehlern beim Schreiben der Feldvariablen-Inhalte in die Datei.

Fehler:

```
Syntax error
```

```
FIELD Overflow
```

Die Gesamtsumme der Feldlängen entspricht nicht der im OPEN-Befehl angegebenen Dateilänge.

Beispiel:

```
30 OPEN "R", #1, "mitglied.dat",68:' Random-Datei
                                          öffnen
40 FIELD #1, 4 AS F1$,20 AS F2$,18 AS F3$,20 AS
             F4$,6 AS F5$ : 'Datenfelder anlegen
```

Verweise:

Befehl	Seite
CVD	201
CVI	203
CVS	205
MKD$	251
MKI$	253
MKS$	255
LSET	367
RSET	380
OPEN	369
PUT# (RANDOM)	427
GET# (RANDOM)	364

■ Befehl
□ Funktion

GET (COM)

Funktion:

Eine bestimmte Anzahl von Zeichen in den Schnittstellen-Puffer einlesen.

Syntax:

```
GET #Kanalnummer, Zeichenanzahl
```

Beschreibung:

Sollen Daten über eine serielle Schnittstelle eingelesen werden, so muß mit dem Befehl GET die Nummer des Datenkanals angegeben werden, der bei der Anweisung OPEN COM benutzt wurde. Mit der Zeichenanzahl wird festgelegt, wie viele Zeichen einzulesen sind. Dieser numerische Ausdruck kann nicht größer sein als die bei OPEN COM vereinbarte Zeichenanzahl. Die in den Schnittstellen-Puffer eingelesenen Zeichen können mit den Anweisungen INPUT$, INPUT# oder LINE INPUT# den Variablen zugewiesen werden.

Beispiel:

```
100 GET #2,80
```

Verweise:

Befehl	Seite	Befehl	Seite
INPUT$	184	LINE INPUT#	189
INPUT#	182	OPEN COM	374

GET (RANDOM)

Befehl ■
Funktion □
Operator □
Systemvariable □

Funktion:

Daten von der Diskette in den Datenpuffer einer Random-Datei lesen.

Syntax:

```
GET #Kanalnummer,Satznummer
```

Beschreibung:

Mit Hilfe dieses Befehls wird ein Datensatz (Record) von der Diskette in den Datenpuffer der Random-Datei gelesen. Dabei wird dieser Datensatz gemäß der FIELD-Anweisung in die Feldvariablen eingeteilt und jeder Variablen die vereinbarte Bytes-Anzahl zugewiesen. Es werden insgesamt so viele Bytes in den Datenpuffer übertragen, wie in der OPEN-Anweisung mit der Satzlänge festgelegt wurde.

Die mit MKI$, MKS$ und MKD$ zu numerischen Werten konvertierten Stringausdrücke werden mit CVI, CVS und CVD zurückverwandelt.

Die für Satznummer eingebene Zahl muß mindestens 1 und darf höchstens 16777215 betragen. Mit der Funktion LOC kann die letzte abgefragte Satznummer angezeigt werden, mit der Funktion LOF wird die Größe der Datei in Bytes angezeigt (siehe auch LOC und LOF).

Fehler:

```
Input past end
```

Mit Hilfe des Befehls GET wurde über das Ende der Datei hinaus gelesen, weil das Ende der Datei nicht gefunden wurde.

```
Bad record number
```

Als Satznummer wurde der Wert 0 eingeben.

Beispiel:

```
30 OPEN "R", #1, "mitglied.dat",68 :' Random-Datei
                                        öffnen
40 FIELD #1, 4 AS F1$,20 AS F2$,18 AS F3$,20 AS F4$,6 AS
             F5$ :' Felder anlegen
50 FOR SATZNR = 1 to 5      :' Zählschleife SATZNR Anfang
60     GET #1,SATZNR        :' Datensatz mit Nr. SATZNR
                               einlesen
70     PRINT F1$,F2$,F3$,F4$,F5$   :' Datensatz anzeigen
80 NEXT SATZNR              :' Zählschleife SATZNR Ende
```

Verweise:

Befehl	Seite	Befehl	Seite
CVD	201	LOF	403
CVI	203	MKD$	251
CVS	205	MKI$	253
EOF	220	MKS$	255
FIELD	360	OPEN	369
LOC	398		

LOAD

Befehl ■
Funktion □
Operator □
Systemvariable □

Funktion:

Ein Programm oder eine Datei von der Diskette/Festplatte in den Arbeitsspeicher laden.

Syntax:

```
LOAD "Laufwerk:Pfadname\Dateiname",R
```

Beschreibung:

Siehe Kapitel 2 "Direktmodus-Befehle".

- ■ **Befehl**
- □ **Funktion**
- □ **Operator**
- □ **Systemvariable**

LSET

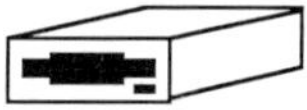

Funktion:

Einen String linksbündig einer Feldvariablen eines Random-Datei-Puffers oder einer Stringvariablen zuweisen.

Syntax:

```
LSET Feldvariable = Stringausdruck
LSET Stringvariable = Stringausdruck
```

Beschreibung:

Der Stringausdruck wird linksbündig in das entsprechende Feld bzw. in die Stringvariable geschrieben, und alle freien "Plätze" werden mit Leerzeichen aufgefüllt. Sollte der der Feldvariablen oder Stringvariablen zugewiesene Stringausdruck länger als die Variablenlänge sein, so werden die überzähligen Zeichen des Stringausdrucks abgeschnitten. Numerische Werte müssen erst in Strings umgewandelt werden, bevor sie mit LSET zugewiesen werden können (siehe MKD$, MKI$ und MKS$).

Hinweis: Ist die Länge der Feldvariablen oder Stringvariablen nicht zuvor festgelegt worden, können nur so viele Zeichen mit LSET in das Feld geschrieben werden, wie vor der Zuweisung in dem Feld gestanden haben. War der Stringinhalt zuvor ein Leerstring, hatte also den Inhalt "", dann können auch nur 0 Zeichen, also keine zugewiesen werden! Die gewünschte Länge kann vorher mit der folgenden Anweisung erzeugt werden:

```
Stringvariable$=SPACE$(Feldlänge%)
```

Geben Sie für Feldlänge% die gewünschte Anzahl der Zeichen ein.

Beispiel:

```
10 A$ = "GWBASIC"
15 CODE$=SPACE$(10)
20 LSET CODE$=A$
30 PRINT CODE$

RUN
GWBASIC
```

Verweise:

Befehl	Seite	Befehl	Seite
CVD	201	MKI$	253
CVI	203	MKS$	255
CVS	205	SPACE$	434
MKD$	251		

■ Befehl
□ Funktion
□ Operator
□ Systemvariable

OPEN

Funktion:

Eine sequentielle oder Random-Datei öffnen.

Syntax:

Zugriff auf sequentielle Datei:

```
OPEN "Stringausdruck",#Kanalnummer,"Dateiname"
```

Nur GW-BASIC:

```
OPEN "Dateiname" FOR Zugriffsart AS #Kanalnummer
```

Zugriff auf Random-Datei:

```
OPEN "R",#Kanalnummer,"Dateiname",Satzlänge
```

Nur GW-BASIC:

```
OPEN "Dateiname" AS #Kanalnummer LEN = Satzlänge
```

Beschreibung:

Für den Zugriff auf sequentielle Dateien gibt es für alle BASIC-Versionen die Möglichkeit:

```
OPEN "Stringausdruck",#Kanalnummer,"Dateiname"
```

Je nach Aufgabe, die mit der Datei auszuführen ist, setzt man für den "Stringausdruck" ein:

"I" Datei öffnen, um Datensätze von der Diskette über den Datenkanal in den Puffer zu lesen (Lesen mit INPUT#).

"O" Datei öffnen, um Datensätze aus dem Puffer über den Datenkanal auf die Diskette zu schreiben (Schreiben mit WRITE#).

"A" Datei öffnen, um Datensätze an das bisherige Ende der Datei über den Datenkanal anzufügen (Schreiben mit WRITE#). Diese Möglichkeit existiert nicht in allen BASIC-Versionen. Der Parameter Kanalnummer bezeichnet den Datenkanal, über den die Daten von der Diskette in den Datenpuffer und umgekehrt bewegt werden.

Unter MS-DOS stehen 15 Datenkanäle zur Verfügung. Sie werden mit den Nummern 1 bis 15 bezeichnet. Für alle Lese- und Schreibvorgänge muß der gleiche Datenkanal verwendet werden, über den die Datei geöffnet wurde.

Nur für GW-BASIC:

Für GW-BASIC gibt es eine weitere Möglichkeit, sequentielle Dateien zu öffnen:

```
OPEN "Dateiname" FOR Zugriffsart AS #Kanalnummer
```

Diese Art der Dateiöffnung unterscheidet sich nur in der Schreibweise. Auch hier muß die Datei für jeden speziellen Vorgang, wie Lesen, Schreiben oder Anhängen von Datensätzen geöffnet werden.

Für Zugriffsart setzen Sie ein:

INPUT Datei öffnen, um Datensätze von der Diskette über den Datenkanal in den Puffer zu lesen (Lesen mit INPUT#).

OUTPUT Datei öffnen, um Datensätze aus dem Puffer über den Datenkanal auf die Diskette zu schreiben (Schreiben mit WRITE#).

APPEND Datei öffnen, um Datensätze an das bisherige Ende der Datei über den Datenkanal anzufügen (Schreiben mit WRITE#).

Hier muß ebenfalls für den Parameter Kanalnummer ein Wert von 1 bis 15 für den Datenkanal eingesetzt werden.

Unter BASIC kann eine weitere Dateiart benutzt werden, die Direkt-Zugriffsdatei (Random-Datei). Die Arbeit mit einer Random-Datei ist erheblich einfacher, da hier nur eine Bearbeitungsart vorhanden ist. Diese Dateiart sollte immer dann benutzt werden, wenn häufige Änderungen oder Zugriffe auf einzelne Datensätze notwendig sind. Nachteilig ist, daß Random-Dateien erheblich mehr Platz benötigen, da sie mit festgelegten Feldlängen arbeiten. Für alle BASIC-Versionen gilt

```
OPEN "R",#Kanalnummer,"Dateiname",Satzlänge
```

Mit dem Zusatz "R" (Random-Datei öffnen), können alle Tätigkeiten ausgeführt werden: Datensätze über den Datenkanal in den Puffer lesen oder auf die Diskette schreiben (Lesen: GET#, Schreiben: PUT#). Neben dem Namen der Datei und der Datenkanalnummer ist die Länge eines Datensatzes anzugeben. Diese wird aus den Längen der einzelnen Datenfelder addiert. Sehen Sie dazu mehr in der Befehlsbeschreibung FIELD.

Wenn Sie die Satzlänge weglassen, werden automatisch 128 Zeichen angenommen.

Nur GW-BASIC:

Für GW-BASIC gibt es eine zusätzliche Befehlsform für die Bearbeitung von Random-Dateien:

```
OPEN "Dateiname" AS #Kanalnummer LEN = Satzlänge
```

Dateiname, Kanalnummer und Satzlänge sind, wie oben beschrieben, einzugeben.

Fehler:

```
File already open
```

Sie haben den Befehl OPEN zum zweitenmal gegeben, eventuell durch einen Rücksprung.

```
File not found
```

Die im OPEN-Befehl angegebene Datei ist nicht oder auf dem angegebenen Laufwerk nicht vorhanden.

Beispiel:

```
30 OPEN "R", #1, "mitglied.dat",68 :' Random-Datei
                                       öffnen
40 FIELD #1, 4 AS F1$,20 AS F2$,18 AS F3$,20 AS F4$,6 AS
            F5$ :' Felder anlegen
50 FOR SATZNR = 1 to 5  :' Zählschleife SATZNR Anfang
60     GET #1,SATZNR    :' Datensatz mit Nr. SATZNR
                           einlesen
70     PRINT F1$,F2$,F3$,F4$,F5$   :' Datensatz anzeigen
80 NEXT SATZNR          :' Zählschleife SATZNR Ende
```

```
10 OPEN"O",#1,"ADRESSEN.DAT" :' sequent. Daten für
                                 Output öffnen
20 FOR I = 1 TO 10           :' Zählschleife I Anfang
30     WRITE #1,N$(I)        :' Daten in Datei schreiben
40 NEXT I                    :' Zählschleife I Ende
50 CLOSE                     :' Datei schließen
```

Verweise:

Befehl	Seite
FIELD	360
GET# (Random-Datei)	364
PRINT#	422
PUT# (Random Datei)	427
WRITE#	455

OPEN COM

Befehl ■
Funktion □
Operator □
Systemvariable □

Funktion:

Eine COM-Schnittstelle öffnen.

Syntax:

```
OPEN "COMn:Baud,Stringausdruck,Bit,Stop,Option"
    FOR Modus AS #Kanalnummer LEN = Zeichenanzahl

OPEN "COMn:Baud,Stringausdruck,Bit,Stop,Option"
              AS #Kanalnummer LEN = Zeichenanzahl
```

Beschreibung:

Mit der Anweisung OPEN COM wird der mit Kanalnummer bezeichnete Datenkanal für die serielle Datenübertragung geöffnet. Die innerhalb der Anführungsstriche angegebenen Parameter können gesetzt werden. Werte, die nicht angegeben werden, nehmen den Voreinstellungswert an. Folgende Auswahl ist möglich:

n	Nummer der seriellen Schnittstelle (n = 1 bis 4).
Baud	Geschwindigkeit der Datenübertragung in Baud (1 Baud = 1 Bit pro Sekunde) mögliche Werte: 75, 110, 150, 300, 600, 1200, 1800, 2400, 4800, 9600; Voreinstellung: 300.

Stringausdruck Paritätsfestlegung für die Übertragung.

Mögliche Werte:

E Beim Senden wird das Paritätsbit so gesetzt, daß eine gerade Parität entsteht. Beim Empfang erfolgt eine Fehlerprüfung.

M Das Paritätsbit ist gleich 1.

N Beim Senden wird kein Paritätsbit gesetzt, keine Fehlerprüfung beim Empfang.

O Beim Senden wird das Paritätsbit so gesetzt, daß eine ungerade Parität entsteht. Beim Empfang erfolgt eine Fehlerprüfung.

S Das Paritätsbit ist gleich 0.

Bit Legt die Anzahl der Bits pro Zeichen fest. Mögliche Werte: 5, 6, 7 und 8. Voreinstellung: 7.

Stop Festlegen der Stopbit-Anzahl, die nach jedem Zeichen zu senden ist. Mögliche Werte: 1, 1.5, 2. Voreinstellung: Für Baudraten 75 und 110: 2, für alle anderen: 1.

Option:

RS Setzt man RS, wird das Signal RTS (Request To Send) unterdrückt.

CSZeit	Wartet auf das Signal CTS (Clear To Send) vom Peripheriegerät. Für den Parameter Zeit ist die Wartezeit in Millisekunden anzugeben. Mögliche Werte: 0 bis 65535. Voreinstellung: 1000.
DSZeit	Wartet auf das Signal DSR (Data Set Ready) vom Peripheriegerät. Für den Parameter Zeit ist die Wartezeit in Millisekunden anzugeben. Mögliche Werte: 0 bis 65535. Voreinstellung: 1000.
CDZeit	Wartet auf das Signal CD (Carrier Detect). Für den Parameter Zeit ist die Wartezeit in Millisekunden anzugeben. Mögliche Werte: 0 bis 65535. Voreinstellung: 0.
BIN	Die empfangenen Daten werden als Binärdaten behandelt. Das Zeichen CTRL Z wird nicht als Dateiende benutzt.
ASC	Die empfangenen Daten werden als ASCII-Daten behandelt. Das Zeichen CTRL Z wird als Dateiende benutzt.
LF	Nach jedem CR (Carriage Return) wird ein Line Feed ausgeführt.

Die Optionen können kombiniert verwendet werden, soweit sie sich nicht logisch ausschließen.

Modus:

INPUT	Sequentielle Daten empfangen.
OUTPUT	Sequentielle Daten senden.

Wird die Anweisung FOR Modus weggelassen, sendet und empfängt die Schnittstelle im sogenannten Random-Modus, also Input und Output gleichzeitig.

#Kanalnummer
Der Parameter Kanalnummer bezeichnet den Datenkanal, über den die Daten zwischen dem COM-Puffer und der Schnittstelle bewegt werden. Unter MS-DOS stehen 15 Datenkanäle zur Verfügung.

Sie werden mit den Nummern 1 bis 15 bezeichnet. Für alle Lese- und Schreibvorgänge muß der gleiche Datenkanal verwendet werden, über den die Schnittstelle geöffnet wurde.

Zeichenanzahl
Die Zeichenanzahl wird als Satz übertragen.

Der Wert kann nicht größer sein, als der mit Option /C beim Aufruf von BASIC eingegebene Wert. Voreinstellung: Input 256 Bytes, Output 128 Bytes.

Beispiel:

```
10 OPEN "COM2:4800,E,6,2,ASC" FOR OUTPUT AS #1 LEN=150
```

Über die serielle Schnittstelle 2 werden mit der Baudrate 4800, gerader Parität, 6 Bits pro Zeichen, 2

Stopbits nach jedem Zeichen ASCII-Daten über den Datenkanal 1 gesendet, Zeichenanzahl (Satzlänge) = 150.

Verweise:

Befehl	Seite	Befehl	Seite
GET (Com)	363	PRINT#	422
INPUT$	184	PRINT# USING	425
INPUT#	182	PUT (Com)	430
LINE INPUT#	189		

■ **Befehl**
□ **Funktion**
□ **Operator**
□ **Systemvariable**

RESET

Funktion:

Alle restlichen Inhalte des Datei-Puffers auf die Diskette schreiben und offene Dateien schließen.

Syntax:

```
RESET
```

Beschreibung:

Der Befehl RESET bewirkt, daß alle noch im Datei-Puffer stehenden Daten über den vorher benutzten Datenkanal auf die Diskette geschrieben werden und alle noch offenen Dateien aller Inhaltsverzeichnisse geschlossen werden. Der Befehl RESET hat die gleiche Wirkung wie die Anweisung CLOSE ohne weitere Parameter, allerdings werden bei CLOSE nur die Dateien im aktuellen Laufwerk und im aktuellen Inhaltsverzeichnis geschlossen.

Verweise:

Befehl	Seite	Befehl	Seite
CLOSE	356	PRINT#	422

RSET

Befehl ■
Funktion □
Operator □
Systemvariable □

Funktion:

Einen String rechtsbündig einer Feldvariablen zuweisen.

Syntax:

```
RSET Feldvariable=Stringausdruck
RSET Stringvariable=Stringausdruck
```

Beschreibung:

Der Stringausdruck wird rechtsbündig in das durch "Feldvariable" definierte Feld eines Random-Datei-Puffers geschrieben. Die freien Plätze links vom Stringausdruck werden bis zur linken Feldgrenze mit Leerzeichen (Blanks) aufgefüllt. Der gleiche Vorgang findet bei der Zuweisung eines Stringausdrucks zu einer Stringvariablen statt.

Hat der Stringausdruck mehr Zeichen, als in der Feldvariablen bzw. der Stringvariablen Platz haben, werden die überzähligen Zeichen rechts abgeschnitten. Numerische Werte müssen zuerst mit MKI$, MKS$ oder MKD$ in Strings umgewandelt werden, bevor sie mit RSET in den Random-Datei-Puffer geschrieben werden können.

Hinweis: Ist die Länge der Feldvariablen oder Stringvariablen nicht zuvor festgelegt worden, können nur so viele Zeichen mit RSET in das Feld geschrieben werden, wie vor der Zuweisung in dem Feld gestanden haben. War der Stringinhalt zuvor ein Leerstring, hatte also den Inhalt "", dann können auch nur 0 Zeichen – also keine – zugewiesen werden! Die gewünschte Länge kann vorher mit der folgenden Anweisung erzeugt werden:

```
Stringvariable$=SPACE$(Feldlänge%)
```

Geben Sie für Feldlänge% die gewünschte Anzahl der Zeichen ein.

Beispiel:

```
10 A$ = "GWBASIC"
20 CODE$=SPACE$(10)
30 RSET CODE$=A$
40 PRINT

RUN
   GWBASIC
```

Verweise:

Befehl	Seite	Befehl	Seite
CVD	201	MKD$	251
CVI	203	MKI$	253
CVS	205	MKS$	255
FIELD	360	SPACE$	434

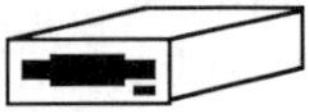

SAVE

Befehl ■
Funktion □
Operator □
Systemvariable □

Funktion:

Ein BASIC-Programm oder eine Textdatei mit Zeilennummern auf Diskette/Festplatte speichern.

Syntax:

```
SAVE "Laufwerk:Pfadname\Dateiname",A
SAVE "Laufwerk:Pfadname\Dateiname",P
```

Beschreibung:

Siehe Kapitel 2 "Direktmodus-Befehle".

Kapitel 8

Daten ausgeben

VORBEMERKUNGEN

Einer der Bereiche, in dem BASIC eine großes Angebot an Befehlen und Anweisungen bereitstellt, sind die Ausgabe-Befehle. Es gibt wohl für fast jedes denkbare Problem der Datenausgabe eine Lösung. Sie können

- Zu jedem Zeichen den ASCII-Code und zu jedem ASCII-Code das zugehörende Zeichen ausgeben lassen,
- alle Zahlenwerte zwischen dezimal, hexadezimal und oktal umrechnen,
- die aktuelle Cursorposition ermitteln lassen,
- Daten auf dem Bildschirm an bestimmten Stellen oder in bestimmten Formaten ausgeben lassen,
- ASCII-Codes bestimmter Stellen des Arbeitsspeichers und Speicheradressen von Variablen abfragen lassen,
- Daten auf den Drucker ausgeben lassen.

Zu allen Befehlsbeschreibungen sind Fehlermöglichkeiten und ihre Ursachen angegeben. Für alle Anweisungen und Befehle, die auf extern angeschlossene Geräte (Drucker, serieller Anschluß zur Datenübertragung) wirken, soll hier aber gesagt sein, daß Sie dafür sorgen müssen, daß der Anschluß des betreffenden Gerätes fehlerfrei funktioniert. Es kann sonst beim Versuch der Datenübertragung zu Datenverlusten kommen. Möglicherweise sind diese Daten dann nur schwer zu ersetzen.

BEFEHLSZUSAMMENSTELLUNG DATEN AUSGEBEN

Die in diesem Kapitel behandelten Befehle sind hier in einer Übersicht zusammengefaßt. Diese zeigt das Befehlswort und eine Kurzerklärung der Befehlsausführung. Querverweise auf andere, mit dem jeweiligen Befehl im Zusammenhang stehende Anweisungen finden Sie unter der ausführlichen Befehlsbeschreibung.

Befehlswort	Funktion
ASC	Die Code-Nummer des ersten Zeichens eines Stringausdrucks angeben.
BEEP	Siehe Kapitel 4 "Programme gestalten".
CHR$	Ein Zeichen mit dem angegebenen ASCII-Code ausgeben.
CSRLIN	Die aktuelle Cursor-Zeilenposition ausgeben.
HEX$	Den hexadezimalen Wert einer Dezimalzahl darstellen.
INSTR	Anfangsposition eines gesuchten Teils eines Strings angeben.
LCOPY	Bildschirminhalt auf dem Drucker ausgeben.

Befehlswort	Funktion
LOC	Die Anzahl der bereits gelesenen 128-Bytes-Abschnitte bei sequentiellen Dateien angeben, die zuletzt im Programm angesprochene Record-Nummer einer Random-Datei angeben, die noch im COM-Puffer befindlichen Bytes angeben.
LOCATE (Text)	Den Cursor positionieren, an- und abschalten.
LOF	Die Länge einer Datei angeben.
LPOS	Die augenblickliche Zeigerposition im Druckerpuffer angeben.
LPRINT	Daten auf dem Drucker ausgeben.
LPRINT USING	Daten formatiert drucken.
OCT$	Den oktalen Wert eines numerischen Wertes darstellen.
OUT	Ein Byte an einen CPU-Port übertragen.
PEEK	Den Wert in einer Adresse im Arbeitsspeicher ermitteln.
POKE	Ein Byte an eine bestimmte Stelle des Arbeitsspeichers übertragen.
POS	Die aktuelle Spaltenposition des Cursors angeben.
PRINT	Daten auf dem Bildschirm ausgeben
PRINT USING	Daten formatiert auf dem Bildschirm ausgeben.

Befehlswort	Funktion
PRINT #	Daten in eine sequentielle Datei schreiben.
PRINT # USING	Daten formatiert in eine sequentielle Datei schreiben.
SOUND	Ton über den eingebauten Lautsprecher erzeugen.
SPACE$	Einen String aus Leerschritten liefern.
SPC	Eine bestimmte Anzahl Leerschritte ausgeben.
TAB	Den Cursor oder den Druckkopf auf eine bestimmte Stelle positionieren.
USING	Format bestimmen, in dem auszugebende Daten darzustellen sind.
VARPTR	Die Adresse einer Variablen im Arbeitsspeicher oder die Adresse des ersten Bytes eines Datei-Puffers liefern.
VARPTR$	Informationen über Typ und Speicheradresse einer Variablen liefern.
VIEW PRINT	Ränder eines Textfensters festlegen.
WIDTH	Die Anzahl der Zeichen pro Zeile festlegen.
WRITE	Daten auf dem Bildschirm ausgeben.
WRITE #	Daten aus dem Speicher auf die Diskette schreiben.

- ☐ Befehl
- ■ Funktion
- ☐ Operator
- ☐ Systemvariable

ASC

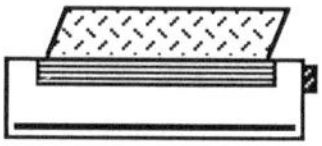

Funktion:

Die ASCII-Code-Nummer des ersten Zeichens eines Stringausdruckes ermitteln.

Syntax:

```
ASC(Stringausdruck)
```

Beschreibung:

Mit diesem Befehl im Direkt- und Programmiermodus kann der ASCII-Code eines Zeichens bestimmt werden. Als Ergebnis der Befehlsausführung wird die Code-Nummer des Zeichens gespeichert. Auch bei der Abfrage des Codes eines längeren Stringausdrucks (länger als 1 Zeichen) wird nur die Code-Nummer des ersten Zeichens gespeichert. Alle Zeichen der ASCII-Tabelle können abgefragt werden. Die Code-Nummer kann nur von einem Zeichen ermittelt werden, das als String vorliegt.

Fehler:

```
Syntax error
```

Die Klammer um den Stringausdruck fehlt.

```
Illegal function call
```

Sie haben einen nicht vorhandenen oder Leerstring abgefragt.

```
Type mismatch
```

Sie haben ASC mit einem numerischen Ausdruck verwendet.

Beispiel:

```
PRINT ASC("Hallo")
10 PRINT ASC("12345")
```

Verweise:

Befehl	Seite	Befehl	Seite
PRINT	418	CHR$	389

- ☐ **Befehl**
- ■ **Funktion**
- ☐ **Operator**
- ☐ **Systemvariable**

CHR$

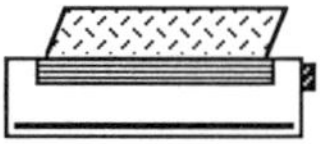

Funktion:

Das Zeichen mit dem angegebenen ASCII-Code ausgeben.

Syntax:

```
CHR$(numerischer Ausdruck)
```

Beschreibung:

Mit Hilfe der Funktion CHR$ kann jedes Zeichen ausgegeben werden, das in der ASCII-Tabelle enthalten ist. In der Klammer kann die Code-Nummer oder ein numerischer Ausdruck zur Berechnung der Code-Nummer stehen. Der Ausdruck wird berechnet und ganzzahlig gerundet. Es ist darauf zu achten, daß das Ergebnis, also die Code-Nummer, nicht unter 0 und nicht über 255 liegen darf, da sie damit außerhalb des belegten Bereiches liegt.

Hinweis: Nicht alle ASCII-Codenummern entsprechen einem darstellbaren Zeichen. Es gibt eine Reihe von Steuerzeichen (Bildschirm- und Druckersteuerung), die nicht auf dem Bildschirm sichtbar sind.

Beispiele für Sonderzeichen:

`CHR$(7)` akustisches Signal

`CHR$(12)`	Bildschirm löschen (CLS)
`CHR$(13)`	Zeilenschaltung
`CHR$(27)`	Escape (ESC)

Zur Ausgabe des betreffenden Zeichens ist eine PRINT- bzw. LPRINT-Anweisung notwendig.

Fehler:

```
Syntax error
```

Sie haben die Klammer um den numerischen Ausdruck vergessen oder die Ausgabe ohne PRINT bzw. LPRINT versucht.

```
Illegal function call
```

Sie haben eine Code-Nummer unter 0 oder über 255 verwendet.

Beispiel:

```
10 INPUT A
20 INPUT B
40 PRINT A,B,CHR$(A+B)

RUN
? 123
? 17
123              17          Î
```

Verweise:

Befehl	Seite	Befehl	Seite
ASC	387	PRINT	418
LPRINT	405		

☐ **Befehl**
☐ **Funktion**
☐ **Operator**
■ **Systemvariable**

CSRLIN

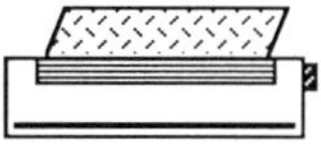

Funktion:

Die aktuelle Cursor-Zeilenposition ausgeben.

Syntax:

```
CSRLIN
```

Beschreibung:

Die Funktion CSRLIN gibt die Möglichkeit, die aktuelle Zeile der Cursor-Position abzufragen. Der Wert kann mit der Anweisung PRINT ausgegeben werden. Wird die abgefragte Zeilennummer für andere Zwecke benötigt, kann man sie einer Variablen zuweisen.

Für die Abfrage der Spalte ist die Anweisung POS zu verwenden.

Fehler:

```
Type mismatch
```

Sie haben versucht, den Wert von CSRLIN einer Stringvariablen zuzuweisen.

```
Illegal function call
```

Sie haben im Befehlswort CSRLIN einen Schreibfehler produziert. Der Fehler tritt in der Zeile auf, in der

der zugewiesene Wert mit LOCATE benutzt werden soll (siehe Beispiel Zeile 60).

Beispiel:

```
10 CLS
20 X = CSRLIN
30 Y = POS(0)
40 LOCATE 13,30
50 PRINT ">>> BASIC <<<"
60 LOCATE X,Y
```

Verweise:

Befehl	Seite	Befehl	Seite
LOCATE	400	POS	417
PRINT	418		

☐ Befehl
■ Funktion
☐ Operator
☐ Systemvariable

HEX$

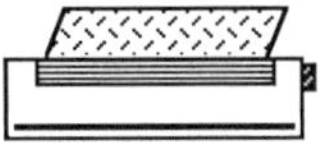

Funktion:

Den hexadezimalen Wert einer Dezimalzahl ermitteln.

Syntax:

```
HEX$(numerischer Ausdruck)
```

Beschreibung:

Der in Klammern angegebene numerische Ausdruck wird berechnet, kaufmännisch gerundet und davon die hexadezimale Darstellung ausgegeben. Das Ergebnis des numerischen Ausdrucks muß zwischen –32769 und +65535 liegen. Der Hexadezimalwert wird als String dargestellt. Negative Zahlen werden umgewandelt und als Komplement der jeweiligen positiven Zahl dargestellt. In der Stringdarstellung werden die führenden Zeichen 0 und Blank nicht dargestellt, ebenso fehlt "&H".

Fehler:

```
Overflow
```

Das Ergebnis des numerischen Ausdrucks beträgt weniger als –32769 oder mehr als +65535.

Beispiel:

```
10 INPUT A
20 B$=HEX$(A)
30 PRINT A " (dezimal) entspricht ";B$;" (hexadezimal)."

RUN
? 123
123 (dezimal) entspricht 7B (hexadezimal).
```

Verweis:

Befehl	Seite	Befehl	Seite
OCT$	410		

- ☐ **Befehl**
- ■ **Funktion**
- ☐ **Operator**
- ☐ **Systemvariable**

INSTR

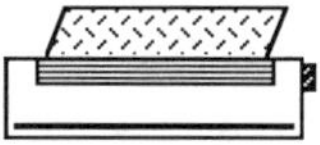

Funktion:

Anfangsposition eines gesuchten Teils eines Strings ermitteln.

Syntax:

```
INSTR(Startposition,String,gesuchter Teil)
```

Beschreibung:

Die Anweisung INSTR bietet die Möglichkeit, in einem String nach bestimmten Teilen des Strings zu suchen. Dabei wird nach Ausführung der Anweisung auf dem Bildschirm angezeigt, an welcher Position ab Startposition der gesuchte Teil des Strings zu finden ist. Die Startposition kann weggelassen werden, wenn der angegebene String ab dem ersten Zeichen durchsucht werden soll. Wird die Position angegeben, muß ihr Wert >=1 und <=255 sein. Die Eingabe kann auch mit Hilfe eines numerischen Ausdrucks geschehen. Wird der gesuchte Stringteil nicht gefunden, d.h. ist er nicht exakt so vorhanden, wie er abgefragt wird, so wird eine Null zurückgegeben.

Eine Null ergibt sich auch, wenn

- die Startposition größer ist als die Stringlänge,
- der String ein Leerstring ist,
- der String nicht vorhanden ist,

– der gesuchte Stringteil nicht vollständig im String enthalten ist.

Ein Ergebnis > 0 wird ermittelt, wenn der gesuchte Teilstring nicht gefunden wurde. *Ursache:* Sie haben möglicherweise für den Teilstring eine Variable eingegeben, die nicht existiert oder ein Leerstring ist. In diesem Fall wird bis zur Stringlänge die Startposition zurückgegeben. Die auf dem Bildschirm ausgegebene Position ist grundsätzlich vom Anfang des durchsuchten Strings berechnet, also von dessen erstem Zeichen an. Es spielt deshalb keine Rolle, ab welcher Position durchsucht wurde.

Fehler:

```
Syntax error
```

Sie haben keine Angaben darüber gemacht, welcher String durchsucht und nach welchem Teilstring gesucht werden soll.

```
Illegal function call
```

Die angegebene Startposition liegt außerhalb des zulässigen Bereichs.

Beispiel:

```
10 A$=GWBASIC"
20 B$="BASIC"
30 PRINT INSTR(!,A$,B$)
```

```
RUN
3
```

Verweise:

Befehl	Seite	Befehl	Seite
LEFT$	241	RIGHT$	272

- ■ Befehl
- ☐ Funktion
- ☐ Operator
- ☐ Systemvariable

LCOPY

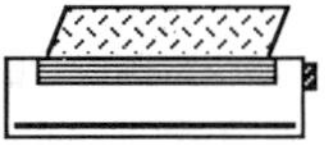

Funktion:

Bildschirminhalt auf dem Drucker ausgeben.

Syntax:

```
LCOPY Ausgabeart
```

Beschreibung:

Die Anweisung LCOPY bringt alle Zeichen des Bildschirminhalts über den Drucker auf Papier. Diese Anweisung ist nur im Textmodus anwendbar. Die Ausgabeart wird als numerischer Ausdruck eingegeben und für andere BASIC-Versionen benötigt, kann also bei GW-BASIC entfallen. Dieser Befehl ist nicht in allen BASIC-Versionen vorhanden. Eine andere Möglichkeit, eine Bildschirmkopie ausdrucken zu lassen, ist über die Tastenkombination "Shift" "PrtSc".

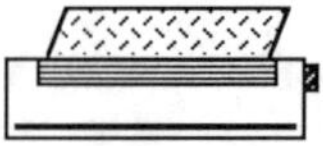

LOC

Befehl ☐
Funktion ■
Operator ☐
Systemvariable ☐

Funktion:

Die Anzahl der bereits gelesenen 128-Bytes-Abschnitte bei sequentiellen Dateien, bei Random-Dateien die zuletzt im Programm angesprochene Record-Nummer, bei COM-Puffern die noch im Puffer befindlichen Bytes ermitteln.

Syntax:

```
LOC(Kanalnummer)
```

Beschreibung:

Die Funktion LOC gibt

- bei sequentiellen Dateien die Anzahl der gelesenen bzw. geschriebenen 128-Bytes-Abschnitte an, seit der Datenkanal mit dieser Kanalnummer geöffnet wurde;

- bei Random-Dateien an, welche Recordnummer bei der letzten PUT- oder GET-Anweisung über diesen Datenkanal bearbeitet wurde;

- bei COM-Puffern die Anzahl der zum Lesen bereitstehenden Bytes an (max. 255!). Dieser Wert wird auch dann ermittelt, wenn mehr als 255 Bytes im Puffer stehen.

Der ermittelte Wert kann einer Variablen zugewiesen werden.

Fehler:

```
Input past end
```

Es wurde versucht, das Dateiende (End of File) zu lesen.

Beispiel:

Länge der bisher eingelesenen Datei (sequentielle Datei):

```
200 LAENGE = LOC(1)
```

```
10 IF LOC(1) > 120 THEN PRINT "Datei > 120 Blöcke"
```

Verweise:

Befehl	Seite	Befehl	Seite
GET (COM)	363	PUT (COM)	430
GET (RANDOM)	364	PUT (RANDOM)	427

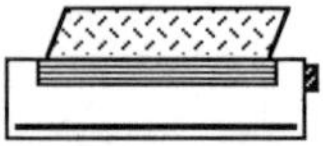

LOCATE (Textmodus)

Befehl ■
Funktion □
Operator □
Systemvariable □

Funktion:

Den Cursor positionieren, an- und abschalten.

Syntax:

```
LOCATE Zeile,Spalte,Cursor,Startzeile,Endzeile
```

Beschreibung:

Mit der Anweisung LOCATE kann der Cursor an eine bestimmte Stelle gebracht (positioniert) werden. Dazu ist nach dem Befehlswort LOCATE die Zeile und die Spalte, in der der Cursor stehen soll, anzugeben. Für Zeile und Spalte sind numerische Ausdrücke oder Zahlenwerte zugelassen. Für Zeile muß der Wert 1 bis 25, für Spalte 1 bis 80 betragen.

Bei der Ausgabe auf dem Bildschirm können jedoch besondere Situationen eintreten:

- Haben Sie die Zeile 25 als Ausgabezeile gewählt (z.B. LOCATE 25,1), erscheint der auszugebende Text in dieser Zeile, allerdings werden folgende PRINT-Anweisungen über der Zeile 25 ausgeführt. Der Text in der Zeile 25 bleibt bis zur nächsten CLS-Anweisung stehen.
- Ist ein Ausgabetext zu lang, um ihn ab angegebener Spaltenposition (z.B. LOCATE 12,75) in der Zeile

auszugeben, wird der Ausgabetext komplett in die nächste Zeile geschrieben.

Wurde die Darstellung mit WIDTH 40 eingestellt, so darf die Spaltenposition des Cursors nicht größer als 40 sein. Für den Parameter "Cursor" ist einzusetzen:

0 : Cursor unsichtbar
1 : Cursor sichtbar

Die beiden folgenden Parameter Startzeile und Endzeile werden benutzt, um die Form – genauer die Höhe – des Cursors festzulegen. Mit Hilfe der Startzeile kann angegeben werden, ab welcher Punktzeile der Cursor sichtbar sein soll, und mit Endzeile wird angegeben, bis zu welcher Punktzeile der Cursor sichtbar sein soll. Die Zeichenhöhe besteht aus sieben Punktzeilen, die oberste Zeile wird mit 0 bezeichnet, die unterste mit 7. Soll der Cursor also von Punktzeile 0 bis 7 reichen – er überdeckt dann das ganze Zeichen an dieser Stelle – so muß als Startzeile 0 und als Endzeile 7 eingegeben werden.

Wird die Endzeile weggelassen, so wird der Cursor nur in der als Startzeile angegebenen Punktzeile erscheinen. Die Parameter Cursor, Startzeile, Endzeile sind nicht in den MS-BASIC-Versionen verfügbar.

Fehler:

```
Illegal function call
```

Die für Zeile und Spalte zulässigen Werte wurden überschritten.

Beispiel:

```
200 LOCATE 7,1:PRINT "Satznummer ";SATZ%
210 LOCATE 9,1:INPUT "Mitgliedsnummer : ",ML$
220 LOCATE 11,1:INPUT "Eintrittsdatum (MM,JJ) :",ED$
    :LOCATE 11,35:INPUT "Geburtsdatum (TT.MM.JJ) : ",GE$
```

Verweise:

Befehl	Seite	Befehl	Seite
CLS	120	PRINT	418

- ☐ **Befehl**
- ■ **Funktion**
- ☐ **Operator**
- ☐ **Systemvariable**

LOF

Funktion:

Die Länge einer Datei ermitteln.

Syntax:

```
LOF(Dateinummer)
```

Beschreibung:

Die Funktion liefert die Länge einer sequentiellen oder Random-Datei. Sofern die Datei geöffnet ist, wird die Länge durch 128 geteilt und ausgegeben. Bei Kommunikationsdateien kann die Funktion LOF zur Feststellung des noch freien Speicherplatzes im Input-Puffer verwendet werden.

Beispiel:

```
100 IF SATZNUMMER% * SATZLAENGE > LOF (1)
    THEN PRINT"Dateiende überschritten!"
```

Verweis:

Befehl	Seite	Befehl	Seite
OPEN	369		

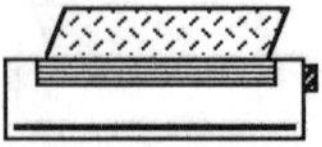

LPOS

Befehl ☐
Funktion ■
Operator ☐
Systemvariable ☐

Funktion:

Die augenblickliche Zeigerposition im Druckerpuffer ermitteln.

Syntax:

```
LPOS(Drucker)
```

Beschreibung:

Die Funktion LPOS liefert die aktuelle Zeigerposition im Druckerpuffer. Für "Drucker" ist 1, 2 oder 3 einzusetzen, wenn LPT1, LPT2 oder LPT3 abgefragt werden soll. Das Ergebnis dieser Abfrage stellt die "Platzziffer" des nächsten zu druckenden Elements dar.

Beispiel:

```
10 IF LPOS(1) >65 THEN LPRINT CHR$(13)
```

- ■ **Befehl**
- □ **Funktion**
- □ **Operator**
- □ **Systemvariable**

LPRINT

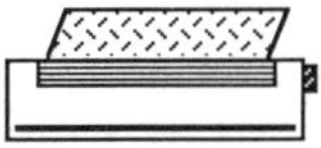

Funktion:

Daten auf dem Drucker ausgeben.

Syntax:

```
LPRINT Stringausdruck
LPRINT "Zeichenkette"
LPRINT numerischer Ausdruck
LPRINT TAB(numerischer Ausdruck); ....
```

Beschreibung:

Der hinter der Anweisung stehende Parameter (Stringausdruck, Zeichenkette usw.) wird ausgedruckt. Dazu wird der Inhalt dieses Parameters an den Druckerpuffer übertragen. Wenn alle Plätze des Puffers besetzt sind oder wenn ein Steuerzeichen die Zeile beendet, wird der Inhalt des Puffers ausgedruckt. Der Pufferinhalt wird anschließend gelöscht, außer am Ende der LPRINT-Anweisung steht ein Komma oder Semikolon. Zum Formatieren des Druckes stehen folgende Parameter zur Verfügung:

TAB(numerischer Ausdruck); setzt das erste der zu druckenden Zeichen auf die durch den numerischen Ausdruck berechnete Spaltenposition.

,(Komma) schreibt die folgende Zeichenkette in die nächste Tabulatorspalte. In der Druckbreite der Spalten unterscheiden sich GW-BASIC und MS-BASIC.

GW-BASIC: Teilt automatisch Spalten nach der in der Spalte auszugebenden Textlänge ein (max. fünf Spalten) und gibt die Texte bis 80 Zeichen vollständig in der jeweiligen Spalte aus.

MS-BASIC: Hier werden ebenfalls maximal fünf Spalten ausgegeben, allerdings wird dann, wenn der Ausgabetext so lang ist, daß nur einer pro Zeile Platz hat, die nächste Ausgabe mit einer selbst berechneten Anzahl von Leerzeichen dahinter gesetzt. Dabei kann der Ausgabetext auf zwei Zeilen verteilt sein. Weitere Angaben dazu finden Sie unter der Beschreibung des Befehls PRINT.

;(Semikolon): Schreibt die folgende Zeichenkette direkt hinter die vorhergehende.

Weitere Formatierungen können durch LPRINT USING erzeugt werden. Wird die LPRINT-Anweisung nicht durch Komma oder Semikolon abgeschlossen, so erfolgt die Ausgabe des gesamten Druckerpufferinhalts in einer neuen Druckzeile. Wird LPRINT ohne weitere Parameter eingegeben, so wird eine Leerzeile auf dem Drucker erzeugt.

Die Ausgabe von Zahlenwerten beginnt beim Druckvorgang mit einem Leerschritt (Blank), bei negativen Werten wird hier das Minuszeichen eingetragen. Am Ende aller Zahlenwerte wird grundsätzlich ein Leerschritt (Blank) gedruckt.

Die Druckbreite wird mit WIDTH LPRINT eingestellt (siehe WIDTH LPRINT). Voreinstellungswert ist 132 Zeichen pro Zeile.

Beispiel:

```
10 A$="GWBASIC":LPRINT A$
20 LPRINT "MS-BASIC"
30 A=123.34:LPRINT A
40 LPRINT TAB(5);"wie gedruckt"

GWBASIC
MS-BASIC
 123.34
     wie gedruckt
```

Verweise:

Befehl	Seite	Befehl	Seite
LPRINT USING	408	WIDTH	451
TAB	438	LPRINT	405

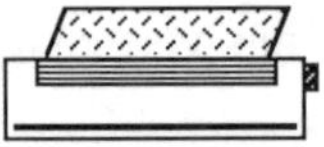

LPRINT USING

Befehl ■
Funktion □
Operator □
Systemvariable □

Funktion:

Daten formatiert drucken.

Syntax:

```
LPRINT USING Formatstring; Ausdruck1, Ausdruck2, ...
```

Beschreibung:

Die in einem Formatstring festgelegte Formatierung wird mit der Anweisung LPRINT USING ... ausgeführt. Dazu sind der Formatstring und für Ausdruck1 usw. die zu druckenden Zeichenketten oder Werte (Stringausdrücke oder numerische Ausdrücke) anzugeben.

Der Formatstring wird mit den für die Ausführung der Anweisung zulässigen Zeichen als Platzhalter entsprechend des gewünschten Zeilenformats angelegt (siehe USING).

Beispiele:

```
10 A$="GWBASIC"
20 A = 123.568
30 C = 3123.568
40 F1$="\ \"
50 F2$="###.###"
60 F3$="&  ###.## DM"
```

```
70 LPRINT USING F1$;A$
80 LPRINT USING F2$;A
90 LPRINT USING F3$;A$,C

RUN

GWBa
123.568
GWBASIC %3123.57 DM
```

Verweise:

Befehl	Seite	Befehl	Seite
PRINT USING	421	USING	440

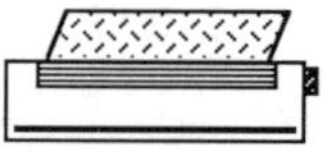

OCT$

Befehl ☐
Funktion ■
Operator ☐
Systemvariable ☐

Funktion:

Den oktalen Wert eines numerischen Wertes ermitteln.

Syntax:

```
OCT$(numerischer Ausdruck)
```

Beschreibung:

Der numerische Ausdruck wird berechnet, gerundet und die oktale Darstellung im Stringformat ausgegeben. Der Wert des numerischen Ausdrucks muß im Bereich von –32768 und +65535 liegen. Bei der Stringdarstellung werden keine führenden Nullen, &O oder & dargestellt.

Fehler:

```
Overflow
```

Das Ergebnis des numerischen Ausdrucks beträgt weniger als –32769 oder mehr als +65535 .

Beispiel:

```
10 INPUT A
20 B$=OCT$ (A)
30 PRINT A " (dezimal) entspricht ",B$;" (oktal)."
```

```
RUN
? 123
 123 (dezimal) entspricht 173 (oktal).
```

Verweis:

Befehl	Seite	Befehl	Seite
HEX$	**393**		

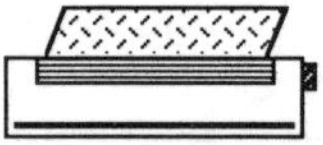

OUT

Befehl ■
Funktion □
Operator □
Systemvariable □

Funktion:

Ein Byte an einen CPU-Port übertragen.

Syntax:

```
OUT Port, numerischer Ausdruck
```

Beschreibung:

Das mit "numerischer Ausdruck" bezeichnete Byte wird an einen CPU-Port übertragen. Für "Port" ist ein ganzzahliger numerischer Ausdruck einzusetzen. Dieser muß >=0 und <=65535 betragen.

Beispiel:

```
OUT 22500,65
```

- ☐ **Befehl**
- ■ **Funktion**
- ☐ **Operator**
- ☐ **Systemvariable**

PEEK

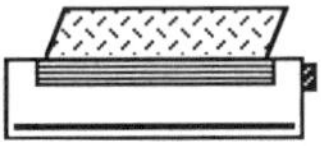

Funktion:

Den Wert eines Bytes im Arbeitsspeicher ermitteln.

Syntax:

```
PEEK(numerischer Ausdruck)
```

Beschreibung:

Mit der Funktion PEEK kann der Wert eines Bytes an der mit dem numerischen Ausdruck abgefragten Speicherstelle festgestellt werden.

Für den numerischen Ausdruck kann ein Wert von –32768 bis +65535 eingesetzt werden.

Wurde vor der Anweisung PEEK keine DEF SEG-Anweisung gegeben, so wird das aktuelle Datensegment verwendet. Mit PEEK kann dann die Adresse innerhalb des aktuellen Segments abgefragt werden. PEEK ist die Komplementärfunktion zu POKE.

Beispiel:

```
10 POKE 15000,69
20 A=PEEK (15000)
30 PRINT A
```

```
RUN
 69
```

Verweise:

Befehl	Seite	Befehl	Seite
POKE	415	DEF SEG	214

■ **Befehl**
□ **Funktion**
□ **Operator**
□ **Systemvariable**

POKE

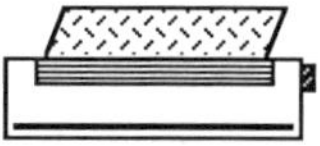

Funktion:

Ein Byte an eine bestimmte Stelle des Arbeitsspeichers übertragen.

Syntax:

```
POKE numerischer Ausdruck1,numerische Ausdruck2
```

Beschreibung:

Mit der Anweisung POKE wird ein Wert an eine bestimmte Stelle des Arbeitsspeichers geschrieben. Diese Stelle wird aus dem eingegebenen numerischen Ausdruck1 (Wert >= –32768 und <=65535) und der Startposition ermittelt. Diese Startposition kann mit DEF SEG definiert werden. Wird sie nicht definiert, dann wird als Startposition das erste Byte des von GW-BASIC verwalteten Arbeitsspeicherbereichs angenommen und ab hier die Position laut Angabe in der Anweisung POKE berechnet. Der numerische Ausdruck muß einen Wert im Bereich von 0 bis 255 haben.POKE ist die Komplementär-Anweisung zu PEEK.

Beispiel:

```
10 POKE 15000,69
20 A=PEEK (15000)
30 PRINT A
```

```
RUN
 69
```

Verweise:

Befehl	Seite	Befehl	Seite
PEEK	413	DEF SEG	214

☐ **Befehl**
■ **Funktion**
☐ **Operator**
☐ **Systemvariable**

POS

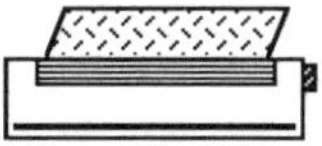

Funktion:

Die aktuelle Spaltenposition des Cursors angeben.

Syntax:

```
POS(n)
```

Beschreibung:

Diese Funktion liefert als Ergebnis die Nummer der Spalte, in der sich zur Zeit der Cursor befindet. Für n kann jeder beliebige numerische Ausdruck eingesetzt werden, da dieser Wert nicht verwendet wird.

Beispiel:

```
10 CLS
20 X=CSRLIN
30 Y=POS (0)
40 LOCATE 13,30
50 PRINT">>> BASIC<<<"
60 LOCATE X,Y
```

Verweise:

Befehl	Seite	Befehl	Seite
CSRLIN	391	LOCATE	400

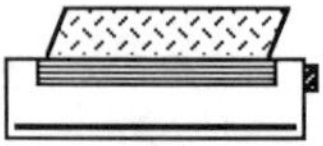

PRINT

Befehl ■
Funktion □
Operator □
Systemvariable □

Funktion:

Daten auf dem Bildschirm ausgeben.

Syntax:

```
PRINT Stringausdruck
PRINT "Zeichenkette"
PRINT numerischer Ausdruck
PRINT TAB(numerischer Ausdruck) ....
```

Beschreibung:

Der hinter der Anweisung stehende Parameter (Stringausdruck, Zeichenkette usw.) wird in einer neu begonnenen Bildschirmzeile ausgegeben. Eine danach folgende weitere PRINT-Anweisung wird in der nächsten Bildschirmzeile ausgeführt, es sei denn, am Ende der vorhergehenden PRINT-Anweisung steht ein Komma oder Semikolon. Zur Formatierung der PRINT-Anweisung auf dem Bildschirm stehen einige Parameter zur Verfügung:

TAB(numerischer Ausdruck); setzt das erste der auszugebenden Zeichen auf die durch den numerischen Ausdruck berechnete und ganzzahlig gerundete Spaltenposition.

,(Komma) Schreibt die folgende Zeichenkette in die nächste Tabulatorspalte. Der Bildschirm wird dabei in bis zu fünf Spalten zu je 14 Zeichen eingeteilt. Die Anzahl der Spalten ist von der Länge der Zeichenketten abhängig. Sind die Zeichenketten länger als 14 Zeichen, wird die Spaltenanzahl bei GW-BASIC in Abhängigkeit von der Ausgabelänge reduziert, bis die Ausgabe in Tabellenform möglich ist, notfalls einspaltig. Der in der jeweiligen Spalte einzutragende Text wird nur dann auf der nächsten Zeile fortgesetzt, wenn er länger als 80 Zeichen ist. Bei MS-BASIC werden ebenfalls maximal fünf Spalten ausgegeben, allerdings wird bei längeren Zeichenketten kein Tabellenformat eingehalten, sondern die einzelnen Ausgaben werden mit vom BASIC-Interpreter berechneten Leerschritten (mind. ein Leerschritt) aneinandergehängt.

;(Semikolon) schreibt die folgende Zeichenkette direkt hinter die vorhergehende.

Wird die PRINT-Anweisung nicht durch Komma oder Semikolon abgeschlossen, so erfolgt die Ausgabe aller Zeichen dieser Anweisung in einer neuen Zeile.

Wird PRINT ohne weitere Parameter eingegeben, so wird eine Leerzeile auf dem Bildschirm erzeugt.

Die Ausgabe von Zahlenwerten beginnt auf dem Bildschirm mit einem Leerschritt (Blank), bei negativen Werten wird hier das Minuszeichen eingetragen. Am Ende aller Zahlenwerte wird grundsätzlich ein Leer-

Fehler:

```
String too long
```

Durch das Zusammenfassen von Stringinhalten (z.B. A$+B$) wird die Ausgabe größer als 255 Zeichen.

Beispiel:

```
10 A$="GW":PRINT A$;
20 PRINT "BASIC"
30 X=23:Y=1.67:PRINT X*Y
40 PRINT TAB(12) A$;"BASIC"
50 C$="BASIC"
70 FOR I = 1 TO 5:PRINT A$;C$,:NEXT I

RUN
GWBASIC
38.41
           GWBASIC
GWBasic       GWBASIC       GWBASIC      GWBASIC      GWBASIC
```

Verweise:

Befehl	Seite	Befehl	Seite
TAB LOCATE	438 400	LPRINT	405

■ Befehl
□ Funktion
□ Operator
□ Systemvariable

PRINT USING

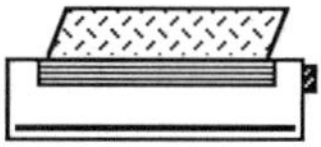

Funktion:

Daten formatiert auf dem Bildschirm ausgeben.

Syntax:

```
PRINT USING Formatstring; Ausdruck1, Ausdruck2, ...
```

Beschreibung:

Die in einem Formatstring mit Hilfe der Anweisung USING festgelegte Formatierung wird mit der Anweisung PRINT USING ... ausgeführt. Dazu sind der Formatstring und für Ausdruck1 ... die auszugebenden Zeichenketten oder Werte (Stringausdrücke oder numerische Ausdrücke) anzugeben.

Der Formatstring wird mit den für die Ausführung der Anweisung zulässigen Zeichen als Platzhalter entsprechend des gewünschten Zeilenformats angelegt (siehe USING).

Beispiele:

Siehe USING.

Verweise:

Befehl	Seite	Befehl	Seite
USING	440	LPRINT USING	408

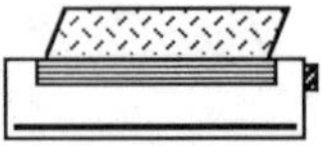

PRINT#

Befehl ■
Funktion □
Operator □
Systemvariable □

Funktion:

Daten in eine sequentielle Datei schreiben.

Syntax:

```
PRINT#Kanalnummer,Ausdruck1,Ausdruck2,...
```

Beschreibung:

Die unter Ausdruck1 usw. angegebenen Daten werden über den mit Kanalnummer (Werte 1 bis 15) bezeichneten Datenkanal aus dem Puffer auf die Diskette geschrieben.

Das Schreiben wird jedoch erst ausgeführt, wenn der Puffer voll ist oder der Befehl CLOSE gegeben wird. Die Ausdrücke 1, 2 usw. sind durch Komma oder Semikolon zu trennen. Dabei ist zu beachten, daß durch Verwendung des Kommas die Daten tabelliert dargestellt werden, während – bei Verwendung des Semikolons – numerische Daten mit Leerzeichen hintereinander, Stringausdrücke jedoch ohne Leerzeichen direkt hintereinander ausgegeben werden. Damit ist eine Trennung der einzelnen Stringausdrücke voneinander nicht mehr möglich, auch nicht bei späteren INPUT# oder LINE INPUT#-Anweisungen.

Es ist sinnvoll, zur Trennung der einzelnen Daten Zeichen dazwischen zu setzen, die als Trennungszeichen erkannt werden können, eben CHR$(44) – Komma – oder CHR$(59) – Semikolon – (siehe Beispiel).

Soll ein Stringausdruck ein Komma oder andere zur Trennung verwendete Zeichen enthalten, so ist der gesamte Stringausdruck in Anführungszeichen (CHR$(34)) eingeschlossen in die Datei bzw. in den Puffer zu schreiben, damit er mit INPUT# gelesen werden kann. Es werden also nicht wie bei WRITE# automatisch Trennungszeichen geschrieben. Am Ende einer Liste von Ausdrücken muß eines der folgenden Zeichen stehen, damit das Ende der Liste erkannt wird:

```
CHR$(59) = ; (Semikolon)
CHR$(10) = LF (Line feed)
CHR$(13) = CR (Carriage Return = RETURN)
```

Enthalten Stringausdrücke führende oder angehängte Leerzeichen, so werden diese geschrieben.

Im allgemeinen kann gesagt werden, daß die Daten mit PRINT# so geschrieben werden, wie sie mit PRINT auf dem Bildschirm erscheinen würden, also auch ohne nichtdruckende Zeichen. Wird die bisherige Dateigröße überschritten, so wird beim Schreiben auf die Diskette automatisch der nächste 128-Bytes-Abschnitt im Directory eingerichtet und reserviert. Mit Hilfe der LOC-Funktion kann die Größe des noch freien Pufferbereichs abgefragt werden.

Fehler:

```
Bad file number
```

Sie haben eine nicht definierte Kanalnummer angegeben.

Beispiel:

```
10 OPEN"O"#1,"ADRESSEN.DAT"
20 FOR I=1 TO 10
30 PRINT #1,N$(I)
40 NEXT I
50 CLOSE

10PRINT#2,MLNUMMER$;",";NAME$;",";STRASSE;",";PLZ
                    ;",";ORT$
```

Verweise:

Befehl	Seite	Befehl	Seite
CLOSE	356	LOC	398
INPUT	179	WRITE#	455
LINE INPUT#	186		

- ■ **Befehl**
- □ **Funktion**
- □ **Operator**
- □ **Systemvariable**

PRINT# USING

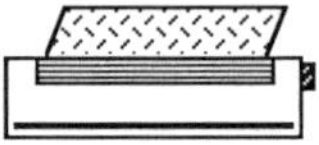

Funktion:

Daten formatiert in eine sequentielle Datei schreiben.

Syntax:

```
PRINT #Kanalnummer, USING ,Formatstring;
      Ausdruck1, ...
```

Beschreibung:

Die in einem Formatstring festgelegte Formatierung wird mit der Anweisung PRINT#Kanalnummer USING ... ausgeführt, die Daten werden formatiert in die Datei geschrieben. Dazu sind der Formatstring und für Ausdruck1 usw. die zu druckenden Zeichenketten oder Werte (Stringausdrücke oder numerische Ausdrücke) anzugeben. Die Ausdrücke sind durch Komma oder Semikolon zu trennen, weitere Erklärungen dazu siehe PRINT#. Für Kanalnummer ist der benutzte Datenkanal (1 bis 15) anzugeben. Der Formatstring wird mit den für die Ausführung der Anweisung zulässigen Zeichen als Platzhalter entsprechend des gewünschten Zeilenformats angelegt (siehe USING).

Fehler:

```
Bad file number
```

Sie haben eine nicht definierte Kanalnummer angegeben.

Beispiel:

```
10 A = 12.568:B$ = "Hallo"
20 F$="&    ###.#"
30 OPEN"O",#1,"ADRESSEN.DAT"
40 FOR I=1 TO 10
50        PRINT #1,USING F$;B$,A
60 NEXT I
70 CLOSE
```

Verweis:

Befehl	Seite	Befehl	Seite
PRINT#USING	425		

■ Befehl
□ Funktion
□ Operator
□ Systemvariable

PUT (RANDOM)

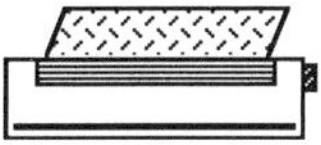

Funktion:

Einen Datensatz aus dem Random-Datei-Puffer in die Random-Datei auf der Diskette schreiben.

Syntax:

```
PUT #Kanalnummer, Satznummer
```

Beschreibung:

Die Anweisung PUT liest den durch Satznummer gekennzeichneten Satz aus dem Random-Datei-Puffer und schreibt ihn in die Random-Datei auf der Diskette im aktuellen Laufwerk.

Als Kanalnummer ist die Nummer des verwendeten Datenkanals einzusetzen (1 bis 15). Als Satznummern sind alle numerischen Ausdrücke zulässig, deren Wert >=1 und <= 16777215 beträgt.

Negative Satznummern sind nicht zulässig. Bei Überschreiten der bisherigen Dateigröße wird automatisch der nächste 128-Bytes-Abschnitt eingerichtet. Achten Sie darauf, daß die Diskette nicht schreibgeschützt ist (Fehlermeldung :"Disk I/O-Error"). Mit der LOC-Funktion kann die zuletzt angesprochene Satznummer abgefragt werden. Die Anweisung PUT wird nicht grundsätzlich sofort ausgeführt, sondern erst, wenn der Random-Datei-Puffer voll ist. Alle restlichen Datensätze werden erst in die Random-Datei (Diskette) geschrieben, wenn die Anweisung CLOSE ausgeführt wird.

Fehler:

```
Bad record number
```

Sie haben die Satznummer 0 aufgerufen.

```
Disk full
```

Der Speicherplatz der Diskette ist belegt. Die nicht gespeicherten Daten gehen verloren, weil Sie den Programmlauf abbrechen müssen, um nicht mehr benötigte Dateien auf der Diskette zu löschen.

```
Disk I/O Error
```

Beim Schreiben auf die Diskette oder Lesen von der Diskette tritt ein sogenannter "schwerer Fehler" auf. Das Programm muß erneut gestartet werden. *Ursache:* Diskette beschädigt, fehlerhaft formatiert oder verschmutzt.

Beispiel:

```
100 OPEN "R", #1, "VEREIN.DAT",62 :'Random-Datei öffnen
110 FIELD #1, 4AS F1$,20 AS F2$,18 AS F3$,20 F4$;
                                   ' Felder anlegen
120 FOR I= 1 TO 10                 :' )
130     INPUT "Mitgliedsnummer ",ML$  :' )
140     INPUT "Nachname ",NA$      :' )
150     INPUT "Vorname ",VN$       :' )  Daten
                                         eingeben
160     INPUT "Ort ",OT$           :' )
170       RSET F1$ = ML$           :'   )
```

```
180        LSET F2$ = NA$    :' ) Daten auf Feldvariable
190        LSET F3$ = VN$    :' ) zuweisen
200        LSET F4$ = OT$    :' )
210      PUT #1, I           :' Datensatz schreiben
220 NEXT I                   :' Zählschleife I Ende
230 CLOSE #1                 :' Datei schließen
240 END
```

Verweise:

Befehl	Seite	Befehl	Seite
CLOSE	356	LSET	367
LOC	398	PRINT#USING	425
LOF	403	RSET	380
PRINT	418	WRITE#	455

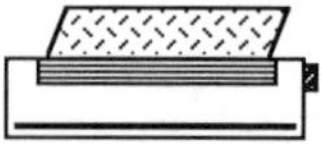

PUT (COM)

Befehl ■
Funktion □
Operator □
Systemvariable □

Funktion:

Eine bestimmte Anzahl von Zeichen in den Kommunikations-Puffer schreiben.

Syntax:

```
PUT #Kanalnummer, Anzahl der Zeichen
```

Beschreibung:

Die Anweisung PUT# schreibt die durch "Anzahl der Zeichen" festgelegte Zeichenmenge über den Datenkanal (Kanalnummer 1 bis 15) in den Kom.-Puffer. Die "Anzahl der Zeichen" darf die durch OPEN COM vereinbarte Satzlänge nicht überschreiten (siehe auch GET für Schnittstellenbenutzung).

Beispiel:

```
100 OPEN "R", #1, "VEREIN.DAT",62 :'Random-Datei öffnen
110 FIELD #1, 4AS F1$,20 AS F2$,18 AS F3$,20 F4$;
                                         ' Felder anlegen
120 FOR I= 1 TO 10                      :' )
130    INPUT "Mitgliedsnummer ",ML$    :' )
140    INPUT "Nachname ",NA$            :' )
150    INPUT "Vorname ",VN$             :' )  Daten
                                              eingeben
160    INPUT "Ort ",OT$                 :' )
170      RSET F1$ = ML$                 :'   )
180      LSET F2$ = NA$     :' ) Daten auf Feldvariable
190      LSET F3$ = VN$     :' ) zuweisen
200      LSET F4$ = OT$     :' )
```

```
210 PUT #1, I                 :' Datensatz schreiben
220 NEXT I                    :' Zählschleife I Ende
230 CLOSE #1                  :' Datei schließen
240 END
```

Verweise:

Befehl	Seite	Befehl	Seite
COM	124	OPEN	369
GET	479		

SOUND

Befehl ■
Funktion □
Operator □
Systemvariable □

Funktion:

Ton über den eingebauten Lautsprecher erzeugen.

Syntax:

```
SOUND Frequenz,Dauer
```

Beschreibung:

Mit der Anweisung SOUND können Töne erzeugt und über den eingebauten Lautsprecher ausgegeben werden. Für "Frequenz" sind Werte von 37 bis 32767 möglich, sie geben die erzeugte Frequenz des Tones in Hertz an.

Für "Dauer" muß ein Integer-Ausdruck von >=0 und <=65535 eingegeben werden. Der Wert 18,2 entspricht einer Tondauer von 1 Sekunde. Wird für "Dauer" der Wert 0 eingesetzt, so wird die SOUND-Anweisung abgeschaltet.

Fehler:

```
Missing operand
```

Sie haben den Wert für Frequenz oder Dauer vergessen.

Beispiel:

```
10 FOR I = 1 TO 100
20 SOUND RND*1000+37,2,10
30 NEXT I
```

Verweise:

Befehl	Seite	Befehl	Seite
BEEP	119	PLAY	158

SPACE$

Befehl ☐
Funktion ■
Operator ☐
Systemvariable ☐

Funktion:

Einen String aus Leerschritten (Blanks) liefern.

Syntax:

```
SPACE$(numerischer Ausdruck)
```

Beschreibung:

Die Funktion SPACE$ bildet einen String aus der angegebenen Anzahl von Leerzeichen (Blanks). Das Ergebnis des numerischen Ausdrucks wird zu einer Integerzahl gerundet. Die Funktion SPACE$ liefert dann so viele Leerschritte, wie durch den eingegebenen Wert bzw. durch das Ergebnis angegeben wird. Der Wert bzw. das Ergebnis muß >=0 und <=255 sein.

Fehler:

```
Illegal function call
```

Das Ergebnis des numerischen Ausdrucks ist <0 oder >255.

```
Syntax error
```

Sie haben die Klammern um den numerischen Ausdruck vergessen.

Beispiel:

```
10 FOR I = 1 TO 4
20        A$=SPACE$(I)
30        PRINT A$;I
40 NEXT I

RUN
 1
  2
   3
    4
```

Verweise:

Befehl	Seite	Befehl	Seite
SPC	436	TAB	438
PRINT	418		

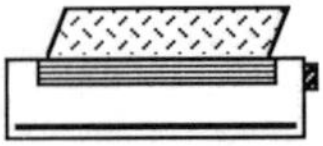

SPC

Befehl ☐
Funktion ■
Operator ☐
Systemvariable ☐

Funktion:

Eine bestimmte Anzahl Leerschritte (Blanks) ausgeben.

Syntax:

```
SPC(numerischer Ausdruck)
```

Beschreibung:

Die Funktion SPC gibt eine bestimmte Anzahl Leerschritte auf dem Bildschirm oder Drucker aus. Anstelle des numerischen Ausdrucks kann ein ganzzahliger Wert oder ein zu berechnender numerischer Ausdruck eingesetzt werden.

Das Ergebnis des numerischen Ausdrucks wird zu einer Integerzahl gerundet. Die Funktion SPC schreibt dann ab der aktuellen Cursorposition bzw. Druckkopfposition so viele Leerschritte, wie durch die Integerzahl angegeben wird.

Der Integerwert darf >= –32768 und <= +65535 betragen. Allerdings werden alle Werte unter 1 gleich 0 gesetzt. Ab Wert 80 wird vom Integerwert so lange 80 subtrahiert, bis ein Wert <80 erreicht ist. Dieser wird dann verwendet. Sehen Sie dazu das zweite Beispiel. Die Funktion SPC kann nur zusammen mit den Anweisungen PRINT, LPRINT und PRINT# benutzt werden.

Fehler:

```
Overflow
```

Der Wert des numerischen Ausdrucks ist <= –32768 oder >= +65535.

Beispiel:

```
10 A$="Hallo":B$="BASIC"
20 PRINT A$;B$
30 PRINT A$;SPC(5);B$

RUN
HalloBASIC
Hallo     BASIC

10 PRINT"Hal"; SPC (-32);"lo"
20 PRINT"Hal"; SPC (5);"lo"
30 PRINT"Hal"; SPC (-85);"lo"
40 PRINT"Hal"; SPC (165);"lo"

RUN
Hallo
Hal     lo
Hallo
Hal     lo
```

Verweise:

Befehl	Seite	Befehl	Seite
LPRINT	405	PRINT#	422
PRINT	418	SPACE$	434

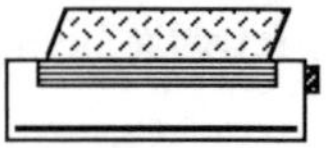

TAB

Befehl ■
Funktion □
Operator □
Systemvariable □

Funktion:

Den Cursor oder Druckkopf auf eine bestimmte Spalte positionieren.

Syntax:

```
TAB(Spalte)
```

Beschreibung:

TAB positioniert den Cursor (PRINT TAB(Spalte)) oder den Druckkopf (LPRINT TAB(Spalte)) an eine durch "Spalte" bestimmte Stelle einer Zeile. Für "Spalte" kann ein ganzzahliger Wert oder ein numerischer Ausdruck eingesetzt werden. Der berechnete und zur Ganzzahligkeit gerundete Wert dieses Ausdrucks wird als Spaltenposition verwendet.

Der Integerwert muß >= –32768 und <= +65535 sein. Allerdings werden alle Werte unter 1 gleich 0 gesetzt. Ab Wert 80 wird vom Integerwert so lange 80 subtrahiert, bis ein Wert <80 erreicht ist. Dieser wird dann verwendet. Befindet sich die errechnete Spaltenposition links von der aktuellen Cursorposition, dann wird dieser Punkt in der nächsten Zeile aufgesucht.

TAB kann nur innerhalb der Liste von Ausgabeelementen bei folgenden Anweisungen verwendet werden:

```
PRINT, LPRINT, PRINT#
```

Bei PRINT USING und LPRINT USING muß TAB vor USING gesetzt werden.

Fehler:

```
Overflow
```

Der Wert des numerischen Ausdrucks ist <= –32768 oder >= +65535.

Beispiel:

```
10 A$="Name":="Vorname":C$="Ort"
20 PRINT TAB(5) A$;TAB(20) B$;TAB(40) C$;
30 PRINT TAB(-9) A$
40 PRINT TAB(0) A$
50 PRINT TAB (5) A$
60 PRINT TAB (85) A$
70 PRINT TAB(165) A$

RUN
    Name            Vorname      Ort
Name
Name
    Name
    Name
    Name
```

Verweise:

Befehl	Seite	Befehl	Seite
LPRINT	405	PRINT USING	421
LPRINT USING	408	PRINT#	422
PRINT	418		

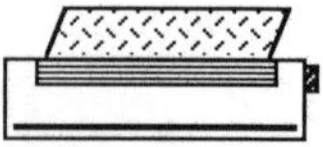

USING

Befehl ■
Funktion □
Operator □
Systemvariable □

Funktion:

Format bestimmen, in dem auszugebende Daten darzustellen sind.

Syntax:

```
PRINT TAB(Spalte); USING
                  "Formatstring";Ausdruck1, ...
LPRINT TAB(Spalte); USING
                  "Formatstring";Ausdruck1, ...
PRINT# TAB(Spalte); USING
                  "Formatstring";Ausdruck1, ...
```

Beschreibung:

Das Befehlswort USING stellt keine selbständige Funktion oder Anweisung dar, sondern kann nur in Zusammenhang mit den Anweisungen PRINT, LPRINT und PRINT# verwendet werden.

Mit USING wird ein "Formatstring" aufgerufen, in dem festgelegt ist, wie auszugebende Daten auf dem Bildschirm oder dem Drucker darzustellen sind bzw. in eine externe Datei zu schreiben sind. In dem "Formatstring" werden Platzhalter an die Stellen geschrieben, an denen bei der Ausgabe die betreffenden Daten stehen sollen. Für die einzelnen Datentypen stehen unterschiedliche Platzhalter zur Verfügung:

– für numerische Daten: # . + – ^^^^

- für Strings: & !
- sonstige Zeichen: _(Unterstreichung) und Zeichenfolge (alle Zeichen außer den hier als Platzhalter angegebenen).

Jeder der Platzhalter steht für ein auszugebendes Zeichen. Sollen ganzzahlige Größen dargestellt werden, so ist für jede Ziffer ein "#" zu setzen. Um Dezimalzahlen darzustellen, ist an der gewünschten Stelle ein Dezimalpunkt zu setzen (###.##). Damit kann also auch festgelegt werden, wie viele Stellen vor und nach dem Komma ausgegeben werden sollen.

Für numerische Felder können höchstens 24 Zeichen "#" verwendet werden. Sind mehr Platzhalter vorhanden, als für eine darzustellende Zahl benötigt werden, so wird der Wert rechtsbündig in das Feld geschrieben und die freien Plätze links mit Leerstellen (Blanks) aufgefüllt.

Wird als erstes Zeichen am Anfang des Feldes ein "+" eingesetzt, werden die Werte mit einem vorangestellten Vorzeichen ausgegeben. Wird das "+" als letztes Zeichen der Platzhalter gesetzt, erscheint bei der Ausgabe das Vorzeichen hinter dem Wert. Ein "–" (Minuszeichen) am Ende der Platzhalterreihe bewirkt, daß nur das Minuszeichen eines Wertes direkt hinter dem Wert ausgegeben wird, "+"-Zeichen entfallen.

Um numerische Werte in Exponentialschreibweise darzustellen, muß die Zeichenfolge ^^^^ für die vier Stellen des Exponenten hinter die Platzhalter für die Ziffernausgabe gesetzt werden; eine Stelle für "E", eine Stelle für das Vorzeichen und zwei Stellen für den Exponenten zur Basis 10 (###.##^^^^ = 123.45E+12). Nicht benötigte Leerstellen eines Formatfeldes können durch "*" angezeigt werden, wenn am Anfang des Formatfeldes "**" gesetzt wird (**###.## = **1.34).

Steht am Anfang des Formatfeldes "$$", so wird vor die erste Ziffer ein "$" geschrieben ($$##.## = $56.58). Ist die auszugebende Zahl größer als das definierte Formatfeld, wird die Zahl richtig ausgegeben (gerundet), aber ein "%" vorangestellt (##.## = %125.56).

Für die Ausgabe von Stringausdrücken müssen die dafür festzulegenden Plätze links und rechts mit dem Backslash Schrägstriche markiert werden. Dieser Schrägstrich kann mit der niedergedrückten Taste ALT und den Zifferntasten 9 und 2 geschrieben werden (ALT 9 2). Mit diesen Zeichen und entsprechenden Leerstellen dazwischen kann die Länge des darzustellenden Stringausdrucks festgelegt werden. Zwei Leerschritte ergeben mit den Zeichen links und rechts (Schrägstrich) vier Plätze, also werden vom auszugebenden String die ersten vier Zeichen dargestellt.

Mit Hilfe des Zeichens "&" wird ein Formatfeld mit variabler Länge definiert. Mit dem Platzhalter "!" wird festgelegt, daß nur das erste Zeichen des Strings ausgegeben wird. Um den ersten Platzhalter mit auszugeben, muß als erstes Zeichen im Format ein "_" gesetzt werden (_##.## = #23.69).

Alle übrigen hier nicht als Platzhalter angesprochenen Zeichen können als auszugebende Texterläuterungen in die Formatzeile eingefügt werden (###.## DM =

123.45 DM). Bei der Zuweisung der Variableninhalte auf die Platzhalter ist auf den richtigen Variablentyp zu achten. Es kommt sonst zu Fehlermeldungen.

In einer PRINT USING-Anweisung können im Formatstring mehrere numerische und Stringausdrücke ausgegeben werden. Die Anzahl der Formatfelder muß nicht mit der Anzahl der zu formatierenden Ausdrücke übereinstimmen.

Ist die Anzahl der Formatfelder größer als die Zahl der Ausdrücke, werden die nicht benötigten Formatfelder ignoriert. Ist die Formatfelderanzahl. Ist als die Zahl der auszugebenden Ausdrücke, werden die nicht einsetzbaren Ausdrücke ignoriert.

Reicht die Zeilenlänge beim Drucken oder Ausgeben auf dem Bildschirm für die Ausführung der PRINT USING-Anweisung nicht aus, so wird in der nächsten Zeile weiter geschrieben.

Fehler:

```
Type mismatch
```

Sie haben die Stringformate nicht eingehalten, also z.B. versucht auf ein Feld ##.## den Ausdruck "Hallo" zuzuweisen.

```
Illegal function call
```

Sie verwendeten mehr als 24 Platzhalter für numerische Werte.

Beispiel:

```
10 A$="GWBASIC"
20 A = 123.568
30 C = 3123.568
40 F1$="\  \"
50 F2$="###.###"
60 F3$="&   ###.## DM"
70 PRINT USING F1$;A$
80 PRINT USING F2$;A
90 PRINT USING F3$;A$,C

RUN
GWBA
123.568

GWBASIC  %3123.57
```

Verweise:

Befehl	Seite	Befehl	Seite
LPRINT	405	PRINT#	422
PRINT	418	TAB	438

- ☐ **Befehl**
- ■ **Funktion**
- ☐ **Operator**
- ☐ **Systemvariable**

VARPTR

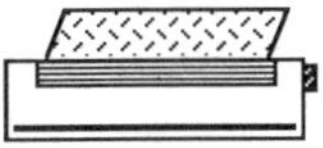

Funktion:

Die Adresse einer Variablen im Arbeitsspeicher oder die Adresse des ersten Bytes eines Datei-Puffers liefern

Syntax:

```
VARPTR(Variablenname)
VARPTR(#Kanalnummer)
```

Beschreibung:

VARPTR(Variablenname):

Die Funktion liefert die Speicher-Adresse des niedrigsten Bytes des Wertes der angegebenen Variablen. Das Ergebnis ist ein Wert >= –32768 und <= 65535. Wird ein negativer Wert ausgegeben, so muß er zu 65535 addiert werden, um die aktuelle Adresse zu erhalten. Alle unter GW-BASIC oder MS-BASIC zulässigen Variablentypen können verwendet werden.

VARPTR(#Kanalnummer):

Die Funktion liefert die Speicher-Adresse des ersten Bytes des sequentiellen oder Random-Dateipuffers, der mit der angegebenen Kanalnummer angesprochen wird.

Speicheradressen von Variablen können erst abgefragt werden, wenn eine Wertzuweisung erfolgt ist. Speicheradressen von Leerstrings und Wert 0 können nicht ermittelt werden.

Fehler:

```
Illegal function call
```

Die mit VARPTR aufgerufene Variable wurde noch nicht definiert.

Beispiel:

```
20 B$="Hallo!"
30 PRINT "B$=";B$;
40 PRINT " ist im Speicher ab ";VARPTR(B$);" abgelegt."
50 END
```

Verweis:

Befehl	Seite	Befehl	Seite
VARPTR$	**447**		

- ☐ Befehl
- ■ Funktion
- ☐ Operator
- ☐ Systemvariable

VARPTR$

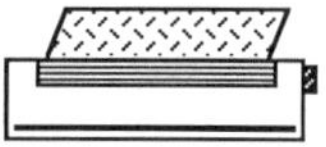

Funktion:

Informationen über Typ und Speicheradresse einer Variablen liefern.

Syntax:

```
VARPTR$(Variablenname)
```

Beschreibung:

Die Funktion VARPTR$ liefert in einem 3-Byte-String Informationen über den Variablentyp, die Anfangsadresse des niederwertigen Bytes und die Anfangsadresse des hochwertigen Bytes. Gegenüberstellung erstes Byte / Variablentyp :

```
CHR$(2)  / Integer-Variable
CHR$(3)  / Stringvariable
CHR$(4)  / Variable mit einfacher Genauigkeit
CHR$(8)  / Variable mit doppelter Genauigkeit
```

Die Anweisung VARPTR$ bezieht sich nur auf den Datenspeicherbereich von GW-BASIC bzw. MS-BASIC.

Vorherige DEF SEG-Anweisungen werden nicht berücksichtigt.

Fehler:

```
Illegal function call
```

Sie haben keine Zuweisung auf die Variable vor dem Aufruf von VARPTR$ durchgeführt.

Beispiel:

```
20 B$="Hallo!"
30 PRINT "B$=";B$;
40 PRINT " hat das Format;VARPTR$(B$)
50 END
```

Verweis:

Befehl	Seite	Befehl	Seite
VARPTR	445		

- ■ Befehl
- □ Funktion
- □ Operator
- □ Systemvariable

VIEW PRINT

Funktion:

Ränder eines Text-Fensters festlegen.

Syntax:

```
VIEW PRINT Zeile1 TO Zeile2
```

Beschreibung:

Mit der Anweisung VIEW PRINT wird ein Text-Fenster auf dem Bildschirm festgelegt. Für "Zeile1" und "Zeile2" sind die Zeilennummern einzugeben, bei denen das Fenster beginnen (Zeile1) und enden (Zeile2) soll. Um ein Textfenster mit einer Höhe von einer Zeile zu definieren, müssen Sie für Zeile1 und Zeile2 den gleichen Wert eingeben, z.B. VIEW PRINT 25 to 25. Der gesamte Bildschirm wird als Text-Fenster definiert, wenn die Parameter Zeile1 und Zeile2 nicht angegeben werden.

Fehler:

```
Syntax error
```

Der Befehl wurde ohne TO Zeile2 eingegeben. Um eine Zeile als Fenster zu definieren, muß Zeile1 und Zeile2 mit dem gleichen Wert verwendet werden.

```
Illegal function call
```

Mindestens eine der angegebenen Zeilen befindet sich außerhalb des Bildschirmbereichs. Sie haben nur das Befehlswort VIEW eingegeben.

Beispiel:

```
10 CLS
20 '       VIEW PRINT -DEMONSTRACTION
30 KEY OFF          :' Funktionstastenanzeige abschalten
40 FOR ZEILE = 1 TO 25    :' Schleife ZEILE ANFANG
50     FOR SPALTE = 1 TO 40   :' Schleife SPALTE Anfang
60         PRINT"+ ";            :' Zeichnen + ausgeben
70     NEXT SPALTE            :' Schleife SPALTE ENDE
80 NEXT ZEILE             :' Schleife ZEILE Ende
90 VIEW PRINT 8 TO 18     :' Textfenster auf Zeile 8 bis
                             18 begrenzen
100 FOR ZEILE2 = 1 TO 10  :' Schleife ZEILE2 Anfang
110     FOR SPALTE2 = 1 TO 10 :' Schleife SPALTE2 ANFANG
120         PRINT"0  ";       :' Zeichen 0 ausgeben
130     NEXT SPALTE2          :' Schleife SPALTE2 Ende
140 NEXT ZEILE2               :' Schleife ZEILE2 Ende
150 VIEW PRINT                :' Textfenster = gesamter
                                 Bildschirm
```

■ Befehl
□ Funktion
□ Operator
□ Systemvariable

WIDTH

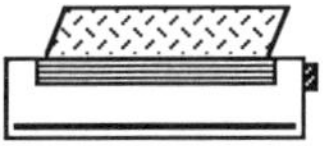

Funktion:

Die Anzahl der Zeichen pro Zeile festlegen.

Syntax:

```
WIDTH Zeichenanzahl
WIDTH LPRINT Zeichenanzahl
WIDTH #Kanalnummer,Zeichenanzahl
WIDTH Device,Zeichenanzahl
```

Beschreibung:

Mit der Anweisung WIDTH kann die Länge der Ausgabezeile (Zeichen pro Zeile) festgelegt werden. Mit WIDTH Zeichenanzahl wird der Bildschirm angesprochen. Übliche Werte sind 40 oder 80. Mit WIDTH LPRINT wird festgelegt, wie viele Zeichen beim Drucken pro Zeile geschrieben werden sollen.

Wird #Kanalnummer als Parameter gewählt, so wird damit bestimmt, wie viele Zeichen über diesen Datenkanal auszugeben sind, bevor ein CR (Zeilenschaltung) gesetzt wird. Das gleiche gilt für den Parameter "Device". Für "Device" können folgende Stringausdrücke eingesetzt werden:

"SCRN:", "LPTa:"(für a gilt 1, 2 oder 3), "COMb:" (für b gilt 1, 2, 3 oder 4).

Die Zeichenanzahl muß >=0 und <=255 sein.

Wird die Zeichenanzahl 255 gewählt, so wird keine Zeilenschaltung (CR) ausgeführt, allerdings werden nach 255 Zeichen die Inhalte von POS und LPOS auf 0 gesetzt.

Die Voreinstellungswerte betragen:

- 40 bzw. 80 für den Bildschirm, je nach Screen-Format,
- 132 Zeichen für den Drucker,
- 255 Zeichen für die COM-Schnittstellen.

Beispiel:

```
20 WIDTH 40
100 WIDTH LPRINT 80
200 WIDTH "LPT1:",136
```

Verweise:

Befehl	Seite	Befehl	Seite
LPRINT	**405**	**SCREEN**	**165**

- ■ **Befehl**
- □ **Funktion**
- □ **Operator**
- □ **Systemvariable**

WRITE

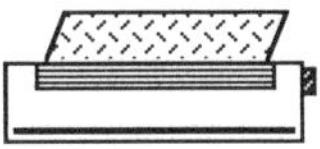

Funktion:

Daten auf dem Bildschirm ausgeben.

Syntax:

```
WRITE Ausdruck1,Ausdruck2, ...
```

Beschreibung:

Die Anweisung WRITE bietet die Möglichkeit, Daten auf dem Bildschirm auszugeben. Im Gegensatz zur PRINT-Anweisung werden hier die Daten automatisch mit Kommas voneinander getrennt und Strings in Anführungsstriche eingeschlossen.

Am Ende wird automatisch eine Zeilenschaltung gesetzt. Die Anweisung WRITE ohne Ausdruck führt zu einer Zeilenschaltung wie bei der Anweisung PRINT, diese kann auch nicht mit "," unterbunden werden. Eine formatierte Ausgabe mit USING und eine tabellarische Schreibweise mit TAB sind nicht möglich. Allerdings kann die Ausgabe ab einer durch LOCATE festgelegten Position geschehen.

Beispiel:

```
10 A$="MS-BASIC"
20 B$="GW-BASIC"
```

```
30 PRINT A$,B$
40 WRITE A$,B$

RUN
MS-BASIC        GWBASIC
"MS-BASIC","GWBASIC"
```

Verweise:

Befehl	Seite	Befehl	Seite
LOCATE	400	TAB	438
PRINT	418	USING	440

■ Befehl
□ Funktion
□ Operator
□ Systemvariable

WRITE#

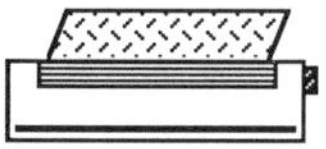

Funktion:

Daten aus einem Speicher auf die Diskette schreiben.

Syntax:

```
WRITE#Kanalnummer,Ausdruck1,Ausdruck2, ...
```

Beschreibung:

Über den mit Kanalnummer (1 bis 15) bezeichneten Datenkanal werden mit der Anweisung WRITE# die Daten auf die Diskette geschrieben. Dabei werden – im Gegensatz zu PRINT# – zwischen die einzelnen Ausdrücke automatisch Kommas gesetzt, und Stringausdrücke werden in Anführungszeichen geschrieben.

Enthalten die Stringausdrücke Leerschritte (Blanks) am Anfang oder Ende, so werden diese mitgeschrieben. Numerische Werte werden im Standardformat übertragen. Am Ende wird CR (CHR$(13)) und LF (CHR$(10)) geschrieben. Die Anweisung WRITE# schreibt die Ausdrücke so, wie die Anweisung WRITE, aber mit nichtdruckbaren Zeichen.

Mit der Funktion LOC kann abgefragt werden, ob auf der Diskette noch genügend Platz für die mit WRITE# zu übertragenden Daten vorhanden ist (siehe LOC).

Beispiel:

```
10 OPEN"O"M#1, "TEST.DAT"
20 A$="MS-DOS 2.11":B$="GWBASIC"
30 WRITE #1,A$,B$
40 CLOSE
```

Verweise:

Befehl	Seite	Befehl	Seite
LOC	348	WRITE	453
PRINT#	422		

Kapitel 9

Grafik bearbeiten

VORBEMERKUNGEN

Mehr als in den anderen bisher behandelten Befehlsgruppen zeigt sich hier, wie sehr die einzelnen BASIC-Arten voneinander abweichen. Sollten Sie eine GW-BASIC-Version älter als 2.0 oder eine MS-BASIC-Version benutzen, werden einige Befehle in der beschriebenen Syntax nicht verwendbar sein. Hier müssen Sie durch Probieren die Regeln Ihres speziellen Grafikbefehls erarbeiten.

Die im Kapitel 9 angegebenen Syntaxregeln gelten für GW-BASIC-Versionen ab 2.0. Allerdings muß einschränkend gesagt werden, daß die Versionen GW-BASIC 3.0 und 3.1 in Zusammenarbeit mit einer hochauflösenden Monochrom-Grafikkarte Probleme bereiten. Die Version 3.2 läuft fehlerfrei.

Sofern Sie eine sogenannte EGA-Karte besitzen, sollte es normalerweise keine Probleme geben, da diese sowohl im Modus der Color-Grafikkarte als auch in dem der Monochrom-Grafikkarte betrieben werden kann. Hier sollten also alle Befehle lauffähig sein.

Sind Sie im Besitz einer Monochrom-Grafikkarte, kann es beim Umschalten von SCREEN 1/2 auf SCREEN 3 zum vertikalen Bildlauf kommen. Mit Hilfe des vertikalen Bildfangs an Ihrem Monitor können Sie das Bild zum Stillstand bringen.

Je nach Monochrom-Grafikkarte werden Sie auch auf die Befehle

`COLOR , SCREEN 0` und `WIDTH 40`

verzichten müssen.

Die vom Autor verwendete Monochrom-Grafikkarte erlaubte in der Zusammenarbeit mit GW-BASIC 3.2 den Befehl SCREEN 0.

BEFEHLSZUSAMMENSTELLUNG GRAFIK BEARBEITEN

Die in diesem Kapitel behandelten Befehle sind hier in einer Übersicht zusammengefaßt. Diese zeigt das Befehlswort und eine Kurzerklärung der Befehlsausführung. Querverweise auf andere, mit dem jeweiligen Befehl im Zusammenhang stehende Anweisungen finden Sie unter der ausführlichen Befehlsbeschreibung.

Befehlswort	Funktion
CIRCLE	Einen Kreis, eine Ellipse oder Teile davon auf dem Bildschirm zeichnen.
COLOR	(mittl. Auflösung) Vorder- und Hintergrundfarbe im Grafik-Modus 1 definieren.
COLOR	(hohe A.) Vorder- und Hintergrundfarbe im Grafik-Modus 2 definieren.

Befehlswort	Funktion
COLOR	(höchste A.) Vorder- und Hintergrundfarbe im Grafik-Modus 3 definieren.
DRAW	Zeichenvorgänge im Grafik-Modus festlegen.
GET	(Grafik) Einen Teil eines Windows in einem Feld speichern.
LINE	Linien und Rechtecke im Grafik-Modus zeichnen.
PAINT	Eine Fläche mit Farbe oder definierten Mustern ausfüllen.
PMAP	Bildschirm-Koordinaten in logische Punktkoordinaten und umgekehrt umwandeln.
POINT	Die Farbe eines Koordinatenpunktes ermitteln.
PRESET	Einen Punkt in der gewählten Farbe auf den angegebenen Koordinatenpunkt zeichnen.
PSET	Einen Punkt in der gewählten Farbe auf den angegebenen Koordinatenpunkt zeichnen.
PUT	Ein in einem Feld gespeichertes Bild auf dem Bildschirm darstellen.
VIEW	Logische Bildschirmgrenzen für grafische Darstellungen definieren.
WINDOW	Die Größe eines Grafik-Fensters definieren.

CIRCLE

Befehl ■
Funktion □
Operator □
Systemvariable □

Funktion:

Einen Kreis, eine Ellipse oder Teile davon auf den Bildschirm zeichnen.

Syntax:

```
CIRCLE STEP (x,y),Radius,Farbindex,Anfang,Ende,
            Achsenverhältnis
```

Beschreibung:

Die Anweisung CIRCLE erzeugt auf dem Bildschirm einen Kreis, eine Ellipse oder Teile davon. Die entsprechende Darstellung wird um den mit "x,y" angegebenen Mittelpunkt gezeichnet. Wird dabei das Befehlswort STEP gegeben, so werden die gesetzten Koordinaten relativ zu vorher gegebenen bestimmt; wird STEP weggelassen, sind für "x,y" absolute Koordinatenwerte zu geben. Für "x" und "y" sind numerische Ausdrücke einzusetzen, die dem SCREEN-Format entsprechen müssen (siehe SCREEN). Die Koordinaten müssen dem Punktraster angepaßt sein:

– SCREEN 1 (Mode 1)

Auflösung :	320 * 200 Punkte
Koordinatenwerte :	x >=0 und <=319
	y >=0 und <=199

– SCREEN 2 (Mode 2)

Auflösung :	640 * 200 Punkte
Koordinatenwerte :	x >=0 und <=639
	y >=0 und <=199

– SCREEN 3 (Mode 3)

Auflösung :	640 * 400 Punkte
Koordinatenwerte :	x >=0 und <=639
	y >=0 und <=399

Die Auflösung im SCREEN 3 kann bei einigen Grafik-Karten auch 640 * 350 Punkte betragen, einige Versionen bieten diesen Modus überhaupt nicht.

Bei Verwendung einer Monochrom-Grafikkarte, wie z.B. der Herkules-Karte, sind folgende Abweichungen zu beachten:

- Die Anweisung SCREEN 1 ist nicht möglich, wenn Sie das der Karte beigegebene Anpassungsprogramm verwenden, um BASICA an die Grafikkarte anzupassen.
- Besitzen Sie die GW-BASIC Version 3.2 (das Programm wird von einigen Hardware-Herstellern auch als BASICA geliefert), können Sie auch SCREEN 1 verwenden.
- SCREEN 3 bietet die Auflösung 720 * 348 Punkte. Demnach können die Koordinaten für x >=0 und <= 719 und für y >=0 und <= 347 betragen.

Wurde vorher eine WINDOW-Anweisung gegeben, können die Koordinaten entsprechend vereinbart werden. Für den Parameter "Radius" ist ein numerischer Ausdruck einzusetzen, der den Radius des zu zeichnenden Kreises oder die Hauptachse der Ellipse bestimmt. Die Koordinatenangabe erfolgt analog zu der Angabe des Mittelpunktes, also auch in Punkten. Der Wert für Radius bezieht sich auf

– die x-Achse, wenn das "Achsenverhältnis" <1 ist,
– die y-Achse, wenn das "Achsenverhältnis" >1 ist.

Der "Farbindex" wird mit einem numerischen Ausdruck angegeben, dessen Wert der gewünschten Farbe entsprechen muß (siehe COLOR). Mit der gewählten Farbe wird die Randlinie des Kreises bzw. der Ellipse gezeichnet. Wird der "Farbindex" weggelassen, so wird mit der aktuellen Vordergrundfarbe gezeichnet.

Für die Parameter "Anfang" und "Ende" müssen numerische Ausdrücke eingesetzt werden, deren Werte >= –2 * Pi und <= +2 * Pi (Pi=3,1415927) betragen. Damit wird festgelegt, von welchem Punkt auf dem Kreis- bzw. Ellipsenumfang (im Bogenmaß) bis zu welchem Punkt gezeichnet werden soll. Negative Werte für "Anfang" und "Ende" bewirken, daß Linien vom Mittelpunkt zum Kreisbogenanfang und vom Kreisbogenende zum Mittelpunkt zusätzlich zum gewünschten Kreisbogen gezeichnet werden.

Werden die Parameter "Anfang" und "Ende" weggelassen, dann werden die Voreinstellwerte verwendet: "Anfang" = 0 und "Ende" = 2 * PI, es wird also ein Vollkreis gezeichnet.

Auch für das "Achsenverhältnis" ist ein numerischer Ausdruck notwendig. Er bestimmt das Verhältnis der x-Achse zur y-Achse. Theoretisch gilt: Sind beide Achsen gleich , das Verhältnis also =1, dann wird ein Kreis gezeichnet, in anderen Fällen eine Ellipse.

Allerdings ist zu beachten, daß die beiden Achsen unterschiedliche Teilungen haben (320/200, 640/200, 640/400 bzw. 640/350 oder 720/348 für die Monochrom-Grafikkarte). Das bedeutet, daß ein gleicher Wert für x und y keinen Kreis erzeugt. In der Praxis müssen folgende, auch als Voreinstellwert vorhandene Achsenverhältnisse eingehalten werden, um Kreise abbilden zu können:

- 0.8333 = 5/6 für Grafikmodus 1 und 2
- 0.41666 = 5/12 für Grafikmodus 3 (640/400)
- 0.66667 = 2/3 für Monochrom-Grafikkarte und SCREEN 3 (720/348)

Ist das Achsenverhältnis < 5/6 (Modus 1 und 2) bzw. 5/12 (Modus 3) oder <2/3 (Modus 3 (720/348)), werden waagerecht liegende Ellipsen gezeichnet. Ist das Achsenverhältnis > 5/6 (Modus 1 und 2) bzw. 5/12 (Modus 3) oder >2/3 (Modus 3 (720/348)), so ergeben sich senkrecht stehende Ellipsen. Mit CIRCLE können nur Ellipsen gezeichnet werden, die zur x- und y-Achse parallel liegen.

Fehler:

```
Illegal function call
```

Sie haben unzulässige Werte für den Anfang und das Ende des Kreisbogens verwendet.

```
Missing operand
```

Das letzte Zeichen der Eingabezeile ist ein Komma, der darauffolgende Wert fehlt, oder das Komma ist überzählig.

Beispiel:

```
5 CLS
10 SCREEN 3
20 CIRCLE (200, 100), 50,,1,.6
30 CIRCLE STEP (80,  20), 80 ,,3.5,3.2
```

```
5 CLS
10 SCREEN 3
20 CIRCLE (300,200) ,110,,,,2
30 CIRCLE STEP ( 3, 5),180,,,,.2
```

Verweise:

Befehl	Seite
COLOR (höchste Auflösung)	471
COLOR (hohe Auflösung)	468
COLOR (mittlere Auflösung)	465
SCREEN	165

■ Befehl
□ Funktion
□ Operator
□ Systemvariable

COLOR (mittlere Auflösung)

Funktion:

Vorder- und Hintergrundfarbe definieren.

Syntax:

```
COLOR Hintergrundfarbe,Palette,
      Grafik-Vordergrund, Grafik-Hintergrund,
      Text-Vordergrund
```

Beschreibung:

Die Anweisung COLOR definiert die Vorder- und Hintergrundfarbe des Bildschirms sowie die Farbe der Texte und gezeichneten Linien. Dabei ist für die Verwendung des Befehls mit SCREEN 1 (320 * 200 Punkte) der Parameter "Hintergrund" als numerischer Ausdruck mit dem Wert >=0 und <=31 anzugeben. Werte über 15 werden mit MOD als Rest zu 15 berechnet.

Dieser Wert bestimmt auch die Intensität der Zeichen, je größer der Wert des Parameters "Hintergrund", desto höher die Intensität der Zeichen. Voreinstellwert für den Hintergrund ist 0 (schwarz).

Mit dem Parameter "Palette" kann zwischen zwei Farbpaletten (0 und 1) gewählt werden. Die beiden

Paletten enthalten folgende Farben:

Palette	Color 1	Color 2	Color 3
0	Grün	Rot	Gelb
1	Cyan	Magenta	Weiß

Der Parameter "Palette" kann mit einem numerischen Ausdruck (Wert 0 bis 255) bestimmt werden. Dabei wird die Palette 0 gewählt, wenn der Wert gerade und die Palette 1, wenn der Wert ungerade ist.

Mit dem Parameter "Grafik-Vordergrund" wird mit Hilfe eines numerischen Ausdrucks (Wert = 0 bis 3) der Voreinstellwert für die Vordergrundfarbe im Grafik-Modus angegeben, wenn in der Grafik-Anweisung kein Farb-Parameter gesetzt wird. Fehlt der Parameter "Grafik-Vordergrund", wird der Wert 3 gewählt.

Für den Parameter "Grafik-Hintergrund" gilt das gleiche, Voreinstellwert ist jedoch 0 (schwarz). Der "Text-Vordergrund" kann mit einem numerischen Ausdruck (Wert = 1 bis 7) angegeben werden. Werte >3 werden mit dem Operanden XOR umgesetzt. Voreinstellwert ist 3. Die COLOR-Anweisungen für Monochrom- und Farbmonitore sind gleich. Die Farben werden auf Monochrom-Monitoren in vier Graustufen dargestellt.

Fehler:

```
Syntax error
```

Der Leerschritt zwischen dem Befehlswort COLOR und dem folgenden Parameter fehlt.

```
Illegal function call
```

Sie haben unzulässige Werte eingegeben. Die von Ihnen verwendete Grafikkarte erlaubt die Anwendung dieses Befehls nicht, z.B. einige Monochrom-Grafikkarten.

```
Missing operand
```

Sie haben für zu übernehmende Voreinstellwerte das Komma vergessen.

Beispiel:

```
10 CLS
20 LOCATE 12, 18:PRINT"Farbtest"
30 FOR I = 1 TO 20
40    FOR X=1 TO 900 :NEXT X     :' Schleife I Anfang
50    COLOR I,1
70 NEXT I
```

Verweise:

Befehl	Seite
COLOR (höchste Auflösung)	471
COLOR (hohe Auflösung)	468
SCREEN	165

COLOR (hohe Auflösung)

Befehl ■
Funktion □
Operator □
Systemvariable □

Funktion:

Vorder- und Hintergrundfarbe im Grafik-Modus 2 definieren.

Syntax:

```
COLOR Grafik-Vordergrund,Grafik-Hintergrund,
                                Text-Vordergrund
```

Beschreibung:

Diese COLOR-Anweisung definiert die Farben im Grafik-Modus 2 (hohe Auflösung). In diesem Modus sind nur noch die Farben Schwarz und Weiß möglich (siehe SCREEN). Für den Parameter "Grafik-Vordergrund" wird ein numerischer Ausdruck eingesetzt, dessen Wert >=0 und <=3 sein muß.

Wird "Grafik-Vordergrund" weggelassen, so wird der Voreinstellwert 1 (Weiß) angenommen. Werte über 3 werden mit dem XOR-Operator umgesetzt. Der Wert für "Grafik-Hintergrund" darf mit einem numerischen Ausdruck angegeben werden, Größe des Wertes = 0 oder 1. Der Voreinstellwert beträgt 0 (Schwarz). Für den Parameter "Text-Vordergrund" wird ein numerischer Ausdruck eingesetzt. Allerdings kann die Textdarstellung nur in weiß (Wert =1) erfolgen, inverse Darstellung ist nicht möglich.

Farbtabelle:

0 Schwarz
1 Weiß
2 Schwarz
3 Weiß

Jeder Parameter der COLOR-Anweisung kann entfallen. An ihre Stelle treten die vorher im Programm vereinbarten Werte. Das vor dem Parameter stehende Komma darf nicht weggelassen werden.

Fehler:

```
Syntax error
```

Der Leerschritt zwischen dem Befehlswort COLOR und dem folgenden Parameter fehlt.

```
Illegal function call
```

Sie haben unzulässige Werte eingegeben. Die von Ihnen verwendete Grafikkarte erlaubt die Anwendung dieses Befehls nicht, z.B. einige Monochrom-Grafikkarten.

```
Missing operand
```

Sie haben für zu übernehmende Voreinstellwerte das Komma vergessen.

Beispiel:

```
COLOR 1,1,1
```

Verweise:

Befehl	Seite
COLOR (höchste Auflösung)	471
COLOR (mittlere Auflösung)	465
SCREEN	165

■ Befehl
□ Funktion
□ Operator
□ Systemvariable

COLOR (höchste Auflösung)

Funktion:

Vorder- und Hintergrundfarbe im Grafik-Modus 3 definieren.

Syntax:

```
COLOR Grafik-Vordergrund,Grafik-Hintergrund,
                                 Text-Vordergrund
```

Beschreibung:

Die Anweisung COLOR definiert die Farben im Grafik-Modus 3 (höchste Auflösung). In diesem Modus sind nur noch die Farben Schwarz und Weiß möglich (siehe SCREEN).

Für den Parameter "Grafik-Vordergrund" wird ein numerischer Ausdruck eingesetzt, dessen Wert >=0 und <=3 sein muß. Wird "Grafik-Vordergrund" weggelassen, so wird der Voreinstellwert 1 (Weiß) angenommen. Werte über 3 werden mit dem XOR-Operator umgesetzt.

Der Wert für "Grafik-Hintergrund" darf mit einem numerischen Ausdruck angegeben werden, Größe des Wertes = 0 oder 1. Der Voreinstellwert beträgt 0 (Schwarz). Für den Parameter "Text-Vordergrund" wird ein numerischer Ausdruck eingesetzt. Wert 1 ergibt weiße Zeichen auf schwarzem Grund, Wert 0 ergibt schwarze Zeichen auf weißem Grund (inverse Darstellung).

Farbtabelle:

0 Schwarz
1 Weiß
2 Schwarz
3 Weiß

Jeder Parameter der COLOR-Anweisung kann entfallen. An ihre Stelle treten die vorher im Programm vereinbarten Werte, allerdings dürfen Sie die zugehörigen Kommas nicht weglassen.

Fehler:

```
Syntax error
```

Der Leerschritt zwischen dem Befehlswort COLOR und dem folgenden Parameter fehlt.

```
Illegal function call
```

Sie haben unzulässige Werte eingegeben. Die von Ihnen verwendete Grafikkarte erlaubt die Anwendung dieses Befehls nicht, z.B. einige Monochrom-Grafikkarten.

```
Missing operand
```

Sie haben für zu übernehmende Voreinstellwerte das Komma vergessen.

Beispiel:

```
COLOR 1,1,1
```

Verweise:

Befehl	Seite
COLOR (hohe Auflösung)	468
COLOR (mittlere Auflösung)	465
SCREEN	165

DRAW

Befehl ■
Funktion □
Operator □
Systemvariable □

Funktion:

Zeichenvorgänge im Grafik-Modus festlegen.

Syntax:

```
DRAW Befehlsstring
```

Beschreibung:

Mit der Anweisung DRAW wird ein Zeichenvorgang auf dem Bildschirm ausgeführt. Dazu muß jedoch zuvor mit einer SCREEN-Anweisung ein Grafik-Modus eingeschaltet werden. Der Zeichenvorgang beginnt an der zuletzt erreichten Position eines vorhergegangenen Grafikbefehls oder – wenn zuvor kein Grafikbefehl verwendet wurde – in der Bildschirmmitte.

Soll eine andere Anfangsposition gewählt werden, muß diese vor Aufruf des DRAW-Befehls mit PSET festgelegt werden.

Die einzelnen Zeichenanweisungen werden in einem Befehlsstring zusammengefaßt. Diese Zeichenanweisungen bestehen aus einer Folge von Buchstaben und Koordinaten.

Die Buchstaben, sie können groß oder klein geschrieben werden, stehen jeweils für einen besonderen Zeichenbefehl:

B Der "Zeichenstift" wird, ohne zu zeichnen, bewegt.

N Der "Zeichenstift" wird zeichnend bewegt und an den Ausgangspunkt zurückgeführt.

Die folgenden Befehle können mit B oder N kombiniert werden:

U n	Um n Einheiten nach oben bewegen oder zeichnen.
D n	Um n Einheiten nach unten.
L n	Um n Einheiten nach links.
R n	Um n Einheiten nach rechts.
E n	Um n Einheiten diagonal nach rechts oben.
F n	Um n Einheiten diagonal nach rechts unten.
G n	Um n Einheiten diagonal nach links unten.
H n	Um n Einheiten diagonal nach links oben.
A	Beschreibt den Winkel für die folgende Zeichenstiftbewegung. Der Winkel kann mit einem Wert von 0 bis 3 definiert werden.

0	entspricht	0 Grad
1	entspricht	90 Grad
2	entspricht	180 Grad
3	entspricht	270 Grad

C Wählt die durch den Farbindex der SCREEN-Anweisung festgelegten Farben aus. Je nach gewählter SCREEN-Anweisung sind folgende Werte möglich:
0 bis 3 für SCREEN 1
0 (Schwarz) und 1 (Weiß) für SCREEN 2 und 3.

M x,y zeichnet eine Linie vom aktuellen Punkt zu dem Punkt x,y. Werden vor x und y Vorzeichen gesetzt, dann gelten sie als Relativ-Koordinaten, d.h. die Koordinaten des aktuellen Punktes (Beginn der Linie) werden um die Beträge x,y vergrößert bzw. bei negativen Werten verkleinert und als Endpunkt der Linie verwendet.

S k Definiert einen Multiplikator für alle folgenden mit Befehlen angegebenen Einheiten n oder Koordinaten x und y. Für den M-Befehl gilt der Multiplikator nur bei Relativ-Koordinaten. Für k kann der Wert >=1 und <=255 sein.

TA n Beschreibt den Winkel in Grad für die folgende Zeichenstiftbewegung. Mit dem Vorzeichen kann die Richtung des Winkels angegeben werden:

– (minus) : Drehung im Uhrzeigersinn.
\+ (plus) : Drehung gegen den Uhrzeigersinn.

Die Werte für n können –360 bis +360 (Grad) betragen.

X Stringvariable; ruft den durch "Stringvariable" definierten Zeichenvorgang auf. Der Aufruf erfolgt wie das Verzweigen in ein Unterprogramm.

P n,m Bestimmt die Farbe im Inneren der gezeichneten Fläche (n) und die Randfarbe (m). Folgende Werte für n und m sind zulässig:

- Grafik-Modus 1: 0 bis 3
- Grafik-Modus 2 und 3: 0 und 1

Beide Parameter zu P müssen angegeben werden.

Alle Werte können durch Variablen ersetzt werden, dabei ist jedoch zu beachten, daß im Befehlsstring vor einer Variablen ein "=" (Gleichheitszeichen) stehen muß und die Variable durch ein nachfolgendes ";" (Semikolon) abzuschließen ist. Die einzelnen Befehle im Befehlsstring können durch Kommas voneinander getrennt werden.

Fehler:

```
Missing operand
```

Sie haben hinter dem Befehlswort DRAW keine Variable angegeben, oder die Zeichenanweisung P ist unvollständig. Ist eine nicht vorhandene Variable angegeben, wird der DRAW-Befehl ohne sichtbares Ergebnis ausgeführt.

```
Syntax error
```

Der Befehlsstring enthält nicht definierbare Befehle.

Beispiel:

```
10 CLS
20 SCREEN 1
30 DRAW"E50F50L100"    :' Dreieck zeichnen
40 A$="U50"            :' )
50 B$="R100"     :' ) Linien als String definieren
60 C$="D50"      :' )
70 RECHTECK$=A$+B$+C$ :' Linienstrings zum
                        Rechteck-String zusammenfassen
80 DRAW RECHTECK$      :' Rechteck zeichnen
```

Verweise:

Befehl	Seite	Befehl	Seite
PSET	491	SCREEN	165

- ■ Befehl
- □ Funktion
- □ Operator
- □ Systemvariable

GET (Grafik)

Funktion:

Einen Teil eines Windows in einem Feld speichern.

Syntax:

```
GET STEP (x1,y1) - STEP (x2,y2), Feld
```

Beschreibung:

Die Anweisung GET überträgt die in einem Grafik-Window gesetzten Bildpunkte in ein Feld. Dabei sind die Koordinaten der linken oberen Ecke (x1,y1) und der unteren rechten Ecke (x2,y2) des zu speichernden rechteckigen Bildausschnittes anzugeben. Das Feld ist mit einem beliebigen Namen zu kennzeichnen und ohne Klammern anzugeben.

Bevor der GET-Befehl aufgerufen wird, ist ein Koordinaten Bereich mit der Anweisung WINDOW fest zulegen. Da Bit-Grafiken einen großen Speicherplatzbedarf haben, sollte im voraus der benötigte Speicherplatz berechnet werden.

Für jeden Punkt in x oder y Richtung werden maximal 2 Bytes benötigt. Die benötigte Speicherplatzgröße läßt sich wie folgt berechnen:

Feldgröße = 4 + INT((x * B + 7) / 8) * y

B (Bits pro Bildpunkt) = 1 bei Auflösung 640 * 200
und 640 * 400
= 2 bei Auflösung 320 * 200

x = Anzahl der zu speichernden Bildpunkte in x-Richtung.

y = Anzahl der zu speichernden Bildpunkte in y-Richtung.

Der hier ermittelte Wert wird benötigt, um über die DIM-Anweisung die Feldgröße festzulegen.

Fehler:

```
Parameter out of range
```

Der durch DIM reservierte Bereich beim Speichern der Bildpunkte wurde überschritten.

```
Illegal function call
```

Vor Ausführung des Befehls GET wurde keine WINDOW-Anweisung ausgeführt.

Beispiel:

```
200 GET (20,30)-(150,120),GRAFIK :' Fensterinhalt
                              unter GRAFIK speichern
```

Verweise:

Befehl	Seite	Befehl	Seite
PUT (Grafik)	495	WINDOW	499

- ■ **Befehl**
- □ **Funktion**
- □ **Operator**
- □ **Systemvariable**

LINE

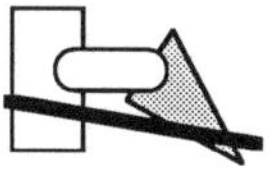

Funktion:

Linien und Rechtecke im Grafikmodus zeichnen.

Syntax:

```
LINE (x1,y1)-(x2,y2),Farbcode
LINE STEP (x1,y1)- STEP (x2,y2),Farbcode
LINE STEP (x1,y1)- STEP (x2,y2),Farbcode,B
LINE STEP (x1,y1)- STEP (x2,y2),Farbcode,BF,
```

Nur GW-BASIC:

```
LINE STEP (x1,y1)- STEP (x2,y2),Farbcode,BF,
                                          Linienart
```

Beschreibung:

Um Linien und Rechtecke in einem Grafik-Modus zu zeichnen, wird die LINE-Anweisung benötigt. Die Linie wird vom Anfangspunkt mit den Koordinaten x1,y1 bis zum Endpunkt x2,y2 gezeichnet. Die Koordinaten stellen Punktkoordinaten des jeweiligen SCREEN-Formats dar, außer es wird vorher die Anweisung WINDOW gegeben.

Wird vor einem Koordinatenpaar der Parameter STEP gesetzt, so werden diese als relative Koordinaten zu den letzten vorher genannten Koordinaten betrachtet. Die Koordinaten können dann Vorzeichen enthalten.

Der Farbcode ist entsprechend dem gesetzten SCREEN zu wählen. Der Parameter B zeichnet ein Rechteck mit den diagonal gegenüberliegenden Eckpunkten x1,y1 und x2,y2, wobei x1,y1 die untere linke und x2,y2 die rechte obere Ecke darstellen. Wird anstelle von "B" der Parameter "BF" gewählt, so wird ebenfalls das Rechteck gezeichnet, aber mit der durch "Farbcode" bestimmten Farbe ausgefüllt.

Mit dem Parameter "Linienart" kann die Art der Linie bestimmt werden, die zwischen den angegebenen Koordinaten gezeichnet werden soll. Dazu wird eine 16-Bit-Integer-Maske benutzt, um die Punkte der Linie auf dem Bildschirm sichtbar zu machen. Diese Funktion ist bei gefüllten Rechtecken nicht möglich.

Fehler:

```
Syntax error
```

Sie haben versucht, ein zu füllendes Rechteck mit einer Linienart zu zeichnen.

```
Missing operand
```

Ein Parameter und das dazugehörende Komma fehlt.

Beispiel:

```
10 CLS
20 FOR X = 50 TO 290 STEP 5 :' Schleife X Anfang,
                               Schrittweite: 5
30     LINE (X,X)-(690,290),,B  :' Rechteck
                                   zeichnen
40 Next X
```

```
10 CLS
20 LINE (92,52)-(202,152),2,B   :' Rechteck in Bildmitte
                                   zeichnen
30 LINE (82,42)-(192,142),1BF   :' gefülltes Rechteck
                                   zeichnen
40 LINE (60,30)-(220,170),3,B,&HAB10 :' Rechteck mit
                                        punktierter Linie
```

Verweise:

Befehl	Seite
COLOR (höchste Auflösung)	471
COLOR (hohe Auflösung)	468
COLOR (mittlere Auflösung)	465
DRAW	474
PAINT	489
SCREEN	165

PAINT

Befehl ■
Funktion □
Operator □
Systemvariable □

Funktion:

Eine Fläche mit Farbe oder definierten Mustern ausfüllen.

Syntax:

```
PAINT STEP (x,y),Fläche,Rand,Hintergrund
```

Beschreibung:

Flächen beliebiger Formen können mit der Anweisung PAINT mit einer gewählten Farbe oder definierten Mustern ausgefüllt werden. x,y stellen einen Punkt innerhalb der zu füllenden Fläche dar. Wird der Parameter STEP gesetzt, so werden x,y als Relativ-Koordinaten behandelt (siehe CIRCLE und LINE).

Für den Parameter "Fläche" ist ein numerischer Ausdruck mit dem Wert 0 bis 3 zu setzen. Damit wird die Farbe zum Füllen der Fläche ausgewählt. Soll die Fläche jedoch mit einem Muster ausgefüllt werden, so muß für "Fläche" ein Stringausdruck eingegeben werden, der das Bit-Muster definiert.

Dieses Bit-Muster besteht jeweils aus acht Bit breiten und bis 64 Bytes hohen Teilmustern. Der Stringausdruck hat das Format: CHR$(n)+CHR$(n)... , wobei "n" dezimal 0 bis 255 betragen kann, hexadezimal &H00 bis &HFF.

Beispiel:

Bit-Nummer:	7	6	5	4	3	2	1	0
Bit-Wert :	128	64	32	16	8	4	2	1

Im Muster sollen in der ersten Zeile Bit 6, 4, 2 und 1 belegt werden:

64 + 16 + 4 + 2 = 86 → CHR$(86)

In der zweiten Zeile werden Bit 7, 5, 3 und 0 belegt:

128 + 32 + 8 + 1 = 169 → CHR$(169)

Der Stringausdruck heißt für das Beispiel-Muster:
`CHR$(86)+CHR$(169)`

Fehler:

`Syntax error`

Nach dem Befehlswort PAINT sind keine weiteren oder falsche Angaben gesetzt worden.

`Out of memory`

Durch vorher nicht beendete Schleifen und GOSUB ist zuviel Speicherplatz belegt. Mit CLEAR kann der Speicherbereich erweitert werden.

Die Flächenfarbe "läuft aus"

Die Umrandung der auszufüllenden Fläche ist nicht vollständig geschlossen.

Beispiel:

```
10 CLS
20 LINE 8292,152)-(402,252),2,B    :' Rechteck zeichnen
30 LINE (282,142)-8392,242),7,BF  :' gefülltes Rechteck
                                        zeichnen
40 PAINT (300,100), CHR$ (128)+CHR$(32),7 :' Hintergrund
                                         mit Muster füllen
```

Verweise:

Befehl	Seite
COLOR (höchste Auflösung)	471
COLOR (hohe Auflösung)	468
COLOR (mittlere Auflösung)	465
DRAW	474
LINE	481
SCREEN	165

- ☐ **Befehl**
- ■ **Funktion**
- ☐ **Operator**
- ☐ **Systemvariable**

PMAP

Funktion:

Bildschirm-Koordinaten in logische Punktkoordinaten und umgekehrt umwandeln.

Syntax:

```
PMAP (Koordinate,n)
```

Beschreibung:

Die Funktion PMAP wandelt Koordinatenwerte um. Beide Umwandlungsrichtungen sind möglich: sowohl von Bildschirm-Koordinaten in logische Punktkoordinaten als auch umgekehrt. Für den Parameter "Koordinate" ist die x- oder y-Koordinate einzugeben, die umgewandelt werden soll. Sie wird als numerischer Ausdruck eingegeben. Mit dem Parameter "n" wird die entsprechende PMAP-Funktion ausgewählt. Dafür ist ein Integer-Wert (>= 0 und <= 3) einzusetzen. PMAP-Funktionen:

n = 0: nimmt die eingegebene Koordinate als skalierte (logische) x-Koordinate und wandelt sie in eine (physische) Bildschirm oder WINDOW-x-Koordinate um.

n = 1: nimmt die eingegebene Koordinate als skalierte

sische) Bildschirm- oder WINDOW-y-Koordinate um.

n = 2: nimmt die eingegebene Koordinate als (physische) Bildschirm- oder WINDOW-x-Koordinate und wandelt sie in eine skalierte (logische) x-Koordinate um.

n = 3: nimmt die eingegebene Koordinate als (physische) Bildschirm- oder WINDOW-y-Koordinate und wandelt sie in eine skalierte (logische) y-Koordinate um.

Verweise:

Befehl	Seite	Befehl	Seite
VIEW	497	WINDOW	499

- ☐ Befehl
- ■ Funktion
- ☐ Operator
- ☐ Systemvariable

POINT

Funktion:

Die Farbe eines Koordinatenpunktes ermitteln.

Syntax:

```
POINT(x,y)
POINT(n)
```

Beschreibung:

Um die Farbe eines Koordinatenpunktes zu bestimmen, sind die x- und y-Koordinaten des Punktes mit dem Befehlswort POINT einzugeben (Beispiel POINT(80,100)). Für den bezeichneten Punkt wird der Farbcode ermittelt. Das Ergebnis der Befehlsausführung ist >= 0 und <= 3.

Dieses kann ausgegeben oder als Bedingung für die Ausführung von Sprüngen usw. verwendet werden. Eine zweite Verwendungsart des Befehls ist:

```
POINT(n)
```

Mit dieser Befehlsart wird der Wert der aktuellen logischen und physischen Koordinaten abgefragt. Wenn Sie für n den Wert 0 eingeben, erhalten Sie die aktuelle physische Koordinate x;

1 eingeben, erhalten Sie die aktuelle physische Koordinate y;

2 eingeben, erhalten Sie bei Verwendung der Anweisung WINDOW die aktuelle logische Koordinate x; Ohne WINDOW-Anweisung wird die aktuelle physische Koordinate x ausgegeben;

3 eingeben, erhalten Sie bei Verwendung der Anweisung WINDOW die aktuelle logische Koordinate y. Ohne WINDOW-Anweisung wird die aktuelle physische Koordinate y ausgegeben.

Zur Erklärung: Die physische Koordinate ist die Bildschirm- bzw. Bildschirmausschnitt-Koordinate.

Beispiel:

```
10 SCREEN 2
20 FARBE = 1          :' Der Variablen FARBE den Wert 1
                         zuweisen
30 PSET (50,40), FARBE  :' Punkt 50/40 in Farbe 1
40 IF POINT(50,40)=FARBE THEN PRINT "Der Punkt 50/40 hat
                                     die Farbe ";FARBE
:' Farbe des Punktes 50/40 abfragen
```

Verweise:

Befehl	Seite	Befehl	Seite
COLOR	121	WINDOW	499

- ■ **Befehl**
- □ **Funktion**
- □ **Operator**
- □ **Systemvariable**

PSET

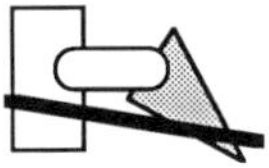

Funktion:

Einen Punkt in der gewählten Farbe auf den angegebenen Koordinatenpunkt zeichnen.

Syntax:

```
PSET STEP (x,y),Color
```

Beschreibung:

Der Punkt wird durch die Anweisung PSET an die Stelle gezeichnet, die durch die Bildschirm-Koordinatenwerte x und y bestimmt ist. Soll der Punkt in einer bestimmten Farbe gesetzt werden, so ist für den Parameter "Color" ein Wert gemäß der gültigen COLOR-Anweisung einzusetzen.

Der Parameter STEP bewirkt das Setzen des Punktes mit dem Abstand x und y zu den zuletzt gegebenen Koordinaten. x und y können dann Vorzeichen enthalten.

Im Unterschied zum Befehl PRESET wird hier ein Punkt in der aktuellen Vordergrundfarbe gezeichnet, wenn der Parameter "Color" weggelassen wird. Koordinaten außerhalb des Bildschirms werden ignoriert.

Fehler:

```
Overflow
```

Die Koordinatenwerte über- oder unterschreiten den Bereich von –32768 bis + 32767.

Beispiel:

```
10 SCREEN 2
20 FARBE = 1       :' ,der Variablen FARBE den Wert 1
                        zuweisen
30 PSET (50,40), FARBE  :' Punkt 50/40 in Farbe 1
40 IF POINT(50,40)=FARBE THEN PRINT "Der Punkt 50/40 hat
                                     die Farbe ";FARBE
:' Farbe des Punktes 50/40 abfragen
```

Verweise:

Befehl	Seite	Befehl	Seite
COLOR	121	PRESET	493

■ **Befehl**
□ **Funktion**
□ **Operator**
□ **Systemvariable**

PRESET

Funktion:

Einen Punkt in der gewählten Farbe auf den angegebenen Koordinatenpunkt zeichnen.

Syntax:

```
PRESET STEP (x,y),Color
```

Beschreibung:

Der Punkt wird durch die Anweisung PRESET an die Stelle gezeichnet, die durch die Bildschirm-Koordinatenwerte x und y bestimmt ist. Soll der Punkt in einer bestimmten Farbe gesetzt werden, so ist für den Parameter "Color" ein Wert >=0 und <=3 einzusetzen. Der Parameter STEP bewirkt das Setzen des Punktes mit dem Abstand x und y zu den zuletzt gegebenen Koordinaten. x und y können dann Vorzeichen enthalten. Soll der Punkt mit der aktuellen Hintergrundfarbe gezeichnet, also gelöscht, werden, ist der Parameter "Color" wegzulassen.

Koordinaten außerhalb des Bildschirmbereichs werden ignoriert.

Hinweis: PRESET(X,Y) und PSET(X,Y),0 sind identisch, weil in beiden Fällen die Hintergrundfarbe 0 (Schwarz) gesetzt wurde.

Fehler:

```
Overflow
```

Die Koordinatenwerte über- oder unterschreiten den Bereich von –32768 bis +32767.

Beispiel:

```
10 CLS
20 SCREEN 3
30 FOR X = 10 TO 300    :' Schleife X Anfang
40     PRESET (X,X),1   :' Punkt mit Farbe Schwarz setzen
50 NEXT X               :' Schleife X Ende
60 FOR Y = 10 TO 300    :' Schleife Y Anfang
70     PRESET STEP (-1,-1),0 :' Punkte mit Farbe Weiß
                               beschreiben
80 NEXT Y               :' Schleife Y Ende
```

Verweise:

Befehl	Seite	Befehl	Seite
COLOR	121	PSET	491

■ Befehl
□ Funktion
□ Operator
□ Systemvariable

PUT (Grafik)

Funktion:

Ein in einem Feld gespeichertes Bild auf dem Bildschirm darstellen.

Syntax:

```
PUT (x1,y1),Feld,Operand
```

Beschreibung:

Die in einem Feld mit der Anweisung GET (siehe GET (Grafik)) gespeicherten Werte werden mit der Anweisung PUT als Abbildung des Bitmusters interpretiert und auf dem Bildschirm dargestellt.

Für x1,y1 sind die Koordinaten der linken oberen Bildecke einzugeben. Für den Anweisungsteil "Feld" ist der Name des numerischen Feldes einzugeben, in dem die Bilddaten gespeichert sind.

Die Übertragung der Feldelemente beginnt oben links und endet unten rechts.

Für den Parameter "Operand" kann einer der folgenden Funktionsbegriffe eingegeben werden:

Funktionsbegriff	Wirkung
PSET	Überträgt Daten punktweise auf den Bildschirm, Farbe wie bei GET festgelegt.
PRESET	Wie PSET, allerdings ein Negativ-Bild (invertierte Darstellung).
AND	Überschreibt ein auf dem Bildschirm vorhandenes Bild. Durch den Operanden AND werden die Bildpunkte, die gleiche Farbe haben, in dieser Farbe dargestellt.
OR	Überschreibt ein auf dem Bildschirm vorhandenes Bild.
XOR	Schon auf dem Bildschirm gesetzte Punkte werden durch das neue Bild invers dargestellt, wenn der betreffende Bildpunkt auch im neuen Bild vorhanden ist.

Fehler:

```
Illegal function call
```

Das zu übertragende Bild ist für den gewählten Ausschnitt zu groß.

Beispiel:

```
100 PUT(20,20),GRAFIK1,PSET
```

Verweis:

Befehl	Seite	Befehl	Seite
GET (Grafik)	479		

- ■ **Befehl**
- □ **Funktion**
- □ **Operator**
- □ **Systemvariable**

VIEW

Funktion:

Logische Bildschirmgrenzen für grafische Darstellungen definieren.

Syntax:

```
VIEW SCREEN (x1,y1)-(x2,y2),Farbe,Rand
```

Beschreibung:

Die Anweisung VIEW legt ein Fenster (Window) innerhalb des Bildschirms fest, in dem Grafiken dargestellt werden sollen. Die obere linke Ecke (x1,y1) und untere rechte Ecke (x2,y2) sind durch Koordinaten zu beschreiben. Die Farbe der entstehenden Fläche wird mit "Farbe" bestimmt (Farbcode eingeben). Das Fenster wird mit einem Rand dargestellt, wenn die Option "Rand" gesetzt wird. Die Randfarbe wird mit dem eingegebenen Wert als Farbcode ermittelt.

Dieser Rand wird dargestellt, wenn der Platz auf dem Bildschirm dazu ausreicht. Die Anweisung VIEW ohne weitere Parameter bewirkt, daß der gesamte Bildschirm als Fenster definiert wird. Die Option "SCREEN" verarbeitet die Werte x1,y1 und x2,y2 als Absolut-Koordinaten. Sollen mehrere VIEW-Anweisungen gegeben werden, kann der Bildschirm durch eine Anweisung VIEW ohne Parameter als Ganzes zum Fenster erklärt und danach mit einer neuen VIEW-Anweisung das gewünschte Fenster definiert werden.

Beispiel:

```
200 VIEW (30,50)-(100,120),1,3
```

Verweis:

Befehl	Seite	Befehl	Seite
WINDOW	499		

- ■ **Befehl**
- □ **Funktion**
- □ **Operator**
- □ **Systemvariable**

WINDOW

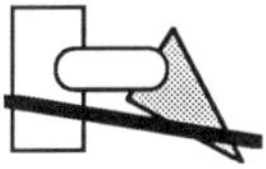

Funktion:

Die Größe eines Grafik-Fensters definieren.

Syntax:

```
WINDOW SCREEN (x1,y1)-(x2,y2)
```

Beschreibung:

Für die Darstellung von Grafiken kann ein Fenster beliebiger Größe definiert werden. Der Benutzer ist nicht an die Bildschirm-Koordinaten gebunden. Je nach Lage des Fensters werden die eingezeichneten Linien und ähnliches auf dem Bildschirm dargestellt oder nicht. Das hängt davon ab, ob die Grafik gerade im "Blickfenster" des Bildschirms liegt. Die Koordinaten x1 und y1 bezeichnen die obere linke Ecke, x2 und y2 die untere rechte Ecke des Fensters. Wird die Option SCREEN weggelassen, so ändern sich diese Definitionen: x1 und y1 stellen den unteren linken und x2,y2 den oberen rechten Eckpunkt des Fensters dar.

Beispiel:

```
20 WINDOW SCREEN (100,100)-(200,200)
```

Kapitel 10

Fehlermeldungen

Die Fehlermeldungen sind in den verschiedenen BASIC-Versionen identisch. In dieser Zusammenstellung sind nur die BASIC-Fehlermeldungen enthalten, die mit einem Fehlercode versehen sind.

Fehler-code	Fehlermeldung Fehlerbeschreibung
01	**NEXT without FOR** (NEXT ohne FOR) In der FOR-NEXT-Schleife wurde FOR nicht gefunden.
02	**Syntax error** (Schreibfehler) In einer Programmzeile wurde eine falsch geschriebene Anweisung oder ein falscher Befehl gefunden. Die fehlerhafte Zeile wird ausgegeben und kann editiert werden. Bei einigen MS-BASIC-Versionen wird nur die Zeilennummer hinter der Fehlermeldung angegeben, jedoch nicht die fehlerhafte Zeile.
03	**RETURN without GOSUB** (RETURN ohne GOSUB) Eine RETURN-Anweisung wurde gefunden, ohne daß vorher eine GOSUB-Anweisung ausgeführt wurde.

Fehler-code	Fehlermeldung Fehlerbeschreibung
04	**OUT of DATA** (keine Daten mehr vorhanden) Es wurde versucht, mehr Daten aus der DATA-Anweisung zu lesen, als vorhanden sind.
05	**Illegal function call** (unerlaubter Funktionsaufruf) Ein unzulässiger Aufruf einer Funktion oder Anweisung wurde gefunden. Ursache: – falsche oder fehlende Parameter – Anweisung LIST, LLIST bei geschützten Programmen – negativer oder zu großer Feldindex – LOG-Argument <=0 – SQR-Argument <0 – Exponent bei negativer Basis kein Integer-Wert – USR-Funktion ohne Startadresse aufgerufen – falsches Argument in LEFT$, MID$, RIGHT$, IMP, OUT, WAIT, PEEK, POKE, TAB, SPC, STRING$, SPACE$, INSTR, ON … GOTO
06	**Overflow** (Überschreitung) Erzeugen einer zu großen Zahl. Wird der untere Grenzwert unterschritten, wird keine Fehlermeldung ausgegeben, sondern der Wert auf 0 gesetzt und weitergerechnet.
07	**Out of memory** (nicht genügend Speicherplatz) Die Speicherkapazität wird überschritten. Das Programm oder ein vereinbartes Feld sind zu groß.

Fehler-code	Fehlermeldung Fehlerbeschreibung
08	**Undefined line number** (undefinierte Zeilennummer) Die hinter GOTO, GOSUB, IF ... THEN oder RETURN stehende Zeilennummer wurde nicht gefunden.
09	**Subscript out of range** (unzulässige Indizierung) Der Feld-Index lag nicht innerhalb des zulässigen Bereichs.
10	**Duplicate definition** (doppelte Definition) Ein bereits dimensioniertes Feld sollte noch einmal dimensioniert werden, oder nach einer DIM-Anweisung wurde eine OPTION BASE-Anweisung gefunden.
11	**Division by zero** (Division durch 0) Eine Zahl sollte durch 0 dividiert werden.
12	**Illegal direct** (unzulässige Direktanweisung) Eine Programmodus-Anweisung wurde im Direktmodus verwendet.
13	**Type mismatch** (falscher Datentyp) Der Typ der Variablen stimmt nicht mit dem darauf zugewiesenen Datentyp überein.

Fehler- code	Fehlermeldung Fehlerbeschreibung
14	**Out of string space** (außerhalb des Stringspeichers) Die Länge des verwendeten Strings übersteigt den dafür vorgesehenen Speicherplatz.
15	**String too long** (String zu lang) Durch die Ausführung einer Anweisung wurde ein String gebildet, der mehr als 255 Zeichen enthält.
16	**String formula too complex** Eine String-Anweisung ist zu tief geschachtelt.
17	**Can't continue** (kann nicht fortgesetzt werden) Der Programmlauf kann nicht fortgesetzt werden. Ursache: – Programmlauf stoppte wegen eines Fehlers (Fehlermeldung) – Programm wurde mit STOP unterbrochen und anschließend geändert – das Programm existiert nicht.
18	**Undefined user function** (undefinierte Benutzer- Funktion) Eine vorher nicht definierte Funktion wurde aufgerufen.
19	**No RESUME** (kein RESUME) Die Anweisung RESUME wurde in der Fehlerbehandlungs-Routine nicht gefunden.

Fehler- code	Fehlermeldung Fehlerbeschreibung
20	**RESUME without error** (RESUME ohne Fehler) RESUME sollte ausgeführt werden, obwohl kein Fehler vorlag und kein Sprung in die Fehlerbehandlungs-Routine ausgeführt wurde.
22	**Missing operand** (Operand fehlt) Nach einem Operator wurde kein Operand gesetzt.
23	**Line buffer overflow** (Eingabepuffergröße überschritten) In einer Anweisungszeile oder einer Eingabe wurden mehr als 255 Zeichen verwendet.
24	**Device Timeout** (Informationsübergabezeit überschritten) Die Informationsübergabe erfolgte nicht in der vereinbarten Zeit.
25	**Device fault** (falsche Gerätangabe) Eine Device-Bezeichnung für ein nicht vorhandenes Gerät wurde verwendet.
26	**FOR without NEXT** (FOR ohne NEXT) In der FOR/NEXT Schleife wurde NEXT nicht gefunden.

Fehler- code	Fehlermeldung Fehlerbeschreibung
27	**Out of paper** (kein Papier im Drucker) Der angeschlossene Drucker sendet den Fehlercode für fehlendes Papier. Der Papierende-Sensor des Druckers muß aktiviert sein!
29	**WHILE without WEND** (WHILE ohne WEND) In der WHILE/WEND-Schleife wurde WEND nicht gefunden.
30	**WEND without WHILE** (WEND ohne WHILE) In der WHILE/WEND-Schleife wurde WHILE nicht gefunden.
50	**FIELD overflow** (Feldpuffer überschritten) Einer FIELD-Anweisung wurden mehr Bytes zugewiesen, als durch die Recordlänge definiert waren.
51	**Internal error** (interner Fehler) Interner Fehler des Interpreters (nicht definiert).
52	**Bad file number** (falsche Kanalnummer) Eine Datei wurde nicht über einen geöffneten Kanal angesprochen oder eine Kanalnummer <1 oder >15 gegeben.

Fehler-code	Fehlermeldung Fehlerbeschreibung
53	**File not found** (Datei nicht gefunden) Die Datei mit dem angegebenen Namen wurde nicht gefunden. Ursache: – Datei nicht vorhanden – Name falsch eingegeben – falsche Laufwerksbezeichnung
54	**Bad file mode** (falscher Dateityp) Die gegebene Anweisung paßt nicht zum Dateityp, z.B. GET bei sequentiellen Dateien.
55	**File already open** (Datei schon geöffnet) Eine bereits benutzte Kanalnummer wurde noch einmal vergeben, eine geöffnete Datei soll noch einmal geöffnet werden, oder eine geöffnete Datei soll mit KILL gelöscht werden.
57	**Device I/O error** (Eingabe/Ausgabe-Übertragungsfehler) Bei der Eingabe von Diskette oder Festplatte oder bei der Ausgabe auf Diskette, Festplatte oder Drucker treten Fehler auf. Ursache: – Diskette schreibgeschützt, nicht formatiert, beschädigt – keine Diskette im angesprochenen Laufwerk – Festplattenfehler – Drucker nicht angeschlossen – Drucker meldet Fehler

Fehler- code	Fehlermeldung Fehlerbeschreibung
58	**File already exists** (Datei bereits vorhanden) Beim Umbenennen wurde ein neuer Dateiname verwendet, der bereits im aktuellen Inhaltsverzeichnis der Diskette/Festplatte vorhanden ist.
61	**Disk full** (Diskette voll) Der gesamte Speicherplatz der Diskette/Festplatte ist belegt.
62	**Input past end** (Eingabe nach einem Dateiende) Aus einer sequentiellen Datei sollen mehr Daten als verfügbar gelesen werden.
63	**Bad record number** (falsche Satznummer) Die Satznummer (Recordnummer) ist <=0 oder >=16 777 215.
64	**Bad file name** (unzulässiger Dateiname) Der Dateiname enthält unzulässige Zeichen oder ist zu lang.
66	**Direct statement in file** (direkte Anweisung in der Datei) In einer geladenen Datei wurde eine Anweisung ohne Zeilennummer gefunden. Eine im Binärcode

Fehler code	Fehlermeldung Fehlerbeschreibung
	gespeicherte Datei soll von einer anderen BASIC-Version geladen werden. Abhilfe: Die Datei in der BASIC-Version, in der sie geschrieben wurde, mit dem Zusatz "A" als ASCII-Datei speichern.
67	**Too many files** (zu viele Dateien) Für die zu speichernde Datei ist im Inhaltsverzeichnis der aktuellen Diskette kein Platz mehr vorhanden. Bei einigen BASIC-Versionen wird diese Fehlermeldung auch ausgegeben, wenn zu viele Dateien geöffnet sind.
68	**Device unavailable** (Gerät nicht angeschlossen) Eine Datei sollte mit dem Befehl OPEN auf einem nicht angeschlossenen Gerät angesprochen werden.
69	**Communication buffer overflow** (COM-Puffer überschritten) Der COM-Puffer ist bereits voll, und es soll eine INPUT-Anweisung ausgeführt werden. Abhilfe: Beim Aufruf des BASIC-Interpreters einen größeren Puffer vereinbaren.
70	**Disk write protected** (Diskette ist schreibgeschützt) Eine schreibgeschützte Diskette soll beschrieben werden. Fehler 57, 71, 72 und 74 können ebenfalls gemeldet werden.

Fehler-code	Fehlermeldung Fehlerbeschreibung
71	**Disk not ready** (Diskettenlaufwerk nicht betriebsbereit) Keine Diskette im Laufwerk oder Laufwerk nicht geschlossen.
72	**Disk media error** (fataler Diskettenfehler) Bei der Datenübertragung von/auf die Diskette stellt der Disk-Controller Fehler fest. Ursache: – Diskette ist beschädigt oder hat defekte Sektoren – Diskette fehlerhaft formatiert – Schreib/Leseköpfe verschmutzt oder falsch justiert
73	Sie haben versucht, ein reserviertes Wort zu verwenden.
74	**Rename across disk** (Umbenennen auf ein anderes Laufwerk) Beim Umbenennen wurden für den alten und neuen Dateinamen unterschiedliche Laufwerksbezeichnungen verwendet.
75	**Path/file Access Error** (Pfadname/Dateiname wird nicht zugeordnet) Die Pfadname/Dateiname-Beziehung kann nicht hergestellt werden. Die Operation wurde abgebrochen.
76	**Path not found** (Pfad nicht gefunden) Der mit dem Dateinamen eingegebene Pfadname wurde nicht gefunden. Die Operation wurde abgebrochen.

Anhang A

Der Zeichensatz des IBM PC

DEZ	HEX	ZEI	DEZ	HEX	ZEI	DEZ	HEX	ZEI	DEZ	HEX	ZEI	DEZ	HEX	ZEI
0	00		1	01	☺	2	02	☻	3	03	♥	4	04	♦
5	05	♣	6	06	♠	7	07	•	8	08	◘	9	09	○
10	0A	◙	11	0B	♂	12	0C	♀	13	0D	♪	14	0E	♫
15	0F	☼	16	10	►	17	11	◄	18	12	↕	19	13	‼
20	14	¶	21	15	§	22	16	▬	23	17	↨	24	18	↑
25	19	↓	26	1A	→	27	1B	←	28	1C	∟	29	1D	↔
30	1E	▲	31	1F	▼	32	20		33	21	!	34	22	"
35	23	#	36	24	$	37	25	%	38	26	&	39	27	'
40	28	(	41	29	)	42	2A	*	43	2B	+	44	2C	,
45	2D	-	46	2E	.	47	2F	/	48	30	0	49	31	1
50	32	2	51	33	3	52	34	4	53	35	5	54	36	6
55	37	7	56	38	8	57	39	9	58	3A	:	59	3B	;
60	3C	<	61	3D	=	62	3E	>	63	3F	?	64	40	@
65	41	A	66	42	B	67	43	C	68	44	D	69	45	E
70	46	F	71	47	G	72	48	H	73	49	I	74	4A	J
75	4B	K	76	4C	L	77	4D	M	78	4E	N	79	4F	O
80	50	P	81	51	Q	82	52	R	83	53	S	84	54	T
85	55	U	86	56	V	87	57	W	88	58	X	89	59	Y
90	5A	Z	91	5B	[	92	5C	\	93	5D	]	94	5E	^
95	5F	_	96	60	`	97	61	a	98	62	b	99	63	c
100	64	d	101	65	e	102	66	f	103	67	g	104	68	h
105	69	i	106	6A	j	107	6B	k	108	6C	l	109	6D	m
110	6E	n	111	6F	o	112	70	p	113	71	q	114	72	r
115	73	s	116	74	t	117	75	u	118	76	v	119	77	w
120	78	x	121	79	y	122	7A	z	123	7B	{	124	7C	¦
125	7D	}	126	7E	~	127	7F	⌂	128	80	Ç	129	81	ü
130	82	é	131	83	â	132	84	ä	133	85	à	134	86	å
135	87	ç	136	88	ê	137	89	ë	138	8A	è	139	8B	ï
140	8C	î	141	8D	ì	142	8E	Ä	143	8F	Å	144	90	É
145	91	æ	146	92	Æ	147	93	ô	148	94	ö	149	95	ò
150	96	û	151	97	ù	152	98	ÿ	153	99	Ö	154	9A	Ü
155	9B	¢	156	9C	£	157	9D	¥	158	9E	₧	159	9F	ƒ
160	A0	á	161	A1	í	162	A2	ó	163	A3	ú	164	A4	ñ
165	A5	Ñ	166	A6	ª	167	A7	º	168	A8	¿	169	A9	⌐
170	AA	¬	171	AB	½	172	AC	¼	173	AD	¡	174	AE	«
175	AF	»	176	B0	░	177	B1	▒	178	B2	▓	179	B3	│
180	B4	┤	181	B5	╡	182	B6	╢	183	B7	╖	184	B8	╕
185	B9	╣	186	BA	║	187	BB	╗	188	BC	╝	189	BD	╜
190	BE	╛	191	BF	┐	192	C0	└	193	C1	┴	194	C2	┬
195	C3	├	196	C4	─	197	C5	┼	198	C6	╞	199	C7	╟
200	C8	╚	201	C9	╔	202	CA	╩	203	CB	╦	204	CC	╠
205	CD	═	206	CE	╬	207	CF	╧	208	D0	╨	209	D1	╤
210	D2	╥	211	D3	╙	212	D4	╘	213	D5	╒	214	D6	╓
215	D7	╫	216	D8	╪	217	D9	┘	218	DA	┌	219	DB	█
220	DC	▄	221	DD	▌	222	DE	▐	223	DF	▀	224	E0	α
225	E1	ß	226	E2	Γ	227	E3	π	228	E4	Σ	229	E5	σ
230	E6	µ	231	E7	τ	232	E8	Φ	233	E9	Θ	234	EA	Ω
235	EB	δ	236	EC	∞	237	ED	φ	238	EE	ε	239	EF	∩
240	F0	≡	241	F1	±	242	F2	≥	243	F3	≤	244	F4	⌠
245	F5	⌡	246	F6	÷	247	F7	≈	248	F8	°	249	F9	∙
250	FA	·	251	FB	√	252	FC	ⁿ	253	FD	²	254	FE	■
255	FF													

Anhang B

Die erweiterten Tastatur-Codes

Jeder Taste auf der Tastatur ist eine Nummer zugeordnet, der sogenannte Scan-Code (Abtast-Code). Diese Nummern reichen beim PC von 1 bis 83. Wird eine Taste gedrückt, dann schickt die Tastatur den entsprechenden Scan-Code an den Computer. Hier wird dieser Code in den ASCII-Code gewandelt, sofern das möglich ist, und im Tastaturpuffer abgelegt. Einige Tasten und Tastenkombinationen sind jedoch im ASCII-Code nicht repräsentiert. Wird eine solche Taste (oder Tastenkombination) betätigt, dann werden zwei Bytes an den Eingabepuffer geschickt; das erste Byte davon ist null, das zweite ist der erweiterte Code, der im folgenden aufgelistet ist. Für Code-Werte zwischen 15 und 83 entspricht der erweiterte Code dem Scan-Code. Z.B. werden beim Drücken der Taste F1 die beiden Bytes 0 und 59 übergeben – 59 ist der Scan-Code der F1-Taste.

Es gibt jedoch noch zusätzliche Codes mit Code-Werten höher als 83. Hierzu gehören die Funktionstasten in Kombination mit Shift, die Pfeiltasten und die Zahlen des numerischen Blocks. Auch diese Codes sind im folgenden aufgelistet. Außerdem ist es nicht möglich, eine ASCII-Null zu senden, da ein Nullbyte ja das Kennzeichen für einen erweiterten Code ist. Daher wird der Wert 3 für Null verwendet. Sie erreichen dieses Zeichen durch Drücken von Ctrl-2.

Hexadezimalwert	Dezimalwert	Taste
3	3	Ctrl-2 (Nul)
F	15	Shift-Tab
10	16	Alt-Q
11	17	Alt-W
12	18	Alt-E
13	19	Alt-R
14	20	Alt-T
15	21	Alt-Y
16	22	Alt-U
17	23	Alt-I
18	24	Alt-O
19	25	Alt-P
1E	30	Alt-A
1F	31	Alt-S
20	32	Alt-D

Hexadezimalwert	Dezimalwert	Taste
21	33	Alt-F
22	34	Alt-G
23	35	Alt-H
24	36	Alt-J
25	37	Alt-K
26	38	Alt-L
2C	44	Alt-Z
2D	45	Alt-X
2E	46	Alt-C
2F	47	Alt-V
30	48	Alt-B
31	49	Alt-N
32	50	Alt-M
3B	59	F1
3C	60	F2
3D	61	F3
3E	62	F4
3F	63	F5
40	64	F6
41	65	F7
42	66	F8
43	67	F9
44	68	F10
46	70	Ctrl-Break
47	71	Home
48	72	↑
49	73	PgUp
4B	75	←
4D	77	→
4F	79	End
50	80	↓
51	81	PgDn
52	82	Ins
53	83	Del
54 - 5D	84 - 93	Shift-F1 bis F10
5E - 67	94 - 103	Ctrl-F1 bis F10
6B - 71	104 - 113	Alt-F1 bis F10
72	114	Ctrl-PrtSc
73	115	Ctrl- ←
74	116	Ctrl-→
75	117	Ctrl-End
76	118	Ctrl-PgDn
77	119	Ctrl-Home
78 - 80	120 - 128	Alt-1 - 9
81	129	Alt-0
82	130	Alt-—
83	131	Alt-=
84	132	Ctrl-PgUp

Stichwortverzeichnis

SYBEX-Verlag GmbH
Vogelsanger Weg 111
D–4000 Düsseldorf 30
Tel.: (0211) 61 80 2-0
Telex: 8 588 163

SYBEX INC.
2021 Challenger drive, NBR 100
Alameda, CA 94501, USA
Tel.: (415) 523-8233
Telex: 287 639 SYBEX UR

SYBEX
6–8, Impasse du Curé
F–75018 Paris
Tel.: 1/4203-95-95
Telex: 211.801 f

SYBEX B.V.
Willemsplein 34.3
NL–6811 KC Arnheim
Tel.: 085-45 82 22
Fax: 085-51 45 85